정치 · 경제 그리고 복지

엄 영 진 저

계축문화사

Polities, Economics and Welfare

by

Om, Young Jin

Gyechuk MunHwaSa

차 례

책을 쓰면서,

이 책을 쓰게 된 동기는 나의 박사학위 논문을 심사한 런던정경대학(London School of Economics and Political Science)의 사회행정학부(Social Administration) 주임교수였던 브라이언 에이블 스미스(Brian Abel-Smith) 교수와 나눈 이야기에서 시작되었다.

논문에 대한 시험을 보던 날 잔뜩 굳어 있는 한국학생의 긴장을 풀어주기 위해 손수 커피를 따라주며 어떻게 시작된 지도 모르게 진행된 구두시험이 끝난 후 논문을 제출하기 전 수정해야 할 것을 하나도 빠짐없이 노트에 자필로 적어준 에이블 스미스 교수를 지금도 잊을 수 없다. 제출한 논문을 한자도 빼놓지 않고 모두 읽은 후 지적한 것이라 지금도 그 노트를 소중하게 보관하고 있다.

그 후 제네바 WHO 본부에서 근무할 때 세미나를 주관하기 위해 WHO를 방문한 교수와 산책을 하면서 한국의 의료보험이 정치적, 경제적 여건에 따라 상황에 따라 결정되었는데 이것이 복지의 일반적 현상인지에 대해 이야기를 나누었다. 교수께서 의료보험 뿐 아니라 모든 복지정책의 실행에 있어 가장 중요한 요인이 정치, 경제적 상황이라고 해서 내가 이 주제에 대해 초안을 만들어 교수와 상의하기로 하였는데 교수께서 갑자기 돌아가셔서 나의 작업도 중단되었다. 이번에 이 책을 쓰게 된 동기를 만들어주신 에이블스미스교수께 늦었지만 감사를 드린다.

이 책을 다시 쓰게 만든 동기는 지금 한국이 복지국가 실현에 대해 심각한 고민을 해야 할 시점에 도달했다는 것이다. 그동안 시행해 온 경제성장과 복지의 동반성장 전략이 국민의 생활수준의 향상과 사회의 양극화 현상으로 그 효과가 떨어진데다 중산층을 포함한 대다수의 국민이 보육, 교육, 의료, 주택, 노후생활에 대해 자신들의 힘만으로는 해결할 능력이 없어 모두 불안해 한다는 것이다. 이들은 국가가 복지를 통해 자신들이 당면한 개인적 위기와 불안을 해결해 주기를 바라고 있다.

이러한 국민들의 새로운 복지욕구에 대해 눈치 빠른 정치권은 정치적 목적으로 복지경쟁을 벌이고 있다. 현재 진행 중인 복지경쟁은 오로지 정권의 획득과 유지를 위한 목적으로 사용되고 있어 잘못하면 이 경쟁이 국민의 복지보다는 장래 국가의 재정위기라는 재앙을 불러올 수 있기 때문에 우리는 복지와 재정과의 관계를 명확히 이해할 필요가 있다. 복지에는 공짜가 없기 때문이다.

앞으로 한국이 어떠한 형태의 복지국가를 실현하여야 할 것인가는 서유럽 국가의 복지역사를 통해 어느 정도 알 수 있다. 한국은 국민들이 근면, 검소하고 신뢰를 중히 여기는 사회이기 때문에 복지국가를 실현하는데 필요한 윤리의식과 자본주의 정신을 갖추고 있고 지금까지 성공적인 경제성장을 통해 경제적, 재정적 조건도 갖추고 있다. 이런 점에서 한국은 자본주의의 가장 큰 덕목의 하나이지만 그동안 상대적으로 소극적이었던 이웃사랑정신을 실천하여 모든 국민이 함께 행복하게 잘 사는 복지국가를 실현할 정치적 결정을 할 시점에 왔다고 보며 이 책이 이러한 결정에 조금이라도 도움이 되기를 바라는 마음에서 지식과 글쓰는 재주가 모자라지만 이 책을 쓰게 되었다.

개인적으로는, 1974년부터 보건복지부에서 시작한 공직생활을 사회복지정책실장을 끝으로 떠났는데 그동안 건강보험, 국민연금, 국민기초생활보장의 시작과 개혁의 과정에 참여하면서 경험한 사실을 글로써 남기고 싶었다. 이번에 이 책을 통해 사실의 일부라도 바로 잡을 수 있어 개인적으로 보람 있게 생각한다.

이 책은 저자의 능력부족과 일부 자료의 제한으로 앞으로 추가할 분야와 보충설명이 필요한 부분이 많다고 생각한다. 대부분의 비교자료는 경제협력개발기구(OECD)의 자료를 주로 사용하였다. 이것은 주로 OECD 가입국가들이 복지국가들이기 때문이다. 또 많은 부분을 보도된 신문기사를 인용하여 작성하였다. 자로의 부족문제도 있었지만 신문보도 내용이 정확하고 보도내용 중 통계자료의 출처가 명확하여 아무 문제가 없다고 생각하였다. 누구든지 이 책의 부족한 점과 일부 인용에서 잘못된 점을 지적해 주시면 다음

기회에 바로잡을 것을 약속드린다.

자료를 잘 정리해준 정은선 조교, 자료검색을 이번 책에도 해준 왕성원 사서와 교정을 봐준 김수정씨에게 감사드린다. 아울러 이 책을 발간해 주신 계축문화사 주영일 사장과 관계자 분들께 깊은 감사를 드린다.

2012년 1월 포천연구실에서 **엄 영 진**

머리말

이 책의 목적은 세계복지역사를 통해 정치와 경제가 복지국가의 발전과 쇠퇴에 어떠한 영향을 미쳤으며 앞으로 한국이 복지국가를 실현하기 위해서는 어떠한 정치적 결정과 경제적 여건이 필요한지를 알아보기 위한 것이다.

복지는 인간이 발명한 제도 중 민주주의, 자본주의와 더불어 가장 훌륭한 제도의 하나이다. 모든 정치, 경제활동의 최종 목적이 인간복지의 향상이며 모든 국민이 함께 행복하게 잘 사는 복지국가가 국가의 궁극적 목표이기 때문이다.

복지에 대하여는 넓게는 취업, 빈곤, 건강, 교육, 주택문제와 사회적 차별을 모두 포함하는 사회정책적 시각과 좁게 보아 어린이, 미혼모, 노인, 장애인과 같은 사회적 취약계층에 대한 개인별 복지서비스로 보는 견해가 있으나 여기서는 복지를 복지서비스도 포함하는 넓은 개념으로 사용하고자 한다.

복지는 가난(poverty)을 보는 사회적 시각에 따라 결정된다. 가난을 개인의 게으름이나 타고난 숙명으로 보는 사회는 빈민에 대해 최소한의 복지가 선별적으로 제공되며 가난이 사회의 제도적 모순 때문에 발생하는 것으로 볼 때는 모든 사람에 대해 보편적 복지가 제공된다. 특히 국민의 사회적 평등을 강조하는 복지국가에서는 포괄적 복지가 모든 국민에게 보편적으로 제공된다.

'가난을 죄악으로 보고 가난한 자를 신이 버린 사람'으로 본 중세의 농경사회와 자본주의 초기의 중상주의 시대에는 징벌적 복지가 제한적으로 극빈자와 걸인, 부랑인에 대하여 제공되었다. 자본주의의 발달과 더불어 대도시를 중심으로 산업화와 도시화가 진행되고, 농촌에서 도시로 이주한 농민노동자와 단순직 노동자의 실업이 증가함에 따라 가난은 개인의 게으름이 원인이 아니고 신분, 교육, 경기 변동과 같은 사회의 제도적 모순 때문이라는 것이 밝혀졌다. 이때부터 빈곤 뿐 아니라 질병, 실업, 산업재해와 같은 개인적 사고에 대하여 사회적 책임문제가 제기되었고 국가와 사회가 집단적으로 대응하는 수단으로써 복지의 역할이 중요하게 된 것이다. 나아가 모든 국민이 행복하게 함께 잘사는 복지국가가 정치적 이데올로기가 되고 정치와 경제의 최종 목표가 됨에 따라 1970년대 초까지 많은 서유럽 국가에 있어서 복지국가가 실현되었다.

복지는 자본주의가 발생시킨 사회적 문제를 해결하기 위해 발전하였다. 사회적으로 일시 낙오된 빈곤층의 최저 생계를 보장함으로써 인간의 존엄성을 보장하였고 소득과 기회의 재분배를 통해 사회평등을 실현하는데 공헌하였으며 이웃 사랑의 실천을 통해 사회통합에 이바지하였다. 특히 1942년의 비버리지보고서에 따라 영국이 역사상 최초의 복지국가를 실현시킴에 따라 서유럽에서 복지국가는 자본주의와 사회주의가 모두 추구해야 하는 국가체제로 인식되었으며, 서유럽 복지국가에서는 복지 이데올로기가 자본주의와 사회주의를 초월하는 이념으로 인식되었다.

역사적으로 볼 때 국가가 새로운 복지제도를 실시하거나 확대한 동기는 대부분 정권의 창출이나 유지를 위한 정치적 목적을 달성하기 위한 것이었다. 세계 최초로 1883년 실시된 사회보험 제도인 비스마르크의 질병보험은 노동자들의 불만을 달래고 국가에 대한 충성심을 높임으로써, 당시 독일에서 세력을 확산하고 있던 사회주의자들을 견제하기 위한 것이었으며 비버리지가 제시한 복지국가가 영국에서 최초로 실현된 것도 노동당이 1945년의 총선에서 처칠의 보수당에 이기기 위해 "정의로운 복지국가의 실현"을 총선공약으로 제시하여 정권창출을 위해 복지를 사용한 것이었다.

복지국가를 실현하는데 있어 정치적 결정을 뒷받침하는 것은 개인, 기업, 국가의 재정능력이다. 지속적인 경제성장으로 개인, 기업, 국가의 재정능력이 증대되면 복지의 확대는 가능하다. 그러나 재정이 뒷받침되지 않는 복지는 복지 포퓰리즘으로 국가의 부채를 증가시켜 최악의 경우 국가 채무불이행 상태(default)까지 초래할 수 있다. 과거 아르헨티나의 국가 채무불이행 선언과 현재 진행중인 그리스의 재정위기가 좋은 예가 되고 있다.

한국에서도 지금 정치적 복지경쟁이 진행되고 있다. 진보 좌파에서는 보편적 복지를, 보수 우파에서는 생애주기별 복지를 주장하고 있다. 이 복지경쟁의 궁극적 목적이 총선과 대선에서의 승리를 통한 정권 탈환과 정권 유지에 있음은 말할 필요가 없다. 이 복지전쟁에서 어느 편이 승리할 것인가는 국민의 복지욕구를 누가 더 정확히 파악하느냐에 달려있다.

이 책은 복지역사를 통해 어떠한 정치적, 경제적 배경에서 복지국가가 실현되었는지를 알아보고 최근에 대두된 새로운 환경변화가 복지국가에 어떠한 영향을 미쳤는지를 알아봄으로써 복지국가의 문제점과 딜레마를 설명하고자 한다. 물론 이 모든 것은 앞으로 한국 복지가 나아갈 방향에 대한 결정에 도움을 주기 위한 것이다. 복지국가는 한국의 새로운 국가목표이며 궁극적으로 우리가 이룩하고자 하는 국가형태이며 어떠한 형태의 복지국가를 한국에 실현하느냐 하는 것을 결정하는 것이 중요하기 때문이다.

제1장에서는 먼저 세계 최초로 국가에서 실시한 복지제도인 엘리자베스 여왕의 징벌적 구빈제도가 어떠한 청교도적인 윤리에 기반을 두고 실시되었는지와 세계 최초의 사회보험인 비스마르크의 사회보험이 어떠한 정치적 배경에서 실시되었으며 세계 최초의 사회보장법이 어떠한 경제적 배경에서 실시되었는지에 대해 설명하고자 한다.

제2장에서는 비버리지의 복지국가 이론이 어떠한 시대적 배경

에서 제시되었고 그 내용이 무엇이며 이것이 어떻게 정치적으로 실행되었는지와 그것이 세계적으로 복지국가 성립에 어떠한 영향을 미쳤는지를 설명하고자 한다.

제3장에서는 성공한 복지국가를 대표하는 스웨덴과 실패한 복지국가로 아르헨티나와 그리스의 예를 들어 어떠한 요인이 이들의 성공과 실패에 영향을 미쳤는지를 알아보고자 한다.

제4장에서는 복지국가에 비판적인 신자유주의 이론과 새로운 복지환경으로 대두되고 있는 세계화가 복지에 미치는 영향과 현재 쇠퇴하고 있는 복지국가인 포르투갈, 아일랜드, 그리스, 스페인(PIGS)과 이태리의 재정위기 요인에 대해 설경하고자 한다.

제5장에서는 한국에서 최초로 실시된 보편적 복지인 건강보험과 국민연금이 어떠한 정치적, 경제적 상황에서 실시되었는지와 선별적 복지인 국민기초생활보장, 고용보험과 노인장기요양보험이 어떠한 정치적, 경제적 배경에서 실시되고 개혁되었는지에 대해 설명하고자 한다.

제6장은 가장 중요한 관심사항인 한국형 복지국가의 형태, 현재 진행 중인 한국의 정치적 복지경쟁, 한국형 복지국가 실현을 위해 필요한 정치적 결정과 경제적 여건, 그리고 한국의 복지국가 실현을 위해 해결하여야 할 5대 과제와 복지의 우선순위에 대해 설명하고자 한다. 결론에서는 한국의 복지국가 실현을 위한 전제조건과 저자의 의견을 제시하고자 한다.

제1장

최초의 복지

1. 엘리자베스 여왕의 징벌주의적 구빈제도

■ 신의 선택예정설

프로테스탄트의 윤리

막스 베버(Max Weber, 1864년 ~ 1920년)

중세 유럽에 있어 가난은 죄악이었다. 이러한 생각에 결정적 영향을 미친 것이 신의 선택예정설이었다. 막스 베버는 "프로테스탄트의 윤리와 자본주의 정신"에서 신의 선택예정설이 무엇이며 그것이 초기

자본주의 정신에 어떠한 영향을 미쳤느냐에 대해 설명하고 있다. 신은 인간이 태어나기 전에 스스로의 결단에 따라 어떠한 사람에게는 영원한 생명을 예정하시고(predestinated) 또 어떤 사람에게는 영원한 죽음을 예정하셨다(foreordained). 즉 신은 천당에 갈 사람과 지옥에 갈 사람을 인간이 태어나기 전에 미리 예정했다는 것이 신의 선택예정설이다.

이미 천당에 가도록 선택받은 자를 세상에서 판단하는 기준은 근면, 검소한 생활, 그리고 이웃사랑을 실천하는 선행이다. 선택받은 사람들은 철저한 천직 의식을 가지고 근면하게 일하며 일을 통해 구원에 대한 확신을 가진다. 전형적으로 선택받은 자는 자본주의 초기에 강철 같은 의지로 근면하게 일을 한 청교도 상인과 제조업자들을 예로써 들고 있다. 이들은 영원한 평화는 내세에 주어지는 것이며 지상에 있는 동안 사람들은 자신이 은총을 받고 있는지를 확인하기 위해 끊임없이 과업을 수행해야 한다고 생각하였다. 따라서 가장 무거운 죄는 게으름이나 향락을 위해 시간을 낭비하는 것이며 이것은 신의 영광을 나타내고 자신의 은총을 증명하기 위해 한없이 귀중한 노동할 기회를 줄어들게 하기 때문이라고 생각했다. 또한 그들은 철저하고 끊임없는 정신적, 육체적 노동이 검증된 금욕수단이며 향락에 대한 예방 수단일 뿐 아니라 신이 정한 삶의 목적으로 생각했다. 따라서 이들에게는 '일하지 않는 자는 먹지도 말라'는 사도 바울의 명제는 모든 사람에게 무조건적으로 적용되는 원칙이므로 부유한 사람도 일하지 않으면 먹지 말아야 한다고 생각했다. 왜냐하면 그들은 생계를 위해 노동할 필요는 없지만 사도 바울의 명제는 가난한 자와 마찬가지로 부유층도 따라야 하는 신의 계율이라고 생각하였기 때문이다.

검소한 사람은 사치와 향락을 멀리하고 금욕적인 생활을 하며 인격적인 행위 즉, 신사적인 행동을 하는 사람을 말한다. 선행은 이웃을 사랑하고 자선을 함은 물론 교회에 대한 헌금을 함으로써 실행된다. 선행을 하지 않는 사람은 참된 믿음을 가진 사람이 아니다.

결과적으로 선택받은 자와 선택받지 못한 사람을 사회적 지위와 부의 소유 여부에 따라 판단된다. 근면하게 일하며 부를 쌓는 것은 바람직한 것이며 선택받은 사람은 신의 영광을 위해 부단한 노력을 통해 주어진 부를 늘릴 책임이 있다. 즉 자기 직업에서 뛰어난 능력을 발휘해서 부를 늘리는 부자는 신의 선택을 받은 사람이라는 것이다. 그러나 부자라도 금욕적이고 절제된 생활을 하여야 하며 사치와 향락에 빠지거나 부에 안주하거나 장래의 안일한 삶을 위해서 부를 축적하는 사람은 선택받은 사람이 아니다. 축적된 부는 남에게 베푸는 선행을 통해서 자신이 이미 선택받은 자임을 나타내는 징표로 삼아야 한다. 이들은 이웃사랑을 신의 사랑을 실천하는 것으로 보았다. 신의 가르침대로 "너희 이웃을 너 자신처럼 사랑하고 너의 영혼과 몸과 마음을 다하여 진정으로 너희 이웃을 사랑하라"는 것을 신의 소명으로 받아들였다. 그렇기 때문에 걸인의 구걸도 가진 자에게 자선이라는 선행을 할 기회를 주기 때문에 필요하다고 생각하였다.

부자가 아니라도 노동을 천직으로 알고 열심히 일하며 검소한 생활을 하고 이웃을 사랑하는 선행을 실천할 경우 선택받은 사람으로서 천당에 갈 수 있다. 이와 반대로 게으르고 직업이 없는 가난한 자와 구걸하는 사람, 자기 절제를 하지 못하고 향락에 빠진 자, 이웃사랑을 실천하지 않는 자는 신에게 버림받은 사람, 즉 죄인으로서 지옥에 가게 된다는 것이다.

이러한 가난은 죄악이라는 청교도적인 윤리가 영국 구빈법의 기본 윤리가 되어 결과적으로 세계 최초의 복지제도인 빈곤구제제도가 징벌적 복지로 실시되도록 한 것이다.

자본주의 정신

베버는 자본주의 정신을 벤자민 프랭클린의 설교 내용을 예시로 들어 설명하였다. 베버는 자본주의 정신은 근면, 검소의 기본정신에 신용, 정직, 자본주의 규범, 윤리적 자질 등이 더하여진 정신이라고 말하였다. 세상에서 성공하기 위해서 가장 효과적인 수단은 신용을 지키는 것이며 아무리 사소한 일이라도 신용에 영향을 줄 수 있는 행동에는 주의하고, 신용은 곧 돈이라는 것을 명심하여야 한다. 돈을 제때 갚는 사람은 모든 금고의 주인이며 필요한 경우 돈을 얼마든지 빌려다 쓸 수 있다. 새벽 5시나 밤늦게 울리는 당신의 망치소리를 듣는다면 채권자는 당신을 신용하여 채권의 상환기

일을 연기해줄 것이나 일해야 할 시간에 술집에 있거나 오락장에 있으면 채권자는 당신을 불신하여 즉시 돈을 갚으라고 할 것이다. 정직은 신용을 낳기 때문에 어떠한 경우에도 상대방에게 정직하여야 한다. 자본주의 사회에서 생활하는 사람들은 경제행위에 있어 자본주의 사회의 규범을 준수하여야 한다. 정직하지 못하거나 규범을 위반하여 행동하는 사업가는 반드시 도태될 것이며, 규범에 적응하지 못하거나 일부러 지키지 않는 노동자는 결국 실업자가 되어 길거리로 쫓겨날 것이다.

자본주의 정신을 가진 기업가는 명석한 판단력, 실행력과 더불어 두드러지는 윤리적 자질이 있어야 한다. 그렇지 않고서는 고객과 노동자의 신뢰를 얻을 수 없다. 가장 바람직한 기업가는 엄격한 삶의 가르침 속에서 성장하고 철저한 시민의식을 몸에 지녔으며 숙고하고 결단성을 겸비하고 있으며 깨어있는 안목과 해이함이 없는 면밀성으로 만사에 철저히 임하는 자들이다. 자본주의 정신을 가진 자들은 근면, 검소하여 쉼 없는 노동이 자신에게 없어서는 안 될 생활의 동기가 된 자들이며 자신을 위해서는 무엇 하나 가지지 않는 자들이다. 그들은 많은 사람에게 일자리를 제공하고 경제적 번영을 위해 전력을 다했다는 만족감과 긍지를 가지는 자들로서 특권이나 정치적 권력을 이용하여 부를 축적하는 정상배들이나 비합리적 투기를 주업으로 하는 모험주의적 상인들이 가진 자본주의 정신과는 다른 정신을 가진 사람들이다.

베버가 말한 이와 같은 청교도적 윤리와 자본주의 정신은 현대

자본주의 사회에도 적용되는 가장 기본적인 윤리와 정신이다. 이것은 또한 우리가 실현하고자 하는 복지국가의 기본적인 윤리와 정신이다. 왜냐하면 이러한 윤리와 정신이 없이는 복지국가는 결코 실현될 수 없으며 실현된 복지국가도 이 윤리와 정신이 쇠퇴하면 같이 쇠퇴하기 때문이다.

■ 빈곤은 죄악이다

중세 유럽 특히 영국에서는 빈곤을 죄악시하고 빈곤의 원인을 개인의 게으름으로 보았기 때문에 빈민을 죄인시하고 가혹한 강제노동을 시켰다. 에드워드 3세(Edward Ⅲ)는 1351년에 노동자 조례(Statute of Labourers)를 만들어 부랑자에 대한 강제 노동제도를 실시하였다. 이 조례는 "부랑자들은 구걸로 먹고 살 수 있는 한 일하기를 거부하며, 게으르고 타락에 빠지고 때로는 절도와 혐오스러운 짓을 하기 때문에 이들을 감옥에 넣지 않고 단지 연민과 자선에 의해서는 그들을 일하게 할 수 없다. 따라서 이들은 반드시 강제노동을 통해 생계를 유지시켜야 한다."고 선언하였다. 1361년에는 강제노동제도를 더욱 강화하여 부랑자에게 강제노동을 시키고 강제노역장을 이탈한 노동자에게는 불신을 나타내는 F(falsity)의 낙인을 찍고 이들을 고용한 자에게는 벌금을 부과하였다.

엘리자베스 1세의 아버지인 헨리 8세(Henry Ⅷ)는 1531년 법으로 걸식허가제를 실시하여 가난한 노인과 일할 수 없는 자들에게 구걸증명서를 발부하였는데 이 증명서에는 구걸자의 이름과 구걸 지역이 명시되어 있었다. 그러나 이 법은 육체적으로 일할 수 있는 빈민에 대하여는 죄인 취급을 하여 가혹한 처벌을 하였다. 신체 건강하고 일할 수 있는 자에게 은신처와 숙박시설을 제공하거나 돈을 주는 자는 누구를 막론하고 벌금형에 처하고, 관리들은 나태한 부랑자를 발견할 경우 이들을 마차에 매달아 끌고 다니면서 몸이 피로 물들 때까지 채찍질하는 형벌을 가하도록 하였다. 관리들은 채찍질을 가한 후 부랑자들을 그들의 고향으로 돌려보냈는데 그들은 매일 10마일씩 걸어서 이동한 후 지정된 교구의 지방 관리에게 교부받은 증서를 제출한 후 숙식의 제공을 받았다. 자기가 소속한 교구에 돌아가지 않고 계속 부랑과 걸식을 하는 자는 다시 채찍질을 가한 후 오른 쪽 귀의 위쪽 연골부분을 자르고, 이후에도 부랑과 걸식을 한 경우에는 국가의 부를 해치는 중대한 죄인으로 간주하여 사형에 처할 수 있도록 하였다. 모든 교구는 자선금품을 모금하여 일할 수 없는 병자나 장애인에게 제공하여 그들이 구걸에 나서지 않도록 하고, 사지가 건장하여 일할 수 있는 자들은 일을 해서 스스로 생계를 꾸려나갈 수 있는 조치를 각 교구별로 시행하도록 하였다.

헨리 8세는 1547년 법을 더욱 가혹하게 만들어, 일하지 않는 게으른 자와 도주하는 부랑자의 가슴에 V(vagrants)자의 낙인을 찍고, 그들을 고발한 자의 노예로서 2년 동안 일하게 하였다. 도망할 경우에는 이마 또는 가슴에 S(slave)자 낙인을 새기고 종신 노예로 삼으며 다시 도망할 경우에는 중죄인으로 취급하여 사형에 처할 수 있게 하였다. 부랑인의 자녀는 도제로 삼아 남자는 24세, 여자는 20세까지 공장에서 강제노역을 시켰으며 도망할 경우 해당 나이에 도달하는 기간 동안 노예로 삼는 형벌을 가하였다. 1750년도부터 시작한 산업혁명기에도 이와 같은 도제제도는 존재하였다.

당시 공장들은 빈민들의 자녀인 도제들을 죄인으로 취급하여 비인간적인 대우와 가혹한 중노동을 시켰다. 방직 공장이 들어선 곳에는 임시 건물이 지어졌고, 여기에 각지의 구빈 감독관이 보낸 빈민들의 자녀가 수용되었다. 이들은 나이에 상관없이 일해야 했고 심지어 5살짜리 아이도 일을 해야 했다. 노동시간의 제한도 없었다. 이들은 야간 노동을 포함한 장시간의 노동과 폭력, 보잘 것 없는 음식과 열악한 노동 환경으로 인한 장애와 건강 손상으로 조기에 사망하였다. 맨체스터의 의무관(medical officer)이었던 리(Lee)의 보고에 의하면 맨체스터의 중상류층의 평균수명이 38세인데 비해 노동자계급의 평균수명이 17세였으며 리버풀의 경우 중상류층의 평균수명이 35세이고, 노동자 계급은 15세였다고 기록하고 있다(Doyal, 1985). 이것은 중상류층이 노동자 계급보다 2배 이상 평균수명이 길다는 것을 의미하는데 일반 노동자보다 더 가혹한 노동조건에 시달린 도제들은 이들보다 더 일찍 사망했을 것이다. 그들의 노동 조건과 생활 상태가 얼마나 열악했는지는 1802년도에 제정된 공장법(Factory Act)에서 이들에게 최저수준의 생계와 작업조건을 갖추도록 한 아래의 권장 규정을 보아도 알 수 있다(박광준, 2010).

- 충분한 환기와 통풍이 이루어지도록 공장에 창문을 설치할 것
- 도제기간 중에 항시 두 벌의 의복을 갖추도록 하고 매년 한 벌의 의복을 지급할 것
- 식사를 제외한 최장 노동시간을 12시간으로 할 것
- 밤 9시에서 아침 6시까지의 야간작업을 금지할 것
- 남녀의 침실을 구분하여 설치하고 한 대의 침대를 2인 이상이 사용하지 못하도록 할 것
- 공장주는 교사를 임용하여 도제에 대한 적절한 교육을 실시하여야 하며, 적어도 월 1회는 교회에 나가게 할 것

그러나 이 법은 노동시작 나이에 대한 규정이 없어 17년 후인 1819년에야 9세 미만 어린이의 고용이 금지되었으며 1847년의 공장법에서 여성과 18세 미만 노동자의 노동시간을 1일 10시간으로 정하였다.

■ 엘리자베스 구빈법

최초의 구빈법

엘리자베스 1세 여왕
(Elizabeth I, 1533~1603)

세계 최초의 복지법으로 1601년에 제정된 엘리자베스 구빈법(The Elizabethan Poor Law)은 사회복지의 모태가 되는 법이다. 엘리자베스 구빈법이 복지역사상 중요한 의미를 가지는 것은 이 법이 세계 최초로 빈곤구제의 책임이 국가에 있다는 것을 인정하고 국가가 빈곤구제에 직접 참여하도록 하였다는 것이다. 빈민구제를 위하여 각 교구(parish) 단위로 구빈감독관(overseers of the poor)을 임명하여 빈민구제업무를 수행하고 구빈세(poor rate)를 징수하여 구빈업무의 재원으로 사용하도록 하였다. 교구들로 구성된 지역단위의 구빈업무는 치안판사가 책임을 지고 있었는데 치안판사는 각 교구별로 구빈세를 부과할 수 있는 권한과 임금의 규제, 고용계약과 도제제도에 대한 감독권을 가지고 있었다. 치안판사들은 중앙기관인 추밀원(The Privy Council)의 통제와 감시를 받았다. 이와 같이 엘리자베스 구빈법은 중앙집권적 행정체계를 통해 전국적으로 체계적인 구빈업무를 추진할 수 있는 바탕을 마련하였다.

엘리자베스 구빈법은 자산조사(means test)를 통해 가족의 부양능력을 파악하고 부양능력자에 대하여는 가족의 부양의무를 명시하였다. 즉 "부양할 자산이 있는 한 빈민, 노인, 장애인, 생활무능력자인 가족을 부양하는 것은 조부모, 부모, 남편과 자녀의 의무이다."라는 것을 명확히 하였다(박광준, 2010). 또한 엘리자베스 구빈법은 빈곤구제를 위해서는 유산의 기증에 의한 자선사업이 중요하다고 생각하여 이를 장려하고 보호하였다. 자선기금은 빈민에 대한 직접구제, 병원과 빈민시설의 설립, 도제에 대한 교육 등에 사용되었다.

그러나 이 법도 근본적으로 빈곤을 개인의 게으름 탓으로 보았기 때문에 빈민을 일하게 만들고 일하지 않을 경우 처벌하는 징벌적 복지를 그대로 실시하였다. 이 법은 빈민을 3가지 그룹으로 분류하였다. 첫 번째 그룹은 노동력 있는 성인 빈민(the able bodied poor)으로서 이들을 노동원(work house)에 수용하여 강제노동을 시켰으며 노동을 거부하는 자나 게으른 자는 교정원(house of correction)에 감금하여 형벌을 가하였다. 두 번째 그룹은 빈민의 자녀(dependent children)들로서 이들은 도제로 만들어 공장 등에서 강제노동을 시켰다. 세 번째 그룹은 노동능력이 없는 노인, 장애인, 병자 등의 빈민(the impotent poor)으로서 이들은 빈민원(Almshouse)에 수용하여 생명을 연명할 정도의 최저생계보호를 하였다.

초기 구빈제도의 또 다른 목적은 빈민과 부랑인을 통제하여 폭동과 같은 집단행동을 방지하여 사회질서를 유지하기 위한 것이었다. 당시는 정규 군대가 없고 경찰력이 취약한 시대였으므로 많은 수의 빈민과 부랑인이 사회 질서의 위협적인 존재로 인식되어 이들을 통제할 필요가 있다고 생각하였다. 또한 주민의 타 지역 이동을 억제함으로써 각 지방의 부족한 노동력을 확보하고 임금 상승을 억제하기 위한 목적도 있었다. 당시 영국은 유럽을 휩쓴 흑사병으로 인구가 400만 명에서 200만 명~250만 명 수준으로 감소하여 노동자의 부족으로 인한 각 지역의 임금 상승을 억제할 필요가 있었기 때문이다.

엘리자베스 구빈법은 안정적인 봉건 농업사회에 적용된 법으로서 1750년대부터 시작된 산업혁명으로 사회가 급격히 공업사회로 변화됨에 따라 그 효력이 대부분 상실되었다. 산업혁명으로 인한 방직공업의 발달은 식량보다 가격이 높은 양모 생산을 증가시키기 위한 종획운동(enclosure movement)을 가져왔다. 방직공업의 발달로 양모 가격이 올라감에 따라 양을 키우는 것이 식량을 생산하는 것보다 이윤이 높아졌기 때문에 지주들은 경작지를 목장으로 전환하기 위해 소작농들을 농장에서 쫓아내고 울타리를 쳐 목장으로 만들었다. 식량생산을 위한 농업은 노동집약적인 반면 양 목축은 적은 수의 목동만 필요하고 산업혁명과 더불어 발전된 농업혁명으로 새로운 농사 기술이 도입되어 농촌의 노동력 수요도 감소하여 영세 소작농들이 경작지로부터 대량으로 쫓겨나는 일이 발생하였다.

쫓겨난 영세소작농들은 재산도 없고 농사짓는 것 이외의 기술은 없기 때문에 결국 가진 것을 다 팔고 난 다음에는 도적질이나 구걸 밖에 할 것이 없게 되었다. 도적질한 자들은 잡혀서 교수형에 처해지고 구걸한 자들은 부랑자에다 면허 없이 구걸을 한 죄로 처벌받거나 감옥에 갇히기 일쑤였다. 누구도 이들에게 일할 기회를 주지 않았으며 신체적으로 일할 능력이 있는 자에게 숙박이나 자선을 베푼 사람은 벌금형에 처하여졌기 때문에 이들은 모든 지역에서 기피 대상이 되었다. 더군다나 이들은 거주지 제한법에 따라 도시나 다른 지역으로 이주하는 것도 허가를 받아야하기 때문에 한없는 불안과 고통에 시달렸다.

당시 농촌에서 쫓겨나 다행히 도시로 이동한 농민은 기술도 없고, 농촌으로부터 이주한 노동인력의 과잉공급으로 인한 저임금과 실업으로 인해 대부분 도시 빈민으로 전락하였다. 그들은 상하수도 시설도 없는 불결한 빈민지역에서 굶주리며 질병에 시달리고 최악의 근무 조건에서 최저임금으로 장기간 노동을 하였다. 또한 당시는 자유방임주의 사상과 중상주의 사상이 사회를 지배하였기 때문에 수출 상품의 가격을 경쟁국의 가격보다 싸게 하기 위해 노동자의 임금을 최저 수준으로 정하였다. 당시의 비참한 도시노동자의 생활 상태는 초기 자본주의의 문제점을 적나라하게 드러내었다. 농촌으로부터의 도시로의 대규모 인구 이동과 여성 및 어린이의 노동으로 인한 노동력의 과잉 공급으로 인해 노동자는 고용주가 정한 낮은 임금과 열악한 근로 조건에서도 일하지 않을 수 없었고 누구도 이에 대해 이의를 제기하거나 간섭을 할 수 없었다. 공장에 창문이 없거나 빈민의 자녀인 어린 도제들에게 야간 노동을 시키거나 임산부가 베틀에서 일하다 출산을 하거나 야간 노동을 한 후 아침에 공장에서 출산을 하여도 이들의 노동조건은 기업주와 노동자간의 노동계약에 따를 뿐 국가도 개입할 수가 없었다.

빈곤과 열악한 근무환경 때문에 노동자들은 젊은 나이에 죽었다. 채드윅(Edwin Chadwick)의 1842년도 보고서에 의하면 맨체스터의 기계공 노동자와 가족의 평균 수명은 17세이고, 리즈지역은 19세, 베시나 그릴 지역은 16세, 리버풀은 15세이고, 농촌은 루쓰란드 지역은 38세였다(Jones, 2000). 19세기 초의 통계학자인 윌리암 파(William Farr)의 조사에 의하면, 1831~1839년 사이 영국의 농촌지역 사망률은 인구 1천 명당 18.2명인데 비해 도시지역은 26.2명이었다. 그러나 도시지역에 있어서는 사망률이 직업에 따라 상이했는데 그 중 공장노동자들의 사망률이 체드윅이 제시한 바와 같이 다른 직업에 비해 월등이 높았다. 이들의 사망률이 높았던 것은 이들의 주거환경, 영양상태, 근로조건이 매우 열악했기 때문이었다. 이들은 상·하수도 시설도 없고 난방시설도 잘 되어 있지 않은 빈민지역에 거주하며 잘 먹지도 못하고 장시간의 노동과 공장의 유해물질에 노출됨에 따라 육체적으로 허약해질 수밖에 없었다. 허약한 이들을 조기사망으로 몰아넣는데 결정타를 가한 것이 폐결핵, 콜레라, 장티푸스, 천연두와 같은 전염병이었다. 이들 전염병은 면역력이 약하고 상·하수도 시설 없이 밀집하여 생활하는 빈민지역 거주자에게 빠르게 확산되었다. 특히 종획운동으로 농촌에서 도시로 이주한 수백만명의 비숙련 노동자들이 몰려 사는 대도시의 빈민지역 거주자들이 가장 큰 희생자들이었다.

이러한 도시노동자와 농민의 빈곤은 이들이 파업, 공장 파괴, 폭동과 같은 극단적인 행동을 하도록 하였다. 도시에서는 시위와 농성이 빈발하였고 노동조합에서 체제 전복을 위해 혁명을 일으킬 것이라는 풍문도 나돌았다. 지방에서는 1830년이 저물어갈 무렵 농민들이 봉기해 곡물 창고를 약탈하고 감옥을 습격하는 폭동이 발생하였다. 농촌 빈민들은 종획운동과 방적기와 탈곡기를 비롯한 기계장비의 도입이 자신들의 생계를 박탈하였다고 생각하여 기계를 파괴하고 지주들에게 위협을 가하였다(엄영진, 이영찬, 2003).

신 구빈법

혁명에 대한 두려움과 공공질서의 붕괴를 방지하기 위해 정부, 지주, 상공업자들은 1834년에 신구빈법(The Poor Law Amendment Act)을 만들었다. 신구빈법은 구빈업무를 중앙정부에서 관리하고 거주지제한법을 폐지하여 거주지 이동의 자유를 부여하였으며, 구빈 업무와 관련해 세 가지 기본 원칙을 제시하였다.

첫째 원칙은 전국적 균일처우의 원칙(the principle of national uniformity)으로서 빈민에 대한 구제수준을 전국적으로 통일하였다. 이것은 빈민이 보다 나은 구제를 위해 다른 교구로 이동하는 것을 방지하기 위한 것이었다.

두 번째 원칙은 열등처우의 원칙(the principle of less eligibility)으로서, 구빈원에 수용된 빈민에 대한 처우 수준은 노동을 통해 자력으로 살아가는 최저소득 노동자의 생활수준보다 낮아야 한다는 것이다.

세 번째 원칙은 구빈원 수용의 원칙(the workhouse system)으로서, 노동능력이 있는 빈민은 본인과 가족을 구빈원에 수용하여 구호하되 가족을 격리하여 수용한다는 원칙이다.

이 원칙에 따라 격리 수용이 강제로 행해졌다. 남성과 여성의 격리 수용에 따라 부부가 격리되었고 7세 이상의 어린이는 부모와 노인들은 가족들과 따로 수용되어 가족이 해체되었다. 구빈원에 수용된 수용자들은 푸른 줄이 쳐진 죄수와 같은 복장에다 구빈원 수용자임을 표시하는 배지까지 달았다. 열등 수급의 원칙에 따라 최소한의 메뉴에 따라 초라하고 맛없는 식사가 제공되었으며 식사 중 대화가 금지되었다. 담배, 술, 차를 마시는 것이 금지되었고 콧노래를 부르는 것도 금지되었다. 면회도 물론 금지되었다. 일과는 정해진 시간에 따라 진행되었고 시간을 어기는 수용자에게는 식사가 제공되지 않았다. 해가 지기 전까지는 어떠한 경우에도 침대에 누울 수 없도록 하였고 건물 바깥에서는 어떤 대화도 할 수 없도록 규정하였다(남찬섭, 2001). 수용자가 사망할 경우 널빤지로 만든 나무관에 넣어 매장하였으며 인간이 죽었다는 것을 알리는 종소리조차 금지하였다. 물론 이들은 선거권도 없었다. 결과적으로 구빈원은 모든 빈민들에게 공포의 대상이 되어 버렸으며 전 세계에 영국에서 가난은 범죄이며 빈민은 윤리적으로 문제가 있는 범죄인이라는 것을 공포한 결과가 되었다.

Workhouse dining hall
(구빈원 식당)

St. Marylebone men's dining room, 1900.
(성 메릴본 남자식당)

찰스 디킨스가 묘사한 구빈원의 실상

당시의 구빈원이 얼마나 무자비한 상태에 있었는지에 대하여는 찰스 디킨스(Charles Dickens)가 1837년에 발간한 소설인 "올리버 트위스트(Oliver Twist)"에 잘 묘사되어 있다. 올리버에게 트위스트라는 이름이 주어진 것은 올리버가 구빈원에서 너무 굶주려 몸이 비틀어지도록 말랐기 때문에 주어진 이름이다.

찰스 디킨스(Charles John Huffam Dickens, 1812～1870)

구빈원에서 주는 음식 즉 오트밀죽은 아주 소량의 오트밀에 많은 양을 물을 부어 끓인 멀건 죽으로 하루 세끼 모두 이 죽이 공급되었다. 1주일에 두 번은 양파가 하나씩 주어졌고 일요일에는 빵 반 덩어리가 배급되었다. 너무 배가 고픈 아이들을 대표하여 올리버가 죽을 더 달라고 요구하기로 정해졌다. 올리버가 배식장에게 죽을 더 달라고 하자 놀란 배식장은 창백해져 국자로 올리버를 사정없이 때린 후 올리버를 붙잡고 범블씨를 소리쳐 불렀다. 범블씨는 곧장 구빈원 이사장에게 달려가 무슨 일이 일어났는지를 알렸다. 이사장은 머리를 들고 물었다.

"더 달라고 했단 말이요?"

"네, 이사장님. 그렇습니다." 흥분한 범블씨가 대답했다.

"그 아이는 교수형에 처해지게 될거요." 또 다른 이사회 임원이 덧붙였다.

그들은 누구든지 5파운드를 지불하는 사람에게 올리버를 임대하기로 결정하고 그때까지 올리버를 감금하였다. 올리버는 마침내 장의사인 소어버리씨에게 임대해 주기로 결정되었다. 장의사는 앞으로 7년 동안 마음대로 올리버에게 일을 시키는 것이 허용되었다. 하지만 올리버는 자신은 운이 좋다는 것을 알았다. 그는 배로 보내지거나 굴뚝 청소부에게 보내질 수도 있었다. 올리버가 살던 시대에 배로 보내진다는 것은 운이 없으면 선장으로부터 죽을 때까지 매질을 당하거나 아주 사소한 잘못으로도 쇠몽둥이에 머리를 얻어맞아 저세상으로 갈 수 있다는 것을 의미했다. 굴뚝 청소부 밑에서 일하는 아이들이 그리 오래 살지 못한다는 것은 잘 알려져 있었다. 많은 아이들도 부자들의 굴뚝 청소를 하다가 타 죽거나 숨이 막혀 죽었다.

(찰스 디킨스의 "올리버 트위스트" 중에서 인용)

The food, or gruel as it was called, was an unlimited supply of water mixed with small, very small, amount of oatmeal. Three meals of this loverly food was given every day, with half of an onion twice a week and half a roll on Sunday. It was decided that one boy should ask for more. Oliver was chosen.

"Please, sir, I want some more."

The master turned pale. There was silence in the hall. The master looked at Oliver, opened his mouth and shouted:

"What! What did you say?"

Oliver repeated his request. The master quickly hit Oliver with the ladle, grabbed him and shouted for Mr. Bumble. Mr. Bumble went straight to the board to tell them what had happened.

The chairman of the board raised his head and said:

"For more?"

"That boy will be hanged," added another board member.

It was decided to lease Oliver out to anybody who would pay five pound for him. Until that time Oliver was to be locked up. Mr. Sowerbury, the undertaker, finally took Oliver. The agreement between Mr. Sowerbury and the workhouse board was very simple. Mr. Sowerbury was allowed to make Oliver work as much as he liked for the next seven years. But

Oliver knew he was lucky. He might have gone to sea or have been hired out to a chimney sweep. To be sent to sea in Oliver's time meant the captain could flog him to death or knock his brains out with an iron bar for even a very small mistake. It was well-known that a chimney sweep's boy did not live very long. Many were bounded or choked to death when cleaning the chimney's of the rich people.

(quoted from Charles Dickens' "Oliver Twist")

영국의 구빈제도는 최초의 구빈법에서부터 신구빈법에 이르기까지 빈곤을 죄악시하여 징벌적 복지를 제공함으로써 빈민을 통제하고 사회질서를 유지하려고 하였다. 그러나 다른 한편으로는 산업혁명과 더불어 성장한 신흥자본가 계급과 중산계급의 이해가 반영된 결과로 볼 수도 있다. 구빈법에 따라 구빈세를 많이 부담하는 중산계급은 국가에 의존하는 빈민의 수를 줄이고 강제 노동과 열등 처우를 통해 경비를 줄일 필요가 있었다.

당시 신흥자본가 계급이 빈민을 어떻게 보았는지는 찰스 디킨스의 다른 소설인 크리스마스 캐럴(Christmas Carol)에서 스쿠루지(Ebenezer Scrooge)와 기부금 모금자 사이의 대화에서도 잘 나타나고 있다. 크리스마스 전날 가난한 사람들에게 약간의 고기와 음료수 그리고 땔감을 나누어 주기 위해 스쿠루지에게 자선을 할 것을 부탁하는 모금자에 대해 스쿠루지는 다음과 같이 냉혹한 대답을 하고 있다.

스쿠루지 : "감옥과 가난한 빈민을 수용하는 구빈원이 있지 않느냐? 나는 게으른 사람들을 즐겁게 할 필요가 없다고 생각하고 가난한 자들은 당연히 그 곳에 가야만 한다고 생각해"
기부금 모금자 : "많은 사람들이 구빈원에 가느니 차라리 죽기를 원할 것입니다."
스쿠루지 : "그러면 그들은 죽는 게 낫겠군. 과잉인구도 줄일 수 있으니까 말이오."

(찰스 디킨스의 "크리스마스 캐럴" 중에서 인용)

"Are there no prisons and workhouses where those who were too poor to support themselves were forced to live, and where all the poor deserved? I can't afford to make idle people merry : I support the establishments I have mentioned, and those who are badly off must go there."
"Many can't go there, the other man tried to reason. And many would rather die."
"Then they had better do it, he told them. And decrease the surplus population!"

(quoted from Charles Dickens' "Christmas Carol")

이와 같이 징벌적이고 비인간적인 영국의 구빈법은 1948년에 국가보조법(National Assistance Act)이 제정되어 공식적으로 폐지될 때까지 거의 350년간 존속하였다.

2. 비스마르크의 사회보험

■ 세계 최초의 사회보험제도

19세기 후반 독일의 노동조건

비스마르크(Otto Eduard Leopold von Bismarck, 1815~1898)

세계에서 최초로 사회보험(social insurance)을 실시한 국가는 독일이다. 독일의 철혈 재상인 비스마르크(Friedrich Von Bismarck)는 1883년에 강제적용 사회보험인 질병보험법(Krankenversicherung)을 세계 최초로 실시하고 1884년에 산업재해보험법(Unfallversicherung), 1889년에 폐질 및 노령연금법(Invaliditats Und Altersversicherung)을 실시하여 사회보험방식을 통한 비스마르크식 복지를 시작하였다. 초기의 사회보험법의 적용 대상자는 육체노동자와 저임금 사무직 노동자들이었다. 이후 적용 대상자 범위를 점차 확대하여 부유층과 일부 자영업자를 제외하고 전 국민이 적용대상자가 되는 전국민 사회보험제도로 발전하였다. 비스마르크의 사회보험제도는 이후 유럽의 각 국가로 전파되었고 일본을 비롯한 아시아 국가 뿐 아니라 남미 국가 등 세계 각국으로 확산되어 현재는 세계에서 가장 많은 국가에서 시행되고 있는 가장 일반적인 복지제도가 되었다. 우리나라도 비스마르크식 사회보험제도를 도입하여 5대 보험인 건강보험, 국민연금, 산업재해보상보험, 고용보험, 노인장기요양보험이 사회보험제도의 원리에 따라 실시되고 있다.

비스마르크는 당시 빌헬름 2세(Friedrich Wilhelm II) 황제를 정점으로 군국주의적 정체를 가진 독일에서 노동자를 중심으로 세력을 확대하고 있던 사회주의자들을 견제하고 노동자들의 고용주와 국가에 대한 충성심을 증대시키기 위한 정치적 목적으로 사회보험을 실시하였다. 독일은 봉건주의적 성향이 강한 농업 국가였으나, 1840년대부터 산업혁명이 본격적으로 진행되어 공장과 광산노동자의 수가 급격히 증가하였다. 자본주의 초기의 영국과 마찬가지로 당시 독일 노동자의 노동조건과 생활수준도 극히 열악하였다. 당시의 노동자들의 노동조건이 어떠하였는지는 아래의 예시를 통해서도 확인할 수 있다(박광준, 2010 ; 259쪽).

- 1860~1870년대 공장노동자의 주당 노동시간은 78시간이었다. 일주일 동안 휴일 없이 일해도 하루 11시간 이상 일해야 했다. 그러나 임금은 최저 생계비를 보장하는 수준에 머물렀다.
- 여성과 아동의 노동조건은 더 열악하였다. 여성의 임금은 남성의 50~67% 정도였으며 야간 노동도 하여야 했다. 아동은 대개 8~9세에 노동을 시작하였으며 하루 평균 10~14시간 일하였다.
- 당시 노동 환경과 노동자에 대한 대우는 극히 비인간적이었

으며, 건강에 대한 보호장치는 전혀 없었다.

- 고용주는 거의 자유로이 노동자를 해고할 수 있었다. 정부나 고용주는 노동자의 복지에 관심이 없었으므로 당시 노동자들은 주로 자신들이 가입하고 보험료를 납부한 상호복지기금(mutual welfare funds)을 통해 의료, 연금, 교육, 장례비의 지원을 받았다.

사회주의의 대두

독일의 사회보험은 직업을 중심으로 발달하였다. 최초의 사회보험은 16세기에 광산 노동자들에 대한 상병수당(sickness benefit)과 의료서비스 제공을 위해 광산에서 자발적인 형식으로 실시되었다. 보험료는 노동자가 주로 부담하고 기업주가 보조금을 통해 기금의 일부를 지원하였다. 1845년에 프러시아는 사회보험을 광산 노동자, 공무원, 선원과 수공업 도제들에게 확대하고 이들이 상호복지기금(mutual welfare funds)에 가입하도록 시장이 명령을 할 수 있도록 하였다. 고용주가 보험료의 50%를 부담하도록 권장하였고 대신 기금의 운영에 참여하는 것이 허락되었다. 1876년 당시 독일에서는 12,000여개의 상호복지기금이 있었고 조합원수가 200만 명에 달했는데 이 상호복지기금제도가 뒤에 비스마르크 사회보험제도의 토대가 되었다. 비스마르크는 독일 통일 후 사회보험운영을 정부가 직접 관장하여 노동자의 정부에 대한 충성심을 강화하려고 하였으나 기금부담자의 자치운영원칙을 수용하여 노동자와 고용주가 사회보험을 자치적으로 운영하도록 결정하였다.

극히 열악한 노동조건과 노동자의 생활수준은 독일에서 1870년대부터 1900년대까지 유럽에서 가장 강력한 사회주의 운동이 일어나는 원인을 제공하였다. 1869년 아이제나하(Eisenach)에서 개최된 전 독일사회민주주의 노동자대회에서 극좌파인 공산주의자들은 사회민주노동당을 창당하였다. 사회민주노동당은 1871년 실시된 제국의회선거에서 2명의 의원을 당선시키는데 성공하고 1874년 선거에서는 9명의 의원을 당선시켰다(원석조, 2009). 1875년에는 사회주의 좌파와 우파가 합하여 사회주의 노동당을 결성하였으며 1890년에 사회민주당으로 당명을 바꾼 후 독일노동자에 대한 사회주의 활동을 강화하였다. 사회민주당은 제1차 세계대전 후 우경화될 때까지 혁명적 마르크스노선에 따라 정치적 투쟁을 계속하여 당시의 군국주의적 정치체제에 심각한 위험을 주는 정치집단으로 등장하였다.

비스마르크는 노동계급에 의한 사회주의적 혁명을 방지하기 위해 채찍과 당근정책을 사용하였다. 채찍정책으로 1878년에 직접적인 억압방법인 사회주의자 진압법(Sozialistengesetz)을 만들어 국가를 전복하려고 하는 사회주의 활동을 강력하게 탄압하였다. 사회주의 운동을 지지하는 문서의 발간금지, 집회결사의 금지 및 해산권 등을 통해 사회주의 운동을 억압하였고 사회민주당도 1890년까지 비합법적 단체로 지정하여 정치활동을 금지시켰다. 당근정책으로 사회보험 방식의 복지를 통하여 노동자를 회유하고 노동자의 충성심을 노동조합이나 사회주의 정당으로부터 국가로 향하게 하는 정책을 채택하였다.

최초의 사회보험법인 질병보험의 실시

사회보험입법은 1881년 빌헬름황제의 칙령(Kaiserliche Botschaft)으로 발표되었는데 황제는 이 칙령에서 산업재해보험법, 질병보험법, 폐질 및 노령연금법의 제정을 의회에 요청하였다. 사회민주당은 사회보험 방식인 이들 법의 제정에 대해 반대하였다. 그 이유는 첫째, 사회보험이 노동자를 위한 것이 아니라 노동자를 통제하기 위한 제도이다. 둘째, 대상자가 일부 국민에 국한되어 있고 기금을 보험 이외의 목적으로 사용할 수 있으며 무엇보다도 사회보험은 노동자를 국가복지의 사슬에 묶어 국가노예로 만들어 병영주의 사회를 만들려는 국가의 책략이다. 마지막으로, 이들은 자본주의 체제에서는 어떠한 복지제도도 노동자들의 생활은 근본적으로 개선할 수 없다고 보았다. 따라서 이들은 사회보험을 자본주의 병폐를 퇴색시키기 위한 일시적 수단이라고 주장하였다. 그들은 비스마르크의 사회보험이 노동자계급의 정치적 투쟁과 과격화를 막기 위한 수단이며 노동자들이 이러한 정치적 술수에 말려들지 않도록 하여야 한다는 주장을 내세워 사회보험법의 제정에 반대하였다.

특히 당내 좌파는 사회보험에 있어 노동자들의 재정 부담을 강하게 반대하여 국가와 고용주가 보험료를 전부 부담하는 방식을 채택할 것을 요구하였으며 1891년에는 강령으로 완전 무상의 질병보험과 노동자가 운영에 있어 결정권을 갖는 사회보험의 개혁을 요구하였다. 이처럼 세계 최초의 사회보험방식인 독일의 복지제도는 극우파에서 제안하고 좌파인 사회주의자들이 반대하는 상황에서 실시되었다.

빌헬름 황제가 칙령으로 요청한 3개의 사회보험법 중 가장 먼저 실시된 것이 1883년에 시행된 질병보험법으로 세계 최초의 사회보험법이다. 나머지 두 법은 질병보험법 실시 이후 차례로 시행되었다. 최초로 실시한 질병보험법은 가입자를 강제가입자와 임의가입자로 구분하였다. 공업 분야의 생산직 노동자와 연간 소득 2,000마르크 이하의 사무직을 강제가입자로 하고 고소득층과 자영업자는 임의가입자로 하였다. 보험료는 임금의 3~6% 범위내에서 정하도록 하고 고용주가 1/3을 부담하도록 하였다. 치료를 받을 수 있는 급여기간은 13주로 한정하였고 질병으로 인한 결근으로 임금을 지불하지 않을 경우 질병기금에서 임금의 50%에 해당하는 급여를 상병수당으로 지급하였다. 이외에 가입자가 출산할 경우 출산 급여를, 사망할 경우에는 장례비를 지급하였다. 질병보험의 관리는 질병기금이 자치적으로 운영하도록 하였다.

비스마르크가 실시한 사회보험은 영국의 국가복지제도와 비교할 때 몇 가지 다른 점을 가지고 있다.

첫째, 노동자를 우대하여 임금노동자에게 먼저 적용되었다는 것이다. 초기에 저임금노동자에게 적용하고 다음으로 전체 노동자와 주민에게 확대하였는데 직종을 중심으로 보험자 집단을 생산직 노동자, 사무직 노동자, 광부, 수공업자, 농민, 선원, 일반사업장, 지역으로 구분하여 적용하였다.

둘째, 노사의 공동부담제를 실시하여 소요비용은 고용주와 노동자가 공동으로 부담하였다는 것이다. 초기 질병보험의 보험료는 노동자가 2/3를 부담하였고 고용주가 1/3을 부담하였다. 정부의 부담은 없었다.

셋째, 보험의 운영은 고용주와 노동자 대표로 구성된 기금운영위원회에서 운영하였다. 질병보험의 경우 고용주와 노동자대표로 구성되는 질병기금(sickness fund) 운영위원회에 의해 운영되었는데 위원회는 보험료 부담을 고용주와 노동자가 각각 50%를 부담하였기 때문에 노동자 대표와 고용주 대표가 동수로 구성되었다. 국가는 정책의 결정이나 법령을 통한 감시감독권만 행사하였다.

마지막으로, 보험관련자들 간의 분쟁은 주로 관련자들 간의 협약을 통해 해결되었다. 질병보험의 경우 진료비용 지불은 질병기금연합회와 의사협회, 병원협회들 간의 진료비 지불계약에 따라 행해졌다.

■ 사회보험제도의 확산

비스마르크의 사회보험은 고용주와 노동자의 보험료 부담과 자치적 보험운영, 상병수당과 같은 복지 기능의 동시수행이 가능하다는 장점에 힘입어 유럽 국가로부터 시작해 세계 각국으로 급속히 확산되었다. 1888년에는 오스트리아가 최초로 비스마르크의 사회보험을 도입하였다. 영국도 집권자유당의 수상인 로이드 죠지(Lloyd George)가 1911년 사회보험을 도입하였는데 사회보험제도 도입의 정치적 목적은 비스마르크처럼 노동계급의 지지를 얻어 당시 세력을 확장하고 있던 노동당을 견제하기 위한 것이었다. 물론 사회보험 도입의 공식 목적은 보어전쟁에서 나타난 수준 이하의 영국 국민의 건강을 증진시키고 고용주의 보험료 부담을 통해 저임금 노동자의 건강과 소득을 보장함으로써 인기 없는 빈곤법으로부터 노동자를 보호하기 위한 것이라고 선언하였다. 로이드 죠지의 국민보험법 중 국민건강보험 대상자는 18세 이상 육체노동자와 소득세 면세점 이하의 사무직은 모두 강제 가입 대상자로 하였으며, 보험료는 정액제로서 노동자, 고용주, 정부가 각각 1/3씩 부담하였다.

보험 급여는 정액제로서 일반의사의 진료에 대해 일반 진료비와 약제비로 일정액이 지불되었다. 병원진료는 결핵 이외에는 허용되지 않았다. 상병수당이 매주 50실링씩 26주간 지급되었고 보험의 관리 운영은 우애조합(friendly society), 노동조합과 더불어 상업보험회사도 담당할 수 있도록 하였다.

국민보험법 중 실업보험은 사이가 좋은 시절 처칠과 비버리지에 의해 추진되었는데, 가입대상자는 고용상태가 불안정한 건설, 토목, 조선, 기계 등의 저임금 노동자들이었다. 보험료는 노동자, 고용주, 정부가 각각 1/3을 부담하였고 급여에 제한을 둔 것이 특징이었다. 쟁의에 의한 해고자는 급여 대상에서 제외되었고, 부당행위나 자발적으로 퇴직한 자에 대하여는 실업 후 6주간 실업 급여 지불을 정지하였다.

비스마르크의 사회보험제도는 유럽국가에 확산되어 프랑스, 이태리, 소련, 노르웨이, 덴마크, 스위스 등 대부분의 유럽국가가 사회보험제도를 복지의 중요 수단으로 채택하였으며 남미국가에서는 칠레가 1924년에 의료보험을 채택한 후 멕시코, 브라질 등으로 확대되었다.

아시아 국가에서는 일본이 최초로 비스마르크의 사회보험제도를 도입하여 1922년에 건강보험법을 제정하여 1927년에 실시하였다. 한국은 1963년에 처음으로 사회보험제도를 도입하여 산업재해보상보험법을 실시한 후 건강보험, 국민연금, 고용보험과 노인장기요양보험을 사회보험 방식으로 실시하고 있다.

현재 비스마르크식 사회보험은 유럽, 아시아, 남미 국가를 중심으로 가장 많은 국가에서 채택하고 있는 가장 일반화된 복지 방식인데 그 이유는 사회보험이 가지고 있는 몇 가지 장점 때문이다.

무엇보다 사회보험의 재정은 노동자와 기업주가 부담하는 보험료로 운영되기 때문에 국가의 재정 부담이 없어 국가의 재정 위기를 초래하지 않는다는 것이다. 다음으로 급여수준과 보험료 부담이 직접 연계되기 때문에 급여의 확대는 보험료 인상을 자동적으로 수반한다. 따라서 수혜자 부담 원칙이 지켜지기 때문에 급여 확대에 따른 보험료 인상의 불만을 최소화할 수 있다. 또한 보험료가 소득에 부과되는데 비해 평등한 급여가 제공되기 때문에 사회적 형평성을 달성할 수 있다는 것이다. 마지막으로 사회보험 운영이 노동자와 기업주 대표로 구성된 조합, 기금의 운영위원회에서 자치적으로 이루어짐에 따라 정부의 간섭을 최소화할 수 있으며 보험참여자 간의 역할분담도 협약을 통해 자발적으로 정할 수 있기 때문이다.

3. 루즈벨트의 사회보장제도

■ 대공황

경제 대재앙 발생

세계에서 최초로 사회보장법(Social Security Act)을 만든 국가는 미국이다. 루즈벨트(Franklin Roosevelt)대통령은 1929년도에 발생한 대공황을 극복하기 위한 방법의 하나로 사회보장법을 1935년에 제정하였다. 미국은 건국 이래 자유와 개인주의를 중요시하기 때문에 국가가 개인의 생활에 간섭하는 것에 대해 극히 부정적이다. 모든 사람들은 일을 통해 자신의 가치를 증명하고 사회적 보상을 받아야 하며 게으르고 미래를 보지 못하는 자가 도태되는 것을 당연하게 여긴다. 따라서 빈곤은 개인의 책임이고 국가가 직접 개인의 빈곤 문제를 해결하기 위해 간섭하는 것은 불필요하다는 생각이 강하다. 또한 미국은 민족과 종교가 다양하기 때문에 민족적 일체감이 약하며 전통적으로 사회주의가 정치세력화 되지 못하여서 유럽식 복지제도가 발전할 수 있는 여건이 마련되어 있지 않았다. 결과적으로 미국은 제1차 세계대전 이후 세계 최고의 경제력

루즈벨트(Theodore Roosevelt, 1858~1919)

과 군사력을 갖춘 초강대국이었음에도 불구하고 복지면에서는 가장 낙후된 선진국으로 인식되었다. 이러한 미국이 개인의 책임으로 간주해 온 복지분야에 정부가 직접 개입하는 복지제도를 법을 만들어 실시하였다는 것은 너무나 뜻밖의 사건이 아닐 수 없으며 그 배경에 대해 궁금증을 가질 수밖에 없다.

1929년 10월 28일 검은 월요일(Black Monday) 주가의 폭락으로 시작된 경제대공황은 미국역사에 있어서 최초의 경제적 재앙이었다. 수많은 사람들이 은행이나 개인으로부터 돈을 빌려 주식에 투자하였으나 주가가 폭락하여 하루아침에 주식이 휴지가 됨에 따라 평생 동안 모은 저축을 한꺼번에 잃어버리게 되었으며 빌린 돈을 갚지 못하는 자는 야반도주하여 타 지역으로 도망가거나 정처 없이 떠도는 부랑자가 될 수밖에 없었다. 대출금을 회수할 수 없는 은행은 악성부채로 인한 자금 고갈과 예금자의 예금 인출로 인해 은행 문을 닫을 수밖에 없었다. 제1차 세계대전 후(1914-1918)부터 시작된 1920년대의 눈부신 경제 번영이 갑자기 경제 공황으로 연결된 것은 전시 특수로 인한 공산품과 농산물의 과잉 생산, 제1차 세계대전 후 각국이 자국 산업보호를 위해 실행한 높은 관세 장벽으로 인한 국제무역의 후퇴, 전쟁 후 재정이 악화된 유럽 국가의 구매력 부족으로 인한 수출 감소 등 공급 초과와 수요 감소의 문제가 동시에 발생하였기 때문이다. 그러나 가장 결정적 원인은 금융 부문의 방만한 대출정책이 증권 투기로 연결되었고 주가가 폭락함에 따라 대출금의 회수 불능이 금융 산업의 마비를 초래하여 경제 전체를 붕괴시킨 것이었다.

빵을 얻기 위해 줄서있는 사람들(A Breadline in New York City, 1932, 연합뉴스)

공황은 미국 사회에 일대 혼란을 가져왔다. 1929년부터 4년 동안 공업생산량이 반으로 감소했고, 농산물 가격이 40%로 떨어졌으며 수출이 1/3로 감소하였다(원석조, 2009). 심지어 과잉 생산된 농산물을 처분하기 위해 바다에 투기하기도 하였다. 실업자 수는 1930년 500만 명이었던 것이 1931년에는 800만 명을 넘었고, 1932년에는 전체 노동자의 25%가 실업자였으며, 1933년에는 전체 노동력의 약 30%인 1천5백만 명으로 증가하였다. 실업자 수가 증가함에 따라 일부 도시에서는 주민의 약 40%가 실업자로 구제 대상이 되었으며 심지어 90%의 주민이 구제 대상이 되는 지역도 발생하였다(류상열, 2008). 특히 히스패닉 및 흑인의 실업률이 높아 이들은 빈민계층으로 추락하여 국가에 구호 등록을 하였다. 1929년에 830억 달러에 달했던 GNP는 1933년에 400억 달러로 절반 이하로 감소하였으며, 국민소득 중 농가소득의 비중이 1929년 10.4%에서 1933년에는 7.5%로 감소하였고 1인당 가처분소득도 1929년 682달러에서 1933년에는 364달러로 거의 절반 수준으로 감소하였다(원석조, 2009).

불황이 길어짐에 따라 시위와 폭풍이 일어나 시위진압을 위해 군대가 출동하는 사태까지 벌어졌다. 구호 대상이 증가함에 따라 민간 구호기관의 예산은 고갈되어 민간 기관에서는 대량실업이 사회적 요인에 의해 발생하였기 때문에 정부가 공식적으로 개입할 것을 요청하였다. 시장을 통한 경제의 자동회복력에 의존하는 자유방임적 자본주의 체제는 대공황과 같은 국가적 위기에는 매우 무기력하다는 것을 극명하게 드러냈으며 민간 중심의 자선사업도 대량실업으로 인한 빈곤을 해결하는 데는 역부족이라는 것을 보여주었다.

루즈벨트의 대통령 당선

그러나 당시 후버(Herbert Clark Hoover) 대통령은 대공황사태의 경제적 본질을 파악하지 못한 채 경제에 대한 정부의 개입은 미국의 기본 이념에 어긋난다 하여 이를 단호히 거부하고, 빈민구호를 위해 연방정부가 주정부를 원조해야 한다는 요청도 거절하였다. 결국 1932년 11월 대통령 선거에서 공황에 적절하게 대응하지 못한 공화당의 후버 대통령이 패배하고 민주당의 프랭클린 루즈벨트(Franklin Roosevelt)가 대통령으로 당선되었다. 루즈벨트가 민주당 대통령 후보가 되자 우익들은 정부 개입의 사회보장제도를 주장한 루즈벨트를 공산주의자 또는 그 동반자라고 비난하였으나 루즈벨트는 2,283만 표를 얻어 1,576만 표를 얻은 후버에 압도적인 표차로 승리하여 대공황을 극복하기 위해 정부가 복지에 개입하는 것이 국민들의 요구사항임을 증명하였다.

대공황을 극복하기 위해 루즈벨트 대통령이 채택한 정책이 뉴딜(New Deal)정책이다. 뉴딜은 카드를 새로 섞어 다시 분배한다는 뜻으로 새로운 개혁정책을 의미한다. 뉴딜정책은 구호(Relief), 경제회복(Recovery) 그리고 개혁(Reform)의 3R정책으로 잘 알려져 있다. 뉴딜정책을 통해 미국은 당시까지의 지배 이념이던 개인주의와 자유방임주의를 포기하고 경제와 복지에 국가가 필요할 경우 직접 개입할 수 있다는 수정자본주의로의 이념적 변경을 가져왔다.

뉴딜정책은 수정자본주의의 이론적 근거를 제공한 케인즈 경제학(Keynesian Economics)에 따른 정책으로서 경제적 불황 시에는 국가가 직접적인 구제와 공공사업을 통해 유효수요 즉 구매력을 창출하여 경제를 회생시킨다는 정책이다. 구매력이 증가하면 상품 생산이 증가하고 이것이 고용을 증가시키게 되며 증가된 고용과 임금이 다시 구매력을 증가시켜 경제를 회복시킴은 물론 궁극적으로 복지를 증진시킨다는 논리이다.

루즈벨트는 제1차 뉴딜정책으로 긴급은행법, 농업조정법, 국가산업부흥법을 실시하였다. 긴급은행법을 통해 통화 흐름과 외환거래를 통제할 수 있는 권한이 대통령에게 주어짐으로써 국민들의 예금 인출사태를 수습하여 은행을 정상화시켰으며, 농업조정법을 통해 경작 면적과 농산물 생산량을 조정함으로써 농산물 가격 안정을 통해 농업을 회생시켰다. 국가산업부흥법을 통해 임금과 가격 조절기구인 산업부흥청(National Recovery Administration)을 설립하고 노동조합에 단결권과 단체협약권을 부여하였다. 그러나 국가산업부흥법에 따른 상품가격과 임금에 대한 국가 통제 계획은 자본가들의 반대에 부딪힌데다 대법원이 이를 위헌이라고 판결함에 따라 이를 포기할 수밖에 없었다.

루즈벨트가 제2차 뉴딜정책에서 국가산업부흥법의 대안으로 와그너법과 사회보장법을 제정하여 노동조합과 정치적 동맹을 맺음과 동시에 사회보장제도를 통해 시민의 기본생활을 보장함으로써 경제적 안정에 대한 개인의 권리가 헌법적 권리로 인정되는 계기를 만들었다.

■ 세계 최초의 사회보장법

1934년 6월 루즈벨트 대통령은 경제보장위원회(Committee on Economic Security)를 소집하고 사회보장 프로그램 개발에 대한 책임을 부여하였다. 위원장인 노동부장관 퍼킨스(Francis Perkins)는 1935년 "사회보장 프로그램을 위한 권고안"을 작성하였는데 이 권고안은 법안으로 작성되어 상 · 하원을 통과한 후 1935년 8월 14일 최초로 사회보장법으로 제정되었다. 사회보장법은 강제적 사회보험(compulsory social insurance)과 공적 부조(public assistance)로 구성되어 있었는데 주요 내용은 다음과 같다(박광준, 2010).

첫째, 퇴직자를 위한 노령연금(Old Age Insurance) 제도의 실시이다. 노령연금은 연방정부가 직접 운영한다. 보험료는 1인당 연간 3,000달러까지의 소득에 부과하며 보험료는 노동자와 기업주가 각각 1%씩 부담한다. 연급 수급자격은 1936년 이후 연금적용 업종에 5년 이상 고용된 후 이직한 65세 이상의 퇴직자에게 지급한다. 연금 수준은 고용 당시의 임금에 따라 산정한다.

둘째, 실업보험(Unemployment Insurance) 제도를 주정부의 책임하에 실시한다. 실업보험은 주정부의 책임으로 실시하였기 때문에 적용대상자, 보험료율, 급여내용 등이 주에 따라 각각 달랐다.

셋째, 사회보장법은 2개의 사회보험과 더불어 3개의 특별보조와 특정의 사회복지 서비스에 대하여 연방이 보조금을 지원하도록 하였다. 특별보조는 노인, 빈곤 어린이, 시각장애인에 대한 보조금 형태로 지원되었는데 보조금 비율은 노인과 시각장애인은 1인 15달러를 최고액으로 하여 지원액의 1/2이었고, 빈곤 어린이에 대하여는 첫째 아이는 6달러, 둘째 아이부터는 각 3달러를 최고한도로 주는 지원액의 1/3을 보조하였다. 이외에 사회보장법은 일정한 조건의 충족을 전제로 하여 각 주가 시행하는 모자보건서비스, 지체장애 어린이 서비스, 어린이 복지 서비스 등 사회 복지 서비스 운영비에 대해서도 연방의 보조금을 지원하였다.

사회보장법의 가장 큰 취약점은 이 법에 건강보험이 포함되지 않았다는 것이다. 루즈벨트가 전 국민에게 강제 건강보험을 적용하기 위해 이를 사회보장법에 포함시키려 하였으나 미국 의사협회, 보험회사와 정치권의 반대로 실패하였다. 이들은 강제 건강보험이 자유와 시장 중심의 자본주의 경제에 위배되는 사회주의적 제도일 뿐 아니라 사회보험방식의 건강보험이 독일제라는 점을 강조하여 이의 실시를 극력 반대하여 결국 루즈벨트도 건강보험의 실시를 포기하였다. 이후 미국의 건강보험은 민간보험 중심의 제도로 발전하게 된다.

사회보장법의 또 하나의 약점은 이 법에 사회보장의 최저 보장수준이 정해지지 않았다는 것이다. 최초의 사회보장법 원안에는 공공부조를 통해 국민의 문화적이고 건강한 삶의 수준을 보장해야 한다고 되어 있어 사실상 최저생계 보장을 목적으로 하였으나 법안 심의과정에서 삭제되었다.

루즈벨트의 사회보장법을 극히 제한된 선택적 복지제도로서 대공황이라는 경제적 위기를 극복하기 위한 수단의 하나로서 제정되었으나 이 법은 미국 최초로 연방 정부가 추진한 복지제도이며 국민의 생활보장에 대한 연방 정부의 책임을 명확히 한데서 의미가 크다. 또한 사회보장법은 미국복지의 기초법으로서 미국이 적극적인 사회보장을 시작하는 전기를 마련하였으며 국가의 경제적 위기에 복지제도를 통해 구매력을 증가시킴으로써 경제회복에 복지가 기여할 수 있다는 것을 증명하여 많은 다른 국가들의 복지정책에도 영향을 미쳤다.

제 **2** 장

복지국가의 시작과 확산

1. 복지국가의 시작

■ 비버리지 보고서

비버리지의 눈물

윌리엄 헨리 비버리지 (William Henry Beveridge, 1879~1963)

1941년 6월 10일 윌리엄 비버리지(William Beveridge)는 분노와 좌절감으로 눈물을 흘리며 아서 그린우드(Arthur Greenwood) 재건노동장관(Labour Minister for Recon-struction)실의 문을 열고 나왔다. 그는 방금 그가 그렇게 원했던 전시인력동원업무 대신 자신뿐 아니라 아무도 알지 못하고 아무런 관심도 없는 "사회보험조정위원회"의 위원장 자리를 맡아줄 것을 장관으로부터 제안받았기 때문이었다. 당시 영국은 독일과의 제2차 세계대전에 모든 국가의 역량과 자원을 집중하고 있었기 때문에 누구도 전쟁과 아무런 관련이 없는 복지에 관심을 두지 않았을 뿐 아니라 위원회의 임무도 당시 7개 부처에 나누어 실시되고 있던 사회보험과 관련제도를 조사하여 단순히 권고안을 제시하는 것이었다. 어떻게 보면 단순히 행정적 작업의 성격을 가진 것이었다.

그 자리는 옥스퍼드 대학교 출신으로서 당시 수상이던 윈스턴 처칠(Winston Churchill)과 경제학자인 케인즈(John Maynard Keynes)와 페이비안 소사이어티(Fabian Society)를 창설한 시드니와 베아트리스 웹 부부(Sidney and Beatrice Webb)의 친구로서 런던정치경제대학(London School of Economics and Political Science) 학장과 정부에서 고위직을 역임하고 국민에게 꽤 인기 있는 저널리스트인 비버리지에게는 전혀 어울리지 않는 자리였다.

비버리지는 제1차 세계대전에서도 전시인력동원 업무에 종사한 적이 있어 전시에는 인력동원업무가 가장 중요한 업무의 하나라는 것을 잘 알고 있었다. 특히 비버리지는 노동부의 의뢰로 전시인력동원에 관한 조사를 막 마쳤기 때문에 이 업무가 당연히 자신에게 주어질 것으로 굳게 믿어 당시 노동부에 신설된 복지업무 책임자 자리까지 사양한 상태였기 때문에 더 큰 실망감과 배신감에 눈물을 흘렸던 것이다. 이처럼 복지국가의 청사진을 최초로 제시한 비버리지 보고서는 눈물로부터 시작되었다.

실의에 빠진 비버리지는 처음 몇 달 동안 아무 일도 하지 않았다. 그가 복지에 대해 아는 것은 옥스퍼드대학교에서 수학과 고전을 공부한 후 토인비 홀(Toynbee Hall)에서 사회개량운동에 참여하고 모닝포스트지(Morning Post)의 사회문제 주필로 빈곤과 실업이 사람들에게 어떤 결과를 가져오는지에 대해 조금 알게 되었다는 것과 정부의 실업문제에 관한 위원회에서 잠시 활동한 것이 전부였다. 그러나 비버리지는 곧 생각을 바꿔 자기에게 주어진 임무에 최선을 다하기로 결심하고 매일 아침 6시에 일어나 찬물로 샤워를 한 후 밤늦게까지 위원회 일에 전심전력을 다함으로써 이듬해인 1942년에 역사적인 비버리지 리포트를 완성하여 발표하게 된다.

정부에 사회보험조정위원회를 만들어 사회보험과 관련제도에 대한 권고안을 제시토록 요구한 것은 영국의 노동조합이었다. 당시 영국의 사회보험제도는 7개의 부처에서 담당하고 있었는데 부처 간에 지급하는 급여수준이 각각 다를 뿐만 아니라 부처 내에서 실시하는 사회보험도 각각의 규정에 따라 대상자의 특성을 고려함 없이 무질서하게 운영되고 있었다. 예를 들면, 2자녀를 가진 노동자가 실업을 하게 되면 주당 38실링을 받는데 비해, 같은 조건의 노동자가 병이 들어 일을 못하게 되면 상병수당으로 실업수당의 절반에 못 미치는 18실링을 받는 식이었다. 또한 건강보험업무는 주로 우애조합(friendly society)에서 담당하고 있었는데 각 조합마다 보험료와 보험급여 내용이 모두 달랐다.

비버리지의 복지국가 청사진

비버리지는 위원회의 임무를 단순한 사회보험제도의 행정적 정리보다는 대담하고 역사적인 개혁안으로 만들어 새로운 국가인 복지국가의 청사진으로 제시하기로 결심하였다. 비버리지는 전후 영국이 건설하여야 할 새로운 국가인 복지국가를 만들기 위한 원칙으로 세 가지를 제시하였다.

첫째, 짜깁기 복지보다 혁신적인 새로운 복지제도를 실시한다. 이를 위하여 기존의 모든 복지기득권은 무시한다.

둘째, 전후 새로운 복지국가를 만들기 위하여 5대악(five giant evils)인 – 빈곤(want), 질병(disease), 무지(ignorance), 불결한 환경(squalor) 그리고 나태(idleness)의 문제를 극복하기 위한 해결안을 제시한다.

셋째, 복지는 국가와 개인의 협력을 통해 이루어지도록 한다. 국가는 복지에 책임을 져야 하지만 개인의 책임을 말살해서는 안되며 기초생활은 권리로서 보장해야 하나 개인이 자신과 가족을 위해 더 공헌하도록 해야 한다.

비버리지는 5대악을 물리칠 각각의 복지 수단을 아래와 같이 제시하였다.

- 빈곤 : 가족수당, 기초생활보장 등 사회보장제도(social security system)
- 질병 : 국가의료보장제도(national health service system)
- 무지 : 무상교육제도(free education)
- 열악한 환경 : 공공임대주택제도(public rental house system)
- 나태 : 완전고용(full employment)과 실업급여제도(unemployment benefit)

비버리지는 빈곤과 질병에 특별한 관심을 주었다. 그는 빈곤이 가장 극복하기 쉬운 악으로서 각자가 자신과 자기가족의 생계를 위해 최선을 다하고, 국가가 추가적으로 소득보장제도를 통해 기초생활을 보장하면 빈곤을 해결할 수 있다고 생각했다. 비버리지는 그의 보고서에서 빈곤의 주된 원인이 실업이나 질병으로 인한 소득 활동의 중단이나 상실이며 이 중에서 가족 특성상 지출 요인이 많은 가정 예를 들면, 부양가족수가 많거나 장애인이 있는 가정이 빈곤에 떨어질 확률이 더 높다고 하였다.

무상의료는 질병으로 인해 빈곤에 떨어지는 것을 예방하고 경제적으로 모든 사람들이 건강하게 일함으로써 소득을 증대시켜 더 나은 삶을 추구할 수 있게 만든다고 생각했다. 또한 도덕적으로도 병든 사람을 치료하는 것은 국가의 의무라고 생각하여 그의 보고서에서 전 국민에게 보편적이고 포괄적인 건강 서비스를 제공할 것을 제안하였다. 비버리지는 건강은 가족과 국가에게 너무나 중요한 것이기 때문에 개인에게 맡겨서는 안 된다고 보아 포괄적인 무상의료서비스를 특히 강조하였다.

"모든 시민에게 그가 필요로 하는 의료서비스를 가정방문치료이든 입원치료이든, 일반의에 의한 치료이든 전문의에 의한 치료이든, 시민들이 받을 수 있도록 보장하는 건강서비스, 나아가 치과서비스와 안과 서비스, 수술, 간호, 조산 그리고 사고를 당한 자에 대한 재활서비스까지도 보장하는 그런 건강서비스가 모든 국민에게 무료로 제공되어야 한다."

비버리지 보고서는 제2차 세계대전이 한창 진행 중이던 1942년 12월 1일 발표되었다. 그는 이 보고서를 같이 작성한 7개 부처의 공무원을 대표하여 보고서에 혼자 서명하여 발표하였다. 명분상으로는 공무원이 보고서를 통해 자신들이 상관인 장관들에게 자신들이 작성한 보고서의 이행을 촉구하는 것이 정부 내의 위계질서상 받아들여질 수 없다는 것이었으나 실제적으로는 이 보고서로 인해 위원회에 참여한 공무원이 개인적으로 불이익 처분을 당하는 것을 방지하기 위한 것이었다. 비버리지 보고서는 정부문서로서는 최초로 베스트셀러가 되었다. 발간 즉시 6만 부가 매진되었고 한 달 만에 10만 부, 1944년까지 30만 부가 판매되어 국민들로부터 복지국가 건설에 대한 뜨거운 반응을 불러 일으켰고 보고서에 대한 토론이 국민뿐 아니라 군대 내에서도 열성적으로 이루어졌다. 미국 재무부에서도 이 보고서를 수입 판매하여 5,000달러의 수입을 올렸으며, 히틀러도 전시에 영국 국민들이 무엇에 최대의 관심을 가졌는지를 알아보기 위해 보고서를 비밀리에 구입하여 전시벙커에서 읽은 것으로 알려져 있다(Timmins, 1995). 비버리지 보고서는 전후에 건설할 새롭고 평등한 영국의 건설을 위한 청사진이라는 것이 즉각적으로 알려졌고 불과 1년 6개월 전 눈물을 흘리며 위원장직을 맡았던 비버리지는 하루아침에 국민의 영웅이 되었고 그가 제시한 새로운 복지국가 건설은 전후 영국의 확고한 정치적 과제가 되었다.

■ 영국 노동당의 총선 승리

처칠의 착각

비버리지는 보고서를 당시 전시 연립정권의 수상이던 처칠(Winston Churchill)에게 보고하여 그가 제시한 복지국가의 이상을 실현하고자 하였다. 그러나 당시 2차 세계대전의 승리와 종결에 몰두하였던 처칠은 비버리지 보고서가 이루어질 수 없는 유토피아와 같은 이상향을 제시함으로써 국민들에게 실현 불가능한 허황된 꿈을 꾸게 하고 국민들을 국가에 의존하게 만든다고 생각하여 비버리지의 면담을 거절하였을 뿐 아니라 보고서 자체에 대하여도 부정적인 태도를 보였다.

비버리지 보고서에 가장 강력하게 반발한 것은 재무부였다. 당시 재무부 장관은 비버리지의 보고서 내용을 실천에 옮기기 위해서는 세금을 30% 이상 인상하여야 한다고 주장하였다. 세금인상은 노동자의 근로 의욕을 손상시키고 개인의 소비의 자유를 감소시킬 뿐 아니라 기업에 대한 세금 인상은 상품가격 인상을 가져와 영국 상품의 국제경쟁력을 약화시킴으로써 수출을 감소시켜 결과적으로 경제성장력의 둔화를 가져온다고 주장하였다. 또한 복지지출을 통한 완전고용 달성은 불가능한 가정일 뿐이며 복지지출 증가는 국가 안보에 가장 중요한 국방비 감소를 가져오는 한편, 바람직하지 않은 사회현상인 이혼, 미혼모에 대한 지원이 사회악을 조장할 수 있다고 주장하였다. 이러한 재무부의 의견에 대해 당시 보수당 의원의 대부분이 찬성하였으며 처칠은 재무부의 주장이 타당하다고 생각하여 비버리지를 모든 정부정책 수립에서 제외함은 물론 정부 근처에 얼씬도 못하게 하였다. 정부 부처도 공보부를 제외하고는 모든 부처가 보고서에 대해 부정적 의견을 나타냈고 그의 보고서의 영향력을 감소시키기 위해 1944년에 사회보장백서와 국가보건서비스 및 고용정책백서를 발간하였다.

당시 비버리지 보고서에 대해 실현가능하다는 의견을 제시한 것은 경제학자인 케인즈였다. 케인즈는 복지국가 건설을 위한 주택, 병원, 학교 건물 등에 대한 새로운 투자와 복지부문의 고용증가가 총유효수요를 증가시켜 경기 침체를 방지하고 완전고용 달성에 기여할 것이라고 주장하여 비버리지 보고서의 실현에 찬성하였다.

반대로 노동당은 비버리지 보고서가 전후에 새롭고 평등한 신세계(The New World) 국가 건설을 원하는 국민들의 열망을 반영하고 있다고 판단하여 보고서에 따른 복지국가의 실현을 당의 정책으로 채택하였다. 당시 영국 노동당의 복지관은 모든 시민은 그의 능력이 있는 한 사회를 위해 일할 의무가 있으나, 어떠한 이유로든지 그들이 일을 하지 못하게 되었을 때는 적절한 수준의 안락함과 자존심을 유지시켜 줄 수 있는 생계보장을 국가로부터 기대할 권리가 있다는 것이었다. 이러한 복지관에 따라 일하고 있을 때에나 일을 하지 못하고 있을 때나, 아플 때나 건강할 때나, 재해를 당했을 때나, 퇴직할 때에도 모든 사람에게 기본생계비를 보장하는 국민최저소득보장제도(national minimum)를 실시할 것을 주장하였다. 노동당은 이것이 비버리지 보고서의 기본개념을 실천하는 것이며 복지는 국가와 국민 간의 계약상의 권리(right of contract)로서 인정받아야 한다는 견해를 가지고 있었다.

노동당의 압승

제2차 세계대전이 연합국의 승리로 끝난 후 1945년에 실시된 총선에서 노동당은 "정의로운 복지국가 실현"을 선거공약으로 내걸어 하원 총의석 640의석 중 466석을 차지하여 과반수 의석에서 146석을 초과하는 압도적 승리를 거두었다. 노동당이 압승을 거둔 주요인은 비버리지 보고서에 대해 부정적인 태도를 보인 보수당에 대한 반감으로 유권자들이 노동당에 표를 몰아주었기 대문이었다.

이후 노동당은 복지국가의 건설을 실행에 옮김으로써 이후 보수당과 맞서는 양대 정당으로 성장할 수 있었다. 반면에 제2차 세계대전을 승리로 이끈 국민적 영웅인 처칠은 1945년 총선에서 비버리지 보고서에 따라 복지국가를 실현하겠다는 노동당의 선거공약을 세금 인상을 가져오고 실현가능성이 낮은 허황된 공약이라고 맹비난함으로써 역사적인 전승에도 불구하고 총선에서 패배하여 정권을 노동당에 넘겨주어야 했다.

보수당이 선거에서 참패한 것은 앞서 일어난 제1차 세계대전(1914~1918) 중 전쟁이 끝나면 모든 국민에게 더 많은 복지를 해주겠다는 대국민 약속으로 지키지 않은 전력도 있었지만, 제2차 세계대전이 끝난 후 많은 군인들이 가정으로 돌아갔으나 전쟁으로 많은 도시가 파괴되고 직장이 부족하여 모두가 어렵고 모든 것이 부족한 상황에서 국민에게 희망을 준 것은 전쟁의 승리가 아니라 새롭고 평등한 국가의 창조를 약속한 비버리지 보고서였다는 것을 무시한 결과였다. 보수당도 1940년대가 사회적 이상주의 시대였으며 모든 정당이 평등한 사회를 만들려는 노력해야 한다는 것을 알고 1944년에 교육법과 장애인고용법, 1945년에 가족수당법을 노동당, 자유당과 합의하여 하원을 통과시킨 공적이 있음에도 불구하고, 복지국가 건설에 더 적극적이고 개혁적인 노동당에 기선을 뺏겨 정치적 패배를 당한 것이다.

처칠은 다음 총선에서도 노동당에 패배하여 결국 6년 후인 1951년에 실시된 총선에서 노동당정권의 복지국가실현정책을 인정함은 물론 “복지국가를 유지하면서 경제적 번영을 이룩하겠다”는 선거 공약을 제시함으로써 총선에서 승리할 수 있었다. 영국에서 노동당이 복지국가 실현으로 총선에서 승리한 후 서유럽국가에서는 복지국가 건설이 정부의 새로운 목표가 되어 어떠한 정당도 복지국가에 대해 이의를 제기할 수 없었으며 복지국가의 이념이 정치적 합의를 이룬 이데올로기가 되었다.

2. 복지국가의 실현

■ 요람에서 무덤까지

영국 노동당의 복지국가 건설

1945년 총선에서 승리한 영국의 노동당은 "요람에서 무덤까지(from cradle to grave)"로 대표되는 복지국가 건설을 제도적으로 실행하였다. 새로 집권한 노동당의 애틀리(Clement Atlee) 수상은 노동당이 추구할 새로운 국가의 형태가 민주사회주의(democratic socialism) 국가임을 명백히 하였다.

애틀리는 수상 재직기간에 복지국가 실현을 위해 비버리지가 제시한 5대악을 제거하기 위한 제도적 복지수단을 실천에 옮겼다. 첫째, 빈곤(poverty)을 해결하기 위하여 가족수당법(Family Allowance Act)을 제정하여 1945년에 첫째 아이를 제외한 16세 이하 어린이 모두에게 어린이 수당(child benefit)을 지급하였다. 어린이 수당은 소득 수준에 상관없이 모든 어린이에게 지급되었으며 양육의 실제 주체인 어머니의 계좌로 수당이 지급되었다.

노동당 정부가 어린이수당을 먼저 지급한 이유는 이것이 비버리지 보고서에서 가족의 최저생계를 보장하기 위한 중요한 수단의 하나로 제시되었기 때문이다. 노동임금은 노동의 생산성에만 기초하고 노동자가 속한 가족의 규모는 고려하지 않기 때문에 임금제도만 가지고는 가족 수가 많은 국민에 대해 국민 최저생활수준을 보장하기 어렵다. 또 현재와 같은 출산율로는 영국의 인구구모를 유지할 수 없다고 보았기에 어린이 수당을 통해 자녀를 더 낳기를 원하는 부모들로 하여금 이미 태어난 자녀가 누릴 기회를 손상시킴 없이 새로운 자녀를 낳을 수 있도록 인센티브를 제공하고 국가가 출산에 관심이 있다는 것을 보여주어 출산율을 높이는데 도움이 될 것으로 믿었기 때문이다.

1946년에 국민보험법(National Insurance Act)을 만들어 실업수당, 질병수당, 출산수당, 과부수당, 은퇴연금, 보호자 수당(guardian's allowance)과 장례비용을 지급하였다. 1948년에는 국민부조법(National Assistance Act)을 만들어 500년 동안 적용해오던 구빈법의 효력을 정지시키고 국민보험법에 의해 보호를 받지 못하는 국민들의 기본 생활을 보장하기 위해 기초생계비를 지급하였다. 이 법은 영국에 거주하는 모든 내·외국인에게 어떠한 요건에 상관없이 모두에게 보편적으로 적용되었다.

둘째, 질병(disease) 문제를 해결하기 위하여 1946년에 국가건강서비스법(National Health Service Act)을 만들어 1948년 7월 5일에 시행하였다. 이 법은 국민의 건강에 대한 국가의 책임과 의무를 다음과 같이 규정하고 있다.

"국민들의 신체적, 정신적인 건강을 확고히 증진하도록 포괄적인 의료서비스를 제공하고 예방, 진단, 그리고 질병의 치료를 수행하는 것은 정부의 의무이다. 제공되는 모든 서비스는 이 법에서 비용을 명백히 정한 것 이외에는 무료이다."

이 법에 따라 모든 병원은 국영병원이 되었고 병원에 근무하는 의사는 국가공무원화 되었다. 모든 일반의(general practitioner)는 국가와의 계약에 따라 가정 주치의로서 1차 진료를 담당하고 비용은 국가가 지불하였다. 영국의 국가건강서비스제도는 모든 국민이 경제력에 상관없이 평등하게 무상의료서비스를 받게 하는 역사상 최초의 무상의료제도로서 사실상 의료서비스를 공공재화 하였다. 이것을 더욱 명백히 한 것이 정부의 건강의무선언이다.

"당신이 아프거나 부상을 당하면 그곳에 당신을 치료해줄 국가건강서비스제도(National Health Service : NHS)가 있습니다. NHS는 당신의 필요(need)에 따라 이용할 수 있으며 당신의 지불능력과 당신이 어디에 살고 있는지는 아무 상관이 없습니다."

셋째, 무지(ignorance)를 해결하기 위하여 1944년에 제정된 교육법(Education Act)을 실행하였다. 이 법에 따라 무상교육이 4세부터 시작되는 유아원부터 대학까지 실시되었다. 교육은 세 가지 목적 즉 직업을 위하여, 시민으로서의 교양을 갖추도록 하기 위하여, 개인의 적성을 실현시키도록 도와주기 위하여 모든 국민에게 무상교육이 제공되었다. 새로운 교육법의 시행으로 교육은 특권이 아닌 권리가 되었으며 교육이 노동자들의 사회적 지위를 향상시키고 사회적 정의를 실현시키는 가장 강력한 수단으로서 부(wealth)와 맞먹는 기능을 가지기 때문에 복지국가를 실현하는 가장 강력한 수단의 하나가 되었다.

넷째, 불결한 환경(squalor)을 개선하기 위하여 1949년에 주택법(Housing Act)을 제정하였다. 전후 영국에서 가장 시급한 것이 주택부족을 해결하는 것이었다. 전쟁으로 대도시의 많은 주택이 파괴되어 주택 수가 절대적으로 부족하였고, 민간주택의 높은 임대료 상승으로 임대주택에 사는 주민이 재정적 압박을 받았으며, 전후 결혼하여 새로운 가정을 이룬 젊은 부부들에게는 주택을 구하는 것이 가장 시급하고 큰 문제였다. 또한 이전의 빈민가도 재개발이 필요하였다. 노동당 정부는 1946년에 신도시법(New Town Act)을 제정하여 20개의 신도시를 건설하였는데 이 중 8개는 런던 근교에 300만 명을 수용하는 규모로 지어졌다. 주택법에 따라 1950~1955년 사이에 100만 채의 지방정부 소유의 임대주택인 카운티 하우스(county house)를 지어 무주택자에게 임대로 빌려주었다. 또한 임대료 제한법(Rent Restriction Act)을 제정하여 민간 임대가옥의 임대료 인상을 법으로 억제하였다. 환경보호를 위하여 국립공원이 지정되고 강이나 대기오염, 쓰레기와 소음문제를 해결하기 위한 조치가 이때부터 실시되었다. 이때 비버리지도 두 개의 신도시 건설위원회 위원장으로 활약하였다.

마지막으로, 나태(idleness) 문제에 대하여 비버리지는 완전고용과 실업수당을 통해 해결할 것을 주장하였다. 당시 전쟁이 끝나고 군인들이 사회로 복귀함으로써 1947년에 약 2백만 명의 실업자가 있었다. 집권 후 노동당 정부는 주요산업인 철도, 광산, 전기, 가스, 철광 산업을 국유화하고 공공부문의 고용증가와 새로운 경제개발계획에 따른 새로운 산업의 지역분산 배치, 전후 파괴된 산업과 지역의 재건을 통해 새로운 일자리를 창출하여 거의 모든 구직자에게 일자리를 제공하였다. 결과적으로 전후 영국은 노동당 정부의 기간산업의 국유화를 비롯한 새로운 일자리 창출로 완전고용이 이루어져 실업문제는 자동 해결되었다.

이처럼 비버리지 보고서에서 제시된 복지국가 청사진과 이를 실현한 노동당 정부에 따라 영국은 인류 역사상 최초의 복지국가를 실현하게 된다.

■ 보수당의 재집권

1945년도에 집권한 노동당 정부는 복지국가에 대한 국민의 압도적 지지로 복지국가를 실현하였으나, 계속된 경제적 침체와 재정난으로 인기가 떨어져 1951년에는 총선에 패배하여 처칠의 보수당에게 정권을 넘겨주게 된다. 이것은 처칠의 보수당이 재정측면만을 보고 복지를 무시하여 정권을 잃은데 대해 애틀리의 노동당은 복지만을 중시하고 재정을 무시함으로써 급격한 복지정책 실시에 따른 재정난으로 정권을 잃게 된 것이다. 노동당이 복지를 통해 영국 역사상 최고의 사회개혁을 추진하였음에도 국민들의 인기를 잃은 데에는 몇 가지 요인이 복합적으로 작용하였다.

첫째, 새로운 복지정책을 추진하기 위해 재정을 차입함으로써 대규모 재정적자를 초래하였다. 특히 미국이 영국의 사회주의 정권에 대해 경제적 지원을 중단함으로써 영국은 외화부족으로 인한 수입품감소로 생활필수품도 부족하게 되었다. 결과적으로 전시에 실시했던 식량 배급 제도를 전쟁이 끝난 후 1951년까지 실시하여야 했다. 빵도 배급이 되었고 기초생필품이 부족하여 소비재의 가격이 치솟았으며 세금도 인상되었다. 노조의 파업과 국영기업의 비효율성으로 인해 석탄과 전력의 공급이 부족하여 겨울에 저소득계층은 추위에 떨며 극심한 고통을 겪어야 했다.

두 번째는 복지제도가 빈곤층보다 중류층에게 더 많은 이익을 주었다는 사실이 밝혀진 것이다. 복지가 권리로서 제공되던 복지서비스가 운영되는 방법과 도움을 받을 곳을 잘 알며, 교사나 의사 같은 전문가와 동등한 위치에서 이들을 만날 수 있는 중상류층이 정보가 부족하고 전문가에게 이질감을 느끼는 빈곤층보다 더 좋은 대접을 받고 더 많이 복지서비스를 이용할 수 있기 때문이다.

마지막으로 새로운 복지제도 자체가 문제를 발생시켰다. 먼저 무상인 국가건강서비스제도에 정부정책의 우선순위가 주어짐에 따라 건강부문에 대한 재정지출의 증가가 교육, 주택, 경제개발 등 다른 분야에 대한 지출의 감소를 초래하였다. 여기에 대해 당시 보건부

장관인 베번은 병원이 지어지고 그동안 치료되지 않았던 질병에 대한 치료가 이루어져 국민이 건강하게 되면 질병에 대한 비용은 감소하고 근로자의 병으로 인한 결근의 감소와 생산성 향상이 경제성장을 촉진시켜 궁극적으로 국가재정수입을 증대시킬 것이라고 주장하였다. 그러나 국가건강서비스지출은 베번의 주장과 반대로 계속 증가되었다. 이것은 의료서비스는 우등재이기 때문에 생활수준이 향상될수록 더 많은 의료서비스를 사용하게 되며 의료기술과 신약의 발전, 수명증가와 노인인구의 증가에 따라 국민 의료비가 자기 팽창력에 의해 증가하기 때문이다. 더욱이 1951년에 영국의사협회가 급여를 인상시켜 주지 않으면 국가건강서비스제도에서 탈퇴하겠다고 위협함에 따라 의사에 대한 급여를 대폭 증가시킨 것이 의료비지출을 대폭 증가시킨 하나의 원인이 되었다.

재집권한 보수당은 생산적 투자라고 생각한 주택건설에 우선권을 두고 균형재정을 위해 보건, 의료, 교육과 사회보장비 지출을 감소시키기 위한 정책을 추진하였다. 재무부는 인플레이션을 억제하여 통화를 안정시키기 위해 가족수당, 안과진료비, 입원비용, 우유지원비 등을 줄일 것을 건의하였으나 보수당은 이것이 당에 대한 민심 이반과 임금 인상을 초래할 것이라는 이유로 반대하여 사실상 복지비 지출은 형식상의 수준에 그쳤다. 다행히 영국의 경제는 1951년부터 고도의 성장을 유지하여 보수당은 1964년까지 공약대로 복지국가를 유지하면서 경제적 번영을 이루어 장기간 집권하게 된다.

3. 복지국가의 확산

■ 복지국가의 정치이데올로기화

비버리지 보고서에 따라 제2차 세계대전 후 영국에서 시작된 복지국가 실현은 1950년대 이후 서유럽국가를 중심으로 급속히 확산되었다. 복지국가의 확산을 가능하게 한 가장 핵심적인 요인은 전후의 새로운 정치적, 경제적 환경이었다. 정치적으로는 제2차 세계대전 후 영국의 노동당을 비롯한 친복지 정당인 사회민주당과 노동당이 서유럽국가에서 집권하였고, 이들은 전후에 건설할 새로운 국가형태로 복지국가를 제시하였고 국민들이 이에 동의하여 복지국가가 국가목표가 되었을 뿐만 아니라, 정치를 초월하는 국가적 이데올로기가 되었다는 것이다. 특히 처칠이 제2차 세계대전을 승전으로 이끌었음에도 불구하고 복지국가를 비판하여 총선에서 패배한 후 서유럽에서는 어떠한 정당도 복지국가에 대한 이의를 제기할 수 없었다. 복지국가를 부정하거나 수정하는 공약이나 행동은 자살행위나 마찬가지였다. 복지국가의 실현이 모든 정당, 정치가와 국민의 지지를 받았기 때문에 정당들은 자신들이야말로 진정한 복지의 옹호자요 실행정당이라는 주장을 하였다. 결과적으로 복지는 좌파와 우파 어느 정권이 집권하든 경쟁적으로 확충되었다.

당시 복지에 대한 정치적, 사회적 합의는 크게 두 가지로 요약할 수 있다. 첫째는 가난한 사람이나 복지서비스를 필요로 하는 사람들인 장애인, 어린이, 노인, 실직자 등을 보살피는 것은 정부의 의무이며 이들을 위한 복지서비스는 계속 확충되어야 한다. 두 번째는 복지를 확대함으로써 보다 평등한 사회를 이루어야 한다는 것이다. 이러한 이상적인 새로운 복지국가의 정당성에 관한 이론적, 실증적 이론을 제시한 것이 리차드 티트무스(Richard Titmus)를 중심으로 한 영국의 사회행정(Social Administration) 학파였다. 이들은 빈곤이 사회적 불평등의 산물이라고 주장하여 보편적 복지를 실시할 것을 주장하였는데 그들이 제시한 이유는 크게 두 가지였다.

첫 번째 이유는 빈곤이나 개인의 불행은 사회구조나 사회변동의 결과로서 발생하는 것이지 개인의 게으름이나 잘못으로 인해 발생하는 것이 아니라는 것이다. 빈민은 잘못된 사회구조나 사회변동의 희생자이기 때문에 복지는 이들 사회적 희생자에 대한 사회적 보상으로써 보편적으로 제공되어야 하며 수급자에 대해 어떠한 도덕적 평가를 하거나 사회적으로 낙인(stigma)을 찍는 것은 부당하다는 것이다. 특히 사회행정학파는 빈곤이 사회적 불평등의 산물이라고 판단한다. 빈곤은 사회구조나 사회적 변동에서 낙오된 자에게 발생하지만 기존제도에 의해 기득권화된 권력과 특권에 의해서도 발생한다고 본다. 권력이나 특권을 상속받는 자들은 어떠한 사회적 변동에도 낙오하지 않으며 설령 새로운 변동에 따라 경쟁을 한다고 해도 권력이나 특권을 통해 유리한 입장을 만들 수 있기 때문에 승자가 된다는 것이다. 예를 들면, 100m 경주에서 이들은 다른 주자들보다 50m나 80m 앞에서 출발하기 때문에 아무리 능력 있는 주자라도 이들과의 경주에서 결코 이길 수 없다는 것이다. 극단적인 경우에는 이들은 아예 경쟁에 참석하지도 않고 승자가 될 수도 있다는 것이다.

둘째, 복지의 중요한 목적이 사회통합이기 때문에 복지수급자를 이류, 삼류시민으로 분류하여 별도의 기준을 만들어 적용하는 것은 사회통합을 손상시킨다는 것이다. 또한 선별적 복지는 수급자에 대한 사회적 낙인이 필연적으로 따르기 때문에 지불능력이 없는 자는 공공서비스를 이용하고, 지불능력이 있는 자는 민간서비스를 구입하는 이중구조가 발생하며, 공공서비스가 민간서비스보다 질이 떨어질 경우 복지를 통한 불평등이 초래된다는 것이다.

● 독학으로 사회행정학파를 만들어 복지국가 실현에 공헌한 리차드 티트무스(Richard Morris Titmuss)

티투무스(Richard Morris Titmuss, 1907~1973)

리차드 티트무스(1907~1973)는 웨일즈(Wales)의 가난한 농부의 아들로 태어났다. 병약하고 가난하여 14세에 공립학교를 중퇴하고 단기 사무원 양성과정을 마친 후 화재보험회사에서 평범한 보험원으로 사회생활을 시작하였다. 그러나 티트무스는 시간이 날 때마다 공영도서관에서 독학으로 공부를 하였는데 특히 사회문제 연구에 관심이 많았다.

티트무스는 31세인 1938년에 "빈곤과 인구(Poverty and Population)"라는 저서를 출간하였다. 이 책에서 잉글랜드와 웨일즈의 질병 및 사망통계를 지역별로 분석하여 빈곤지역일수록 질병과 사망률이 높다는 것과 빈곤과 인구계층 간에 높은 상관관계가 있다는 것을 실증적으로 증명하였다. 이 저서에 의해 티트무스는 영국통계학회와 경제학회 회원이 되었다.

1950년에 티트무스는 런던경제대학(London School of Economics — 현재는 런던정경대학으로 개칭— London School of Economics and Political Science)의 교수가 되었다. 학력도 없고 아무런 학위도 없는 티트무스는 그 후 많은 저서와 논문을 발표하여 나중에는 마샬(T. H. Marshall)의 뒤를 이어 런던경제대학의 사회행정학부 주임교수가 되었다.

티트무스는 사회행정학파(Social Administration)를 창설하여 복지를 통해 빈곤과 사회적 불평등 문제를 해결함으로써 이상적인 새로운 사회인 평등한 복지국가를 실증적으로 실현하기 위해 노력하였다. 그가 얼마나 평등을 중시하였는지는 그의 저서인 "Social Policy"에 있는 그의 글에 잘 나타나 있다.

"나는 런던의 웨스트민스터 병원의 방사선 치료과 외래환자

대기실에서 다른 5명의 환자와 함께 진료를 기다리고 있다. 내가 이 병원에서 치료를 받는 동안 나의 눈에 가장 띈 사람은 서인도제도의 트리니다드 출신으로 대장암에 걸린 25세 청년이다. 그와 나는 방사선 치료를 받기 위해 모두 10시에 예약이 되어 있는데, 어떤 때는 청년이 먼저 치료실에 들어가고 어떤 때는 내가 먼저 들어간다. 우리 중 누가 먼저 치료를 받느냐 하는 것은 런던의 교통 사정에 따라 누가 먼저 도착하느냐 하는 것이지 인종, 종교, 피부색과 사회계층과는 아무 상관이 없다."

I was sitting on a bench with five other people in the outpatient visiting space of the Radiotherapy Department of the Westminster Hospital in London. …… Among all the experiences I had, another which stands out is that of a young West Indian from Trinidad, aged 25, with cancer of the rectum. His appointment was the same as mine for radium treatment 10 o'clock everyday. Sometimes he went into the Theratron Room first ; sometimes I did. What determined waiting was quite simply the vagaries of London traffic–not race, religion, color or class.

(quoted from Richard Titmuss' "Social Policy")

■ 경제적 번영과 복지국가의 확산

실제적으로 서유럽에서 복지국가의 확산을 가능하도록 뒷받침한 것은 1950년대부터 1970년대 초기까지 약 20년간 서유럽 국가들이 성취한 역사 이래 최고의 경제성장이었다. 또한 1970년대 중반부터 시작된 복지국가의 쇠퇴를 가져온 것도 1973년에 발생한 석유위기 이후 시작된 경제적 불황이었다. 이것은 복지국가의 운명이 이념이나 정치적 요인뿐 아니라 경제 상황에 의해서도 결정된다는 것을 보여주고 있다.

전후 영국은 세계 제2의 경제대국으로서 전비의 감소, 기간산업의 국유화, 기축통화인 파운드화의 이점을 살려 복지국가 실현을 위한 제도적 개혁을 실행할 수 있었다. 그러나 대부분의 서구국가들은 제2차 세계대전이 끝난 1940년대 후반에는 전후의 재건사업에 국가의 역량을 집중하였기에 새로운 복지제도를 실시할 여력이 부족하여 기존의 복지제도를 확대하는 수준에 머물렀다. 그러나 1950년대부터 새로이 도입된 자동화된 대량생산방식과 세계무역의 확대에 따라 시작된 경제적 호황은 복지제도의 확대와 새로운 제도의 실시를 위한 경제적 여건을 마련하였다.

1950~1960년 사이 영국, 독일, 프랑스, 이태리, 미국, 캐나다, 일본은 연평균 4.4%의 경제성장률을 기록하였고, 1960년에서 석유위기가 발생한 1973년 사이에는 연평균 5.5%라는 고도의 경제성장률을 보였다. 영국은 가장 낮은 경제성장률을 보여 1950~1960년

대에 2.3%, 1960~1973년대에는 3.1%의 성장률을 기록하였다. 특히 패전국인 독일과 일본은 가장 높은 경제성장률을 기록하였는데, 1950~1960년대 사이 일본은 10.9%의 경제성장률을, 독일은 7.8%의 경제성장률을 각각 보였고, 1960~1973년 사이에는 일본이 10.4%의 성장률을 보인데 반해, 독일은 4.5%의 성장률을 기록하여 프랑스, 이태리, 캐나다의 5% 이상의 성장률에 비해 상대적으로 낮은 경제성장률을 기록하였다(감정기외, 2010 ; 245쪽). 특히 패전국인 독일과 일본의 높은 경제성장률은 이들이 영국과는 전혀 다른 제도인 사회보험을 통한 복지확대를 가능케 하는 기반을 제공하였다.

전후의 경제적 호황은 서유럽 국가들에게 복지확대를 위한 경제적 기반을 제공하였을 뿐만 아니라 복지국가 실현을 위한 여러 가지 유리한 여건을 조성했다. 지속적인 높은 경제성장률은 취업자 수를 증가시켜 사회보험 위주의 복지제도를 채택한 서유럽 국가들에게 사회보험 가입자 수를 증가시킨 반면, 복지를 제공해야 할 대상자 수를 감소시켜 국가의 복지비 지출 부담을 감소시켰다. 또한 높은 경제성장률은 국민의 소득을 증가시키고 이것이 사회보험의 보험료 수입을 자동적으로 증가시켜 사회보험 가입자에 대한 복지급여의 확대를 가능하게 하였다. 나아가 높은 경제성장에 따른 기업이윤의 증가와 국민소득의 증가는 법인세, 소득세를 비롯한 국가의 조세수입을 증가시킴으로써 국가가 사회보험의 적용이 어려운 복지부문인 교육, 주택과 노인, 장애인과 같은 사회취약

계층에 대한 재정 투자를 가능하게 하였다.

영국과 같이 국가가 직접 복지를 제공하고 소요 재원을 조세를 통해 충당하는 국가보장식 복지제도를 가진 국가에서도 높은 경제성장률은 조세수입의 증가를 가져와 국가가 복지를 확대하는 것을 가능케 하였다. 특히 지속적인 경제성장이 완전 고용의 수준을 달성하는 수준에 이르게 됨으로써 실업자와 같은 복지대상자를 최소화시키고 조세수입의 증가가 경직적인 복지지출의 자연증가분을 충당하게 됨으로써 복지확대로 인한 재정적자 문제를 해결할 수 있었다. 1950~1970년대 초 서유럽의 경제적 호황은 이들 국가가 전 국민에게 무상의료, 무상보육과 교육, 기초생활의 보장을 실시하게 함으로써 영국에 뒤이어 복지국가를 실현시킬 수 있는 결정적 뒷받침을 하였다.

영국에서 시작된 복지국가는 서유럽국가를 중심으로 크게 세 가지 형태로 발전하였다. 비버리지식 국가보장 모델, 비스마르크식 사회보험 모델, 스칸디나비아식 사회민주주의 모델이다. 각각의 모델에 대하여는 제6장에서 상세히 설명하겠다.

제 **3** 장

성공한 복지와 실패한 복지

1. 성공한 스칸디나비아 국가의 사회민주주의 복지

■ 스칸디나비아 복지국가의 특성

스칸디나비아 국가의 사회민주당과 노동당

하트프순드(스웨덴수상별장)

스웨덴, 노르웨이, 핀란드, 덴마크로 대표되는 스칸디나비아 국가는 세계 최고의 복지국가로 알려져 있다. 이들 국가는 다른 유럽의 복지국가에 비해서

몇 가지 뚜렷한 특성을 가지고 있다. 무엇보다 이들 국가의 복지는 사회민주주의 정권에 의해 이루어졌다는 것이다. 사회민주주의 정권은 타협과 합의를 중시하고, 경제성장과 복지국가 실현을 동시에 달성함으로써 복지와 자본주의 경제를 결합시킨 성공적인 복지 모델을 발전시켰다.

스칸디나비아의 사회민주주의 정당은 19세기 후반에 출현한 노동자정당에 기반을 두고 있는데 농촌지역에 막강한 영향력을 가졌던 농민당과 연합하여 정권을 잡은 후 의회의 다수당으로 약진하게 된다. 스웨덴의 사회민주당은 1932년부터 1976년까지 무려 44년간 계속 집권하였으며 노르웨이 노동당은 1945년부터 1965년까지 20년간, 덴마크의 사회민주당은 1947년부터 1968년까지 3년(1950년-1953년)간을 제외하고는 계속 집권하였다. 특히 사회민주주의 정권은 제2차 세계대전 이후 유럽에서 복지국가가 실현되는 기간에 집권하여 모든 국민에게 적용되는 보편적이고 포괄적인 복지정책을 추진함으로써 세계 최고의 복지국가를 실현하였기 때문에 스칸디나비아식 복지국가는 사회민주주의 정당에 의해 건설되었다고 할 수 있다.

스칸디나비아의 사회민주주의 정당은 프랑스 혁명의 기본 사상인 자유, 평등, 박애주의를 중요시했고 복지에 있어서는 페이비안 사회주의의 영향을 많이 받았다. 계급 없는 사회를 건설하기 위하여 극단적인 계급투쟁보다는 점진적인 사회개량주의를 통한 민주주의적인 사회주의 국가의 실현을 추구했다. 이들은 자본주의를 무자비하고, 무책임하며, 불평등한 제도로 보아 자본주의의 결점을 보완하기 위해 복지가 필요하다고 보았다. 정부의 주 임무가 빈곤의 타파로써 가진 사람의 부를 빼앗아 없는 사람에게 나누어 주는 것보다 노동자의 소득을 중류층으로 끌어들여 상향적 소득 평준화를 통해 복지국가를 실현하는 긍정적이고 적극적인 복지정책을 채택하였다.

사회민주주의 정당은 그러면 어떻게 장기간 집권하여 복지국가를 실현할 수 있었는가. 가장 큰 요인은 사회민주주의 정당이 이들 국가에서 가장 많은 투표권자를 조합원으로 둔 노동조합의 지지를 받았다는 것이다. 전통적으로 스칸디나비아 국가는 노동자의 노동조합 가입률이 높다. 예를 들면, 1960년대에 스웨덴 전체 노동자의 약 70%가 노동조합에 가입되어 있었고 덴마크는 61%, 노르웨이는 58%의 노동자가 노동조합에 가입되어 있었다(주은선, 김영미, 2010 ; 61쪽). 특히 노동조합에는 생산직뿐만 아니라 사무직과 전문직도 가입하고 있었고 스칸디나비아 국가들이 완전고용을 경제정책에 있어 최우선 과제로 삼아 고용률이 높고 전체 유권자 중 노동자가 차지하는 비율이 많았기 때문에 노동조합의 지지를 얻은 정당이 사실상 국민의 지지를 받는 정당으로서 의회의 다수당이 되어 집권할 수 있었던 것이다.

스칸디나비아 국가에서 노동자의 노동조합 가입률이 높은 것은 몇 가지 이유가 있다. 무엇보다 노동조합이 노동자를 대표하여 기업주 단체와 임금협상을 하기 때문에 대기업의 정규직 노동자 뿐 아니라 중소기업의 노동자와 비정규직 노동자들을 대표하여 임금협상을 하는 막강한 권한을 가졌다는 것이다. 노동조합은 임금협상을 통해 대기업과 중소기업, 정규직과 비정규직 노동자 사이의 임금 격차를 줄임으로써 임금 평등을 추진함과 동시에 근로조건을 개선함으로써 전체 노동자를 조합원으로 끌어들이는 전략을 추진하였다.

다음으로, 노동조합은 노동자들이 원하는 것을 정부정책에 반영시키는 정치적 영향력을 통해 노동자들의 자발적 참여를 이끌어내었다. 노동조합이 노조원의 의견을 정부정책에 반영시킴으로써 더 많은 노동자를 조합원으로 참여시키고 증가한 노조원 수가 노동조합의 정치적 힘을 증가시킴으로써 노조원의 의견이 정책에 더 잘 반영되는 노동조합과 노동조합의 정치력 간의 선순환적 영향력 증대가 노동조합의 권한을 더욱 증가시키게 된 것이다.

나아가 스칸디나비아 국가의 노동조합은 대중적이고 실용적인 특성을 가졌다는 것이다. 노동조합이 근면하고 검소하며 야심찬 노조 간부와 정치인들을 많이 배출하였으며 이들은 이데올로기보다 실용성을 중시하여 파업보다도 기업주와 소비자 단체와의 협상을 통한 임금과 노동조건의 해결책을 선호하였다. 합법적인 노조활동을 통해 정부의 지지를 받았고 국민연대를 중시하여 노조활동의 범위를 노동자뿐만 아니라 전 국민으로 확대하였다. 대중적 활동으로서 국교인 루터파 개신교에 기초한 종교활동과 절주와 같은 대중활동을 통해 노조원과 국민의 지지를 받기 위해 노력하였다.

노동조합은 초기에는 노동자의 최저소득유지를 노동조합의 임무로 했으나 이후 고용주 대표와의 협상을 통해 최고 수준의 임금지급을 추구하였다. 이러한 노조의 탈이데올로기적 실용주의는 이들 국민이 나치와 공산주의의 침략을 통해 극우파와 극좌파의 위험을 모두 알게 되어 이데올로기보다는 실용주의를 중시하는 노선을 택한 것이라고 볼 수 있다.

다음으로 스칸디나비아 복지국가 실현에 가장 중요한 역할을 한 것이 사회민주당인데 당의 지도자들이 대부분 노동자, 농민, 중소기업가 등 서민출신으로서 노조원이나 공무원을 하다 정치인이 된 실용적인 사람들로서 구성되어 있었다. 이들은 복지국가 실현에 있어서도 정치적 타협과 합의를 중요시하여 국가가 결정을 하기 전에 노조, 기업주, 생산자, 소비자, 종교 단체 대표들과 합의를 거친 후 복지 정책을 추진하였다.

잘 알려진 것이 하르프순드 민주주의(Harpsund Democrocy)식 정책결정 방법이다. 하르프순드는 스웨덴 수상의 여름별장인데 스웨덴의 수상들은 이곳에 기업주, 노조, 종교단체, 시민단체 등 정책관련 단체의 대표들과 필요할 경우 야당 대표도 초청하여 복지정책을 비롯한 국가의 주요정책에 대해 사전의견조정과 타협을 이끌어 낸 후 정책을 추진하였다.

특히 1920년도부터 철광석, 철, 펄프와 종이, 성냥, 선박, 전화와 화공품 산업의 발전과 이들 상품의 수출로 인한 고도의 경제성장이 사회민주당의 정치적 입지를 더욱 확고하게 만듦으로써 복지국가 실현을 위한 장기적 복지정책 추진을 가능하게 하였다.

사회민주당의 복지국가 건설

사회민주당이나 노동당은 복지의 기본 원리에 관하여 확고한 신념을 가진 정당이었다. 평등과 박애주의(humanitarianism)를 기본 원리로 하되 개인의 자유와 책임을 강조하여 국가로부터 시민의 권리와 개인의 사생활 보호를 법적 권리로 보호하였고 개인은 자신의 문제를 스스로 해결해야 한다는 자조정신을 강조하였다.

또한, 스칸디나비아 국가는 국가의 산업에 대한 강력한 통제는 자연스러운 현상으로 받아들이는 전통이 있었다. 스칸디나비아 국가는 유럽의 변혁기에도 혁명적인 사회변화를 겪지 않아 과거의 국가 중심의 법과 경제제도를 그대로 유지하였다. 대부분의 토지가 국가나 교회, 대학 소유였으며 철강, 철도, 운하, 수도와 같은 기간산업이 국유였다. 이러한 전통이 국가가 사회정의를 위해 복지정책을 강력히 추진하는 것을 국민들이 자연적으로 받아들이는 역사적 배경을 제공하였다.

스칸디나비아 국가들은 국토가 넓고 지하자원이 풍부하나 인구가 상대적으로 적어 경제성장과 분배에 유리한 조건을 가지고 있다. 스웨덴은 국토면적이 45만 km^2로서 남・북한 면적의 2배 이상이지만 인구는 약 905만 명(2005년)이며, 노르웨이는 국토가 32만 km^2

인데 인구는 464만 명(2006년)이고, 핀란드는 국토가 34만 km^{2}인데 인구는 526만 명(2005년)에 불과하다. 덴마크는 그린랜드를 제외한 면적이 4만3천 km^{2}에 인구는 약 548만 명(2008년)이다. 스웨덴은 현재 북유럽 제1의 광공업국으로 철광석 생산량이 세계 10위이며 자동차, 기계, 철강공업이 발달하였다. 노르웨이는 세계 7위의 원유 수출국이며 세계 3위의 천연가스 수출국이고 세계 2위의 어획량을 가진 국가이다. 핀란드는 국토의 70%가 산림으로서 제지・펄프・목재 산업이 발전했으며 최근에는 노키아, 리늑스로 대표되는 전자산업이 유명하다. 덴마크는 세계 최고의 낙농국가이며 세계적으로 유명한 장난감회사인 레고 본사가 있는 국가이다. 스칸디나비아 국가는 국민 1인당 GDP가 핀란드를 제외하고 거의 4만 달러에 달하는 세계 상위의 선진국이다. 이들 국가는 단일 민족으로 구성되어 있고 동일한 언어와 문화를 공유하고 있어 민족의 동질의식이 강하다. 종교적으로 루터파 개신교가 국교이기 때문에 청교도적 윤리의식이 강하다. 스웨덴은 전 국민의 87%가 루터교 신자이며, 노르웨이는 78%, 핀란드는 89%이고 덴마크도 대부분의 국민이 루터교 신자이다. 스칸디나비아 국가에서는 세례, 결혼, 장례식 등이 모두 교회에서 행해지며, 입헌군주국가인 스웨덴, 노르웨이, 덴마크의 경우 왕의 즉위식도 교회에서 이루어져 국민들에 대한 기독교의 영향력이 강하다. 따라서 청교도적 기독교 문명에 기초한 개인주의, 민주주의 법치주의와 자본주의가 일찍부터 발전하였다. 이러한 사회적 연대의식과 도덕적 기반이 복지국가 실현을 가능하게 하는 요인으로 작용하였다.

무엇보다 사회민주당은 경제성장과 복지정책을 동시에 추진함으로써 국민의 지지를 받을 수 있었다. 제2차 세계대전 직후 황폐해진 스칸디나비아 경제는 미국이 제공한 마샬 플랜으로 기력을 회복하여 1950년대부터 고도의 성장기에 들어서게 됨에 따라 완전고용과 높은 경제성장률을 유지할 수 있었다. 경제가 지속적인 고도성장을 함에 따라 사회민주주의 정권은 완전고용을 통해 모든 국민들에게 1차적 소득보장을 유지하였고 복지확대를 통해 2차적인 소득보장을 함으로써 모든 국민이 중산층 수준의 기본 생활을 유지할 수 있도록 하였다.

원래 스칸디나비아 국가는 비스마르크식 사회보험제도를 도입하였기 때문에 복지는 임금 노동자를 중심으로 실시되었다. 노동을 통한 복지 제공이 불변의 수급조건이었으며 1950년 이전까지는 연금, 의료, 산재와 실업보험이 노동자를 중심으로 적용되었으며 공공부조는 빈민들에 대한 자산 조사를 통해 엄격한 기준 하에 선별적으로 적용되는 수준이었다.

1950년 이후의 지속적인 고도의 경제성장에 힘입어 스칸디나비아 국가는 복지국가 실현을 위한 보편적 복지제도를 도입하였다. 예를 들면, 스웨덴은 1948년에 모든 어린이에게 매달 일정액을 지급하는 보편적 어린이수당제(child benefit)를 도입하고 1953년에 국가건강보장제도(National Health Service System), 1956년에 공공부조법(Public Assistance Act), 1960년에 기초연금과 소득비례연금으로 구성된 연금제도(Allmnna Tillggs Pension : ATP), 1974년에 육아휴직제도를 도입하고 1975년에 취학 전 6세 아동을 대상으로 하는 유치원법(Preschool Act), 1982년 사회서비스법(Social Service Act)을 제정하여 모든 국민이 소득, 직업, 성, 종교적 차별 없이 모두 복지대상이 되는 보편적인 복지를 실현함으로써 지구상 최고의 복지국가를 실현하였다.

결과적으로 사회민주주의 정권은 복지국가 실현을 통해 빈곤 문제의 해결을 뛰어넘는 풍요로운 사회를 실현시킴으로써 중산층을 포함한 대다수 국민의 정치적 지지를 받아 장기집권과 더불어 복지국가를 실현하는 두 마리 토끼를 모두 잡게 된 것이다.

스칸디나비아 국가는 서유럽의 다른 국가에 비해서 복지에 있어 몇 가지 뚜렷한 특성을 가지고 있다. 무엇보다도 이들 국가는 보편적이고 포괄적인 복지를 모든 국민에게 평등하게 제공한다는 것이다. 대부분의 국가가 연금, 의료, 교육, 보육, 아동 수당과 같은 복지수당을 소득이나 고용상태에 따라 선별적으로 제공하고 있는데 비해, 스칸디나비아 국가에 있어서는 보편적 복지가 소득에 관계없이 모든 인구에게 평등하게 포괄적으로 제공하고 있다.

둘째, 스칸디나비아 복지국가는 촘촘한 그물망 같은 다양한 복지제도를 실시함으로써 어떠한 경우에도 국민이 빈곤에 떨어지는 일이 없도록 제도적 장치를 하고 있다. 무엇보다 교육과 의료서비스가 무상으로 제공되고 있을 뿐만 아니라 높은 수준의 보육, 실업, 출산, 질병, 주택, 산업재해, 장애, 노령, 사망 등에 관한 각종

수당과 사회복지 서비스가 제공되고 있어 사실상 모든 국민은 중류 이상의 풍요로운 삶을 유지할 수 있도록 되어 있다. 예를 들면, 스웨덴의 경우 전염병을 가졌거나 가진 것으로 의심되는 자가 직장에 출근을 하지 못할 경우에도 보균자 수당을 지급하고 평생 전업주부로 살아온 사람이나 실업자로서 공공부조로 연명해 온 사람에게도 최저보장연금을 지급하며 그것도 부부 각자에게 삭감 없이 주어지기 때문에 노후 소득이 개인별로 보장되어 있다. 직업이 없이 이혼한 사람, 실업급여기간이 만료된 사람, 일할 능력이 있으나 일할 의사가 없는 경증 장애인이나 알코올 중독자에게도 공공부조를 통해 집세와 최저생계비를 지급하여 이들의 생계를 보장하고 있다.

셋째, 이들 국가에 있어서는 복지재원을 주로 조세와 기업주가 부담하는 사회복지 기여금을 통해 조달하고 정부가 포괄적 복지 서비스를 제공하기 때문에 민간부문이나 자선단체, 자원봉사조직, 나아가 가족이 담당하던 역할까지도 국가가 대신함으로써 가족들도 복지에 개입할 여지가 별로 없다는 것이다.

마지막으로, 스칸디나비아 복지정책은 부부의 복지권도 독립적인 권리로 본다는 것이다. 여성의 복지권을 아내나 어머니라기보다 독립적 시민이라는 지위에 기초하기 때문에 연금을 포함해 복지 혜택은 개인적으로 받게 된다.

그러나 스칸디나비아의 복지도 최근의 신자유주의자들이 주장하는 복지의 경제성장 저해 논란, 복지비용의 증가에 따른 국가재정의 압박, 부정수급자로 인한 복지의 신뢰성 감소, 세계화에 따른 수출 산업의 국제경쟁력 감소, 높은 조세 부담에 대한 반발, 이민자 수 증가에 따른 민족적 동질감 상실, 직업정치인에 대한 불신문제와 정치적 타협이 발전을 더디게 한다는 주장 등이 현재의 복지국가에 대한 새로운 도전 요인으로 작용하고 있다.

■ 스웨덴 복지의 실제

스웨덴 국민이 요람에서 무덤까지 어떠한 복지 서비스를 받는지 한 사람의 예를 들어 설명해 보자. 맞벌이 부부인 알프렛 셀시우스(Alfred Celsius)의 어머니는 알프렛을 임신하였을 때 출산 전 60일간 임신 휴가를 가졌으며 사회복지사무소로부터 임신 휴가동안 월급의 80%에 해당하는 임신수당을 받았다. 알프렛이 출산한 후 부모는 알프렛이 8세에 도달할 때까지 부모에게 주어지는 최대 480일간의 육아휴직과 육아수당을 받는다. 부모 중 한 사람이 반드시 60일 이상의 육아휴직을 사용해야 하기 때문에 아버지가 60일의 육아휴직을, 어머니가 420일간의 육아휴직을 가졌다. 부모가 모두 직장에 다닐 경우 육아휴직 중인 아버지나 어머니는 육아휴직 중 사회복지사무소로부터 360일까지 월급의 80%를 육아수당으로 받고 나머지 90일은 정액의 육아수당을 받기 때문에 알프렛의 부모는 육아휴직 기간 가계를 꾸려나가는데 아무 지장이 없었다. 3명의 자녀를 가진 부모의 경우 모두 합할 경우 1,620일간의 임신 휴가와 육아휴직을 가질 수 있으며 이 기간에 육아수당을 받게 된다.

알프렛의 부모는 알프렛이 12세가 될 때까지 만약 병이 들어 간병을 해야 할 경우에는 1년에 60일간의 간병 휴가를 추가로 받을 수 있으며 이때도 월급의 80%에 상당하는 간병수당이 주어지기 때문에 아픈 알프렛을 간병하는데 큰 지장이 없다.

알프렛의 부모는 알프렛이 16세가 될 때까지 매달 어린이 수당을 받는데 2011년도의 자녀 1인당 수당액은 월 1,050크로나(약 178,500원, 1크로나=170원으로 계산시)이다. 자녀 수당은 자녀수가 많을수록 더 많아지는 구조이기 때문에 자녀수가 적은 가정보다 더 많은 어린이 수당을 받게 된다. 해외에서 아이를 입양한 경우 입양아에 대하여도 자녀 수당이 주어진다.

알프렛이 보육원, 유치원과 초등학교를 다니게 되면 교육비용은 대부분 정부가 부담하고 부모는 비용의 약 1/4정도를 부담하는데 이 금액은 매달 지급되는 어린이 수당으로 충당할 수 있기 때문에 부모의 부담은 거의 없다고 할 수 있다. 알프렛의 부모님이 맞벌이 부부이기 때문에 알프렛은 어머니의 육아휴직기간이 끝난 후 어린이집에 맡겨진다. 어린이집은 1세 이상 6세 이하의 어린이들이 이용하는 보육시설이며 공립과 사립이 있다. 공립의 보육서비스 시간은 보통 오전 6시30분에서 오후 6시30분 사이이며 공립과 사립의 서비스가 유사하기 때문에 알프렛은 집 가까이에 있는 동네 어린이집을 이용하기로 하였다. 알프렛의 부모는 출근시간에 알프렛을 어린이집에 데려다 주고 퇴근시간에 데리고 온다. 알프렛은 어린이집에서 놀이도 하고 점심도 먹고 낮잠도 자는데 알프렛이 6세가 되면 유치원 교육을 받게 된다. 알프렛은 중학교부터 대학원까지 국가가 등록금 전액과 생활비의 일부를 지원하기 때문에 학교에 다니는 동안 교육비에 따른 재정적 부담은 거의 없다. 물론 한국과 같은 사교육비 부담도 거의 없다. 대학생이 되면 알프렛은 부모로부터 독립하여 생활하여야 하기 때문에 추가로 필요한 경비는 본인이 아르바이트를 하거나 장학금으로 충당한다. 이처럼 알프렛의 부모는 알프렛과 그의 형제들을 키워가는 과정에서 경제적으로 큰 부담 없이 자녀들을 키워 사회에 진출시키는데 여기에서 가장 큰 역할과 재정적 부담을 하는 것은 국가에서 제공하는 복지제도이다.

알프렛은 스웨덴이 무료의 국가 보건서비스 제드(National Health Service System)를 가지고 있기 때문에 병이 들었을 경우 최소한의 본인부담액(2011년의 경우 약 100~150크로나, 17,000~25,500원)을 내고 병·의원에서 무료의 검사, 진찰, 치료, 수술 및 입원 치료를 받을 수 있다. 알프렛은 아플 경우 주치의를 만나 1차 진료를 받고 주치의가 전문의 치료나 병원 입원이 필요하다고 인정할 경우 전문의나 병원으로부터 2차 진료를 받게 된다. 물론 응급의 경우와 휴일의 경우는 바로 병원에서 진료를 받을 수 있다. 병원에 입원할 경우 간병 서비스도 병원에서 제공하기 때문에 가족이 환자를 돌보기 위해 병원에 숙식할 필요는 없고 정해진 면회시간에 병원을 방문하면 된다. 환자들은 주치의를 방문하거나 응급실을 이용할 경우 비용의 극히 일부를 부담하고 주치의가 처방한 약값의 일부를 부담한다. 본인부담금(2011년의 경우)은 최초의 진료일로부터 1년 내에 900크로나(153,000원)를 초과할 수 없게 되어 있으며 약값의 연간 본인부담금은 1,800크로나(306,000원)를 초과할 수 없게 되어 있다. 단지 미용과 성형을 위한 치료비와 미용 목적의 치과 교정은 본인이 모두 부담하게 되어 있다. 치과 진료는 19세 이하는 무료이며 20세 이상의 경우에는 본인이 일부를 부담한다. 틀니의 경우도 본인이 부담하나 65세 이상 노인의 경우는 정부에서 많은 부분을 보조해준다.

만약 알프렛이 장애인이라면 알프렛의 부모는 장애어린이 보호수당과 장애보호 물품 구입비를 국가로부터 지원받게 된다. 장애어린이 보호수당은 최저생계비보다 높은 수준에서 결정된다. 장애인은 19세부터 64세까지는 장애수당을 받게 되며 65세 이상이 되면 노인복지 서비스의 대상이 된다. 스웨덴에서는 장애인도 모든 분야에서 일반인과 동등한 일상생활을 보장하고 있기 때문에 이들의 식사, 청소, 목욕, 외출, 산책, 공공기관 이용 등 일상생활을 유지하는데 필요한 서비스와 간단한 치료 서비스가 특별히 제공된다. 장애인들을 위해 장애인 거주시설, 재가 장애인 서비스 기관, 주간보호시설, 장애인 작업시설과 장애인 운송 회사들이 잘 정비

되어 있다. 여기에 소요되는 비용은 대부분 국가가 부담한다. 장애인은 65세 이전에는 장애수당을 받고 65세 이후에는 노인연금이나 기초연금을 받기 때문에 수당이나 연금으로 필요한 경비를 모두 지불할 수 있다. 만약 부족할 경우 정부가 추가 지원을 하기 때문에 장애인은 재정적인 문제로부터 해방되어 일반인과 동등한 생활과 활동을 할 수 있다.

알프렛은 대학을 졸업하고 취업할 경우 월급의 약 45%에 해당하는 금액을 소득세와 사회보험료로 납부하여야 한다. 이것은 거의 세계 최고수준이다. 그러나 알프렛은 어릴 적부터 복지의 혜택을 받았고 직장생활을 하는 동안은 물론 은퇴 후에도 복지 혜택을 받아 안락한 노후 생활을 보낼 것이기 때문에 높은 소득세와 보험료율에 대하여 크게 반감을 가지지 않는다. 취업 중에는 질병 치료를 위해 병가를 낼 경우 3주까지는 알프렛의 고용주가 상병수당을 지급하고, 4주째부터는 월급의 80%를 복지사무소에서 상병수당으로 지급한다. 근무 중이나 출퇴근 시에 상해를 입었을 경우 산업재해 보상금을 받고 상해로 인해 노동력을 상실할 경우 산재연금을 받게 되며 사망할 경우 가족이 산재유족연금을 받는다.

알프렛은 노후생활을 위해 국민연금에 가입한다. 연금액은 생애소득, 연금가입기간, 퇴직연령 등에 따라 달라지나 40년 가입 시 평균 월보수의 50~60%를 연금으로 받는다. 연금보험료율은 소득의 18.5%로 높은 편이나 고용주가 11.5%를 부담하고 노동자가 7%를 부담하기 때문에 노동자의 부담금이 다른 선진국가에 비교하여 높은 편은 아니다. 만약 알프렛이 일찍 퇴직하여 연금을 받을 자격을 상실하거나 월급이 낮아 연금액이 기초연금액보다 적을 경우에는 기초연금을 받게 된다. 스웨덴의 연금은 부부 각자에게 독립적으로 지불되기 때문에 남편과 부인은 각자 별도의 연금을 감액 없이 받는다.

알프렛은 대부분의 스웨덴사람처럼 취업 초기에는 국가나 개인이 임대하는 임대주택에서 생활한다. 물론 소득이 높을 경우 은행에서 주택을 담보로 융자를 받아 단독주택이나 자기소유 아파트를 살 수 있다. 임대주택은 신청 순서에 따라 배정되고 세입자의 주거권은 법으로 보장된다. 집세를 내지 않거나 집을 고의로 훼손하거나 주민에게 불편을 주어 주민의 항의가 크지 않는 한, 국가나 개인 임대자는 세입자를 내보낼 권한이 없다. 따라서 세입자들은 임대주택에서 안정적으로 살다가 더 많은 집세를 낼 경제적 능력이 생길 경우 더 좋은 임대주택에 임대신청을 해 옮겨갈 수 있다. 특히 노인들을 위해서는 국가와 민간 임대주택 회사들이 노인들이 살기 편하도록 설계한 노인 전용 임대아파트를 제공한다. 이들 아파트에는 노인을 위한 엘리베이터가 설치되어 있고 공동 세탁장 등 공동시설이 구비되어 있다. 노인들의 공동 모임장소를 설치해 노인들이 독서, 휴식, 운동과 그림 그리기 등 취미활동을 할 수 있는 공간을 제공한다.

알프렛이 실직을 하게 되면 실업수당을 받게 된다. 스웨덴의 경우 고용보험은 국가에서 실시하는 강제보험이 아니고 노동조합에서 관할하기 때문에 실업수당을 받기 위해서는 노동조합에 가입하고 1년 이상 실업보험료를 납입하여야 한다. 실업수당은 1차적으로 공휴일을 제외하고 300일간 주어지고 수당액은 실직 전 평균 월급의 65~70% 수준이다. 이 기간에 실업자에게 무료로 제공되는 기술교육을 받고 적극적으로 인터넷, 면접, 전화 등을 통해 구직 활동을 했다는 것을 증명하여야 하며 고용사무소에서 적절한 일자리를 제공할 경우 이를 받아들여야 한다. 300일이 지나도 취업을 못할 경우 심사를 거쳐 2차로 다시 300일간의 실업수당을 받을 수 있다. 두 번에 걸친 실업기간에 취업을 못하면 실업수당은 중지되고 정부로부터 자산 조사를 받은 후 평균소득의 50% 수준인 기초생계비 지원을 받게 된다.

알프렛은 결혼하여 자녀를 가질 경우 자신의 부모가 받았던 임신 휴가, 출산 휴가, 임신수당, 출산수당, 어린이수당을 받을 수 있으며 은퇴 후에는 연금과 노인복지 서비스를 받으며 안락한 노후를 보낼 수 있다.

알프렛은 비버리지가 제시한 "요람에서 무덤까지"에서 한 발 더 나간 "어머니 뱃속으로부터 무덤까지"를 보장하는 복지국가에서 복지를 통해 인간다운 삶을 유지함으로써 복지가 국민에게 어떠한 삶을 보장하고 있는지를 실상으로 우리에게 보여주고 있다.

2. 과거에 실패한 아르헨티나의 정치 포퓰리즘적 복지

■ 페론의 정치적 포퓰리즘

페론의 대통령 당선

Eva(1919–1952) and Juan Peron(1895–1974)

아르헨티나를 선진국에서 세계 최대의 채무 불이행국으로 몰아넣은 결정적 요인 중 하나는 정치적 목적으로 실시된 복지포퓰리즘이었다.

아르헨티나는 1860년부터 50년 동안 매년 평균 5%씩 경제가 성장했는데 그것은 주로 영국과 유럽에 농·축산물의 수출을 통해 이룩한 것이었다. 이러한 경제성장의 결과로 1910년대에 아르헨티나는 세계 최고 선진국의 하나가 되었다. 당시 아르헨티나는 세계 최대의 육류와 곡물수출국의 지위에 있었으며 세계 전체 총무역량의 7%를 차지하고 있었다. 1인당 GDP가 세계 10위 국가로서 당시 남미 전체 국민소득의 약 50%를 차지하고 있었다. 1913년에 아르헨티나의 1인당 GDP는 프랑스보다 높았고 이태리의 2배, 일본의 거의 5배였다(Tanzi, 2007 ; 7쪽).

아르헨티나는 국토면적이 약 277만 ㎢로서 우리나라 면적의 약 12배에 달하는 세계에서 8번째로 큰 국가이다. 현재 인구는 약 4천만으로 세계에서 인구밀도가 가장 낮은 국가 중 하나이다. 아르헨티나는 석유를 비롯한 천연자원이 풍부하며 세계 최고의 비옥한 토지인 팜파스(the Pampas)를 가지고 있어 축산업과 농업이 일찍이 발전한 국가였으며 좋은 기후를 가진 축복받은 국가였다. 남미국가에서는 가장 높은 수준의 교육 제도를 가지고 있어 의학상과 화학상을 비롯해 5명의 노벨상 수상자를 배출하였다. 유럽으로부터 많은 이주민을 받아들여 유럽식 문화와 전통을 가진 국가로서 수도인 부에노스아이레스는 세계 최대, 최고의 매력적인 도시 중의 하나였다. 1920년-1930년대에 아르헨티나는 보수정권이나 사회주의 정권이나 모두 자유무역에 기반을 둔 시장자본주의 경제를 유지하여 아르헨티나의 경제적 번영을 이룩하고 유지하였다.

이러한 아르헨티나에 재앙을 심은 것은 1946년에 대통령에 당선된 후앙 도밍고 페론(Juan Domingo Peron)이었다. 원래 페론은 1943년에 집권한 군사정부의 노동부장관이었으며 1944년부터 1946년까지는 아르헨티나의 부통령이었다. 1946년 2월 실시된 대통령선거에서 노동자의 지지로 총 투표수의 52%를 득표해 대통령으로 당선되었고 1951년 선거에서는 62%를 득표하여 재선에 성공한 후 1955년까지 근 10년간 대통령으로 집권하였다. 당시 페론을 도와 인기주의적 대중영합정책(populism)을 실행한 것이 페론의 첫번째 부인인 에비타 페론(Evita Peron, 애칭 : 에바 페론)이었다.

1930년대와 1940년대 초까지도 아르헨티나는 세계 최고 수준의 경제적 번영을 누렸고 완전고용상태였기 때문에 복지를 통한 소득 재분배의 필요성을 크게 느끼지 못했다. 그러나 페론은 정권의 창출과 유지를 위해서는 노동자와 빈민들의 지지가 절대적으로 필요하다고 보아 노조와 복지라는 두 가지 수단을 정치적으로 이용하였다.

페론의 복지포퓰리즘

페론은 1946년부터 1955년까지 근 십년간 정부주도로 강력한 노동조합의 결성을 모든 산업부문으로 확대하였고 노동자에 대한 선심성 복지확대를 노동자들의 정부에 대한 정치적 지지와 노동조합 가입을 장려하기 위한 전략의 일부로 사용하였다. 페론은 1946년부터 주 44시간 근무제 도입, 노사간 단체협상을 통한 노동자 임금의 파격적 인상, 노동자의 고용보장, 유급 병가, 유상 휴가제 등을 차례로 실시하였다. 페론은 또한 연금제도를 경찰을 시작으로 산업과 상업노동자, 농업노동자, 자영업자, 전문직에게 차례로 확대, 적용하였으며 이들에 대한 연금은 각각 별도의 연금 기금이 관리하게 하였다. 페론은 노동조합에 가입한 노동자를 중심으로 건강보험도 확대하였다.

에바 페론은 에바 페론재단을 설립하여 정부의 예산으로 학교, 직업훈련원, 고아원, 양로원, 병원들을 설립하고 노동자뿐만 아니라 빈민과 보호가 필요한 여성, 어린이, 노인 등을 위해 무상의 복지서비스를 제공하였다. 1947년에 여성들에게 투표권을 부여하고 여성페론당을 만들어 여성들의 정부와 페론당에 대한 지지를 이끌어내었다. 또한 예산으로 빈민을 위한 무상교육의 확대와 직업훈련 실시, 공공주택 건립, 건강증진 프로그램 실시 등 다양한 복지사업을 실시하고 비공식적인 복지사업에도 정부 예산을 사용함으로써 정부의 재정지출을 급격히 증가하게 만들었다.

결과적으로 1940년부터 1944년 사이에 GDP의 10% 수준이던 정부의 재정지출은 1945년-1954년 기간에 GDP의 30% 수준으로 증가하였는데 이것은 당시 세계 최고 수준의 재정 지출률이었다.

막대한 재정지출을 충당하기 위해 페론은 먼저 수출의 국가 독점화 체제를 만들었다. 수출증진청을 신설하여 수출 상품을 국가가 싸게 사들이고 비싸게 수출하여 생긴 차액을 국가 수입으로 하는 사실상 수출세를 창설하여 재정수입을 증가시켰으며 기존의 연금 적립금도 정부의 재정자금으로 전용하여 연금 기금을 고갈시키는 결과를 초래하였다. 나아가 페론은 1947년에 철도, 전화, 가스, 전기, 항공사 등 기간산업을 국유화한 후 국유기업의 고용증가를 통해 공공부분의 고용률을 증가시킴으로써 대중의 정치적 지지를 받는 인기 정책을 계속 추진하였다. 또한 페론은 정부와 노동조합의 제도적 협력관계를 강화함으로써 이들의 정치적 지원을 받음은 물론, 노조와의 협력을 통해 일자리를 창출하고 노동자의 복지를 증진시키는 정책을 추진하였다.

페론은 집권기간에 노동조합과의 협력을 통하여 유럽식 복지제도를 아르헨티나에 도입함으로써 세계 최초의 복지국가를 아르헨티나에 실현시키려고 노력하였는데 당시의 아르헨티나의 경제수준에 비추어 볼 때 이것은 가능한 목표로 보였다. 그러나 페론은 장기적인 국가 재정의 수입과 지출에 대한 면밀한 검토와 재정 부담자들의 합의와 동의 없이 정치적 포퓰리즘에 몰입하여 독단적으로 단기간에 아르헨티나에 복지국가를 실현하고자 함으로써 국가 재앙을 초래하는 씨앗을 심었다. 특히 아르헨티나의 주력산업인 농축산물의 수출을 국가가 독점함으로써 일시적으로 국가의 수입은 증가하였으나 이로 인해 농축산물 수출의 대외 경쟁력을 심각히 손상시켜 장기적으로 수출이 감소하는 결과를 초래하였다. 또한 정부와 노동조합이 정치적으로 결속하여 기업을 압박함으로써 기업의 활동을 위축시켜 결국 기업으로부터의 조세 수입이 감소하여 정부 재정 수입의 감소를 초래하였다. 여기에 더하여 국영기업의 방만한 경영으로 인한 비효율성과 부패가 경영적자를 초래하여 정부의 재정 부담을 증가시키는 요인으로 작용하였다.

페론은 임기 중 대중을 위한 인기주의적 복지정책의 시행을 통해 대중의 지지를 받고, 빈곤층을 위한 여러 가지 복지정책을 시행하여 이들의 절대적인 지지를 받았다 노동계에서는 도시를 중심으로 노동조합을 조직하여 노동자들의 전폭적인 지지를 받았기 때문에 복지정책에 필요한 재원을 확보하기 위한 사회주의적인 정책의 시행을 주저하지 않았다.

결과적으로 페론은 신자유주의자들이 주장하는 복지와 재정의 악순환 과정을 그대로 아르헨티나에 적용시켰다. 즉, 복지를 위해 공공지출을 증가시킴으로써 조세부담을 증가시켜 국민의 근로와 저축 요인을 약화시키고, 사회주의적 경제정책을 시행함으로써 기업의 투자 의욕과 투자를 감소시켜 경제성장을 둔화시켰다. 이것이 다시 정부의 조세수입 감소로 인한 재정적자를 증가시키고 재정적자를 충당하기 위해 돈을 찍어내어 인플레이션을 초래하여 국가 경제 전체를 황폐화시키거나 지불능력을 상회하는 과중한 국채를 발행하여 국가가 채무상환을 이행할 수 없게 되어 궁극적으로 국가 파산(default)을 초래하는 재정의 악순환 과정을 아르헨티나에서 그대로 실행한 것이다. 그러나 다행히 페론은 재임기간 중 공공부문의 고용확대 등을 통해 거의 완전고용 상태에서 복지정책을 시행하였고, 복지와 재정의 악순환 과정이 현실화되기 전인 1955년 군부의 쿠데타에 의해 대통령직을 사임하고 파라과이, 파나마를 거쳐 스페인에 망명함으로써 그의 공적만 부각되고 과실은 묻히게 되어 1973년에 다시 귀국하여 대통령이 되고 그의 두 번째 부인인 이사벨 페론도 대통령이 되는 행운을 얻게 된다.

■ 2001년 아르헨티나의 국가채무불이행(default) 사태

페론주의의 부활

쿠데타로 페론 정권이 붕괴된 후, 아르헨티나는 부패한 군부 정권과 대중인기주의적인 민간 정부가 정권을 교대로 이어받으면서 재정 적자에 대한 근본적 해결책보다는 증가하는 재정적자를 메우기 위한 임시방편으로 중앙은행의 차입을 통해 돈을 찍어내는 화폐발행정책과 외국에서 돈을 빌리는 외화차입정책을 계속하였다. 마침내 외채가 누적되어 이의 상환이 불가능하게 됨에 따라 2001년 세계 역사상 최대 외채금액인 1,030억 달러에 대한 국가채무불이행(default)을 선언하게 된다.

1955년 군부의 쿠데타 이후 프론디지 정권에 이어 1963년에 급진당의 일리아가 대통령에 당선되었으나 1966년에 다시 군부의 쿠데타로 붕괴되고 의회와 정당도 해산되었다. 군사정권은 1966년부터 1972년까지 정권을 잡았으나 1973년도에 다시 정권을 민간정부에 이양하였다. 이 해 실시된 총선과 대선에서 페론은 대통령 그의 두 번째 부인인 이사벨이 부통령으로 당선되고 페론당이 다수당이 되어 페론은 두번째로 정권을 잡게 된다. 그러나 페론이 1974년 사망하고 그의 부인인 이사벨이 대통령이 된 후 아르헨티나는 좌파와 우파의 극한 대립과 정치인과 기업인에 대한 테러의 증가로 극심한 정치적 불안정에 빠져들게 된다. 정치적 불안정으로 인해 경제도 최악의 상태로 악화되어 1975년에 인플레이션율이 183%에 달하고 재정적자가 GDP의 14%에 이르게 되었다. 1976년에는 인플레이션율이 444%에 달하여 물가가 4배 이상 인상됨에 따라 이사벨 페론 정권은 정치적 경제적 통제 능력을 상실하고 1976년에 다시 군부쿠데타에 의해 정권을 군부에 넘기게 된다.

쿠데타로 집권한 군사정권은 신자유주의적 경제정책을 채택하였다. 재정긴축정책과 수입자유화조치, 금융에 대한 탈규제 조치를 취하였으나, 결과는 해외로부터 민간 외화차입의 증가, 수입품의 급증에 따른 국내산업의 위축과 금융혼란으로 또 다른 경제 위기를 초래하였다. 특히 군사정권은 민간의 해외부채를 국가부채로 전환시킴으로써 국가가 민간 대신 거대한 해외부채 상환의무를 짊어지게 만들었다. 이러한 실정을 만회하기 위해 군사정권은 1982년 영국과 포클랜드(말비나스) 전쟁을 벌였으나 패배함으로써 국민의 신뢰를 잃어 1983년에 민간정부에 정권을 이양하게 된다.

1983년의 선거에서 민간 정부 대통령에 당선된 알폰신 정권은 수도를 부에노스아이레스에서 내륙으로 이전하려는 계획을 수립하고 민심이반을 두려워하여 정치적 포퓰리즘 정책을 계속 추진함으로써 아르헨티나의 공공부채를 대폭 악화시켜 그의 재임기간 중에 GDP에 대한 공공부채율이 14%에서 66%로 증가하게 만들었다. 누적되는 재정적자로 1988년에 인플레이션율이 400%, 1989년에는 무려 5,000%에 달하여 전국적으로 물가 폭등에 반발하는 폭동이 발생하게 된다. 결국 알폰신 정권은 임기도 다 채우지 못하고 물러나게 됨에 따라 페론주의자인 메넴이 대통령에 당선되어 또 다시 페론당이 정권을 잡게 된다.

메넴은 대통령에 당선되자 그의 선거 공약을 무시하고 국영기업의 민영화 등 신자유주의적 경제 개혁을 통해 임기 초기에는 경제 안정을 가져왔다. 그러나 메넴은 소득세를 내지 않는 국회의원, 판사, 부유층 등 특권 계층에 대한 소득세 부과를 통해 세입을 증대하는 정책을 포기했고 사회전반에 걸친 부정부패와 국영기업 민영화에 따른 실업률 증가에 적절히 대처하지 못하였을 뿐 아니라, 전임정부와 마찬가지로 정부의 재정적자를 가장 쉬운 방법인 외채를 통해 충당하려는 정책을 계속 추진하였다. 결과적으로 메넴은 아르헨티나를 국가부도라는 절벽 끝까지 몰아간 후 임기를 마침으로써 책임을 다음 대통령에게 떠넘기게 된다.

국가채무불이행 선언

2001년 12월에 아르헨티나가 해외에서 발행한 국채에 대해 지급하는 이자가 GDP의 4,8%에 이르게 되자 국제통화기금(International Monetery fund : IMF)이 아르헨티나에 대한 추가 대출을 중지할 것을 결정하였다. IMF의 결정에 따라, 새로 대통령에 선출된 아돌포 로드리구에즈 샤(Adolfo Rodriguez Saa)는 역사상 단일국가로서는 최대 해외 채무액인 1,030억 달러에 대한 채무불이행(default) 선언을 할 수 밖에 없었다.

아르헨티나의 디폴트 선언에 따라 아르헨티나의 복지국가실현에 대한 희망도 물거품이 되었다. 무엇보다 아르헨티나는 노동자를 중심으로 연금, 의료, 실업에 대해 사회보험을 제공하고 있기 때문에 농어민과 도시지역 주민, 빈민들은 주요 복지 제도에서 제외되어 있었다. 아르헨티나의 가장 중요한 복지인 연금은 오랜 역사에도 불구하고 높은 인플레이션, 정부의 연금기금 사용, 수명의 연장에 따라 연금 수급자의 증가, 고용과 실질임금의 하락과 같은 요인에 의해 이미 1980년대에 재정위기에 봉착하였고 늘어가는 연금기금의 적자가 국가의 중요 재정 부담 요인이 되고 있었다.

건강보험도 고용노동자 중심으로 실시하고 있고 건강보험관리도 노동조합이 하기 때문에 조합별로 급여에 차이가 있으며 민간병의원과의 유착에 따른 부패로 과다한 의료비 지출이 문제가 되고 있다. 건강보험에 가입하지 못한 국민은 원칙적으로 주정부가 운영하는 공공의료기관을 무료로 이용할 수 있지만 질 낮은 의료서비스와 농어촌 지역의 공공의료기관 부족으로 전혀 만족할만한 서비스를 제공받지 못하고 있다. 다른 사회복지서비스도 주로 극빈층을 대상으로 최저 수준의 서비스를 제공하기 때문에 아르헨티나의 현재 복지수준은 복지국가와는 거리가 먼 하위수준에 머물러 있다고 할 수 있다.

2001년의 국가 채무불이행으로 인해 1930년대 세계 10위의 선진국이었던 아르헨티나는 70년 후인 2001년에 세계 최악의 부도 국가로 전락하게 되었다. 이처럼 아르헨티나가 국가부도라는 국가적 재앙을 맞게 되는 데에는 여러 가지 요인이 복합적으로 작용하였다. 무엇보다 페론으로부터 시작된 사회주의 정권의 정치적 포퓰리즘으로 인한 재정적자의 누적과 이를 바로잡기 위해 쿠데타로 정권을 잡은 군사정권의 무능과 부채로 인한 정치적 악순환, 재정적자를 강력한 재정개혁 대신 중앙은행으로부터의 차입과 외채로 해결하려는 임시방편적 재정정책과 국가부채를 악화시킨 지방정부의 방만한 재정운영으로 인한 적자의 가중, 고정환율제에 따른 수출의 감소, 경제적 특권층의 조세면제와 포탈, 강력한 노조의 정치적 투쟁과 고용유연화정책에 대한 반대투쟁, 심각한 빈부격차와 사회적 차별로 인한 국민간의 연대의식 결여 등 모든 정치적, 경제적, 사회적 요인이 합동적으로 기여하였다. 여기에 치밀한 장기계획과 국민의 합의와 협력 없이 단지 정치적 목적으로 추진된 아르헨티나식 복지국가 실현정책도 국가 채무불이행을 초래하는 하나의 결정적 요인으로 작용하였다.

● 400억 Peso = 1$

한 때 IMF의 전문가였던 비토 탄지(Vito Tanzi)씨의 로마 사무실로 잘 차려 입은 한 중년 신사가 찾아왔다. 이 신사는 자신의 삼촌이 유산으로 남긴 아르헨티나 현금의 가치에 대해 알아보기 위해 찾아온 것이다. 그는 삼촌이 남긴 고급 나무상자 금고에서, 1980년도에 아르헨티나 중앙은행이 발행한 액면가 1백만페소 지폐로 400억 페소에 해당하는 현금을 유산으로 받고 이 돈의 현재가치가 얼마인지를 알아보기 위해 온 것이다. 그는 이 지폐를 스위스의 비밀금고에 보관한 후 자신이 이태리에서 가장 부자의 한 사람이 된 것으로 확신하고, 비밀리에 잘 아는 이태리 국회의원을 통해 탄지씨를 방문한 것이다. 탄지씨가 IMF를 통해 알아본 결과 1980년도 아르헨티나 화폐 400억 페소의 2002년도 가치는 단 1달러에 불과했다. 이것은 그동안 아르헨티나의 인플레이션이 어느 정도였는지를 실증으로 보여주고 있는 사건이다.

3. 현재 실패한 그리스의 정치 포퓰리즘적 복지

■ 사회당의 정치적 포퓰리즘

국민이 원하면 무엇이던 들어준다.

Andreas Papandreou
(1919–1996)

현재 재정위기가 진행되어 사실상 국가 채무불이행(default) 상태에 있는 국가가 그리스이다. 그러나 그리스가 EU 회원국이고 그리스의 디폴트가 이태리, 스페인과 프랑스의 금융위기로 비화될 것을 우려한 EU와 IMF가 구제금융을 제공하고, 국채의 감면과 장기상환 방안을 고려하고 있기 때문에 공식적인 디폴트를 면하고 있을 뿐이다.

그리스는 면적이 13만 2천 km^2 이고 인구가 1,070만 정도의 비교적 적은 국가이나 민주주의와 유럽문화의 기원으로 알려진 헬레니즘 문명을 꽃피운 유서 깊은 국가이다. 올림픽의 발상지이며 그리스 신화, 소크라테스, 아르키메데스, 알렉산더 대왕으로 잘 알려진 국가이다. 그러나 그리스는 1453년 동로마 제국 수도이던 콘스탄티노플(지금의 이스탄불)이 오스만 투르크에 함락된 후 1829년 독립할 때까지 376년간 오스만 터키의 지배를 받았다. 1829년 독립한 후 터키는 왕당파와 공화파의 대립, 제2차 세계대전 후에는 왕당파와 공화파, 우파와 좌파의 극심한 대립으로 정치적 혼란기를 겪었고 그 후에도 좌파와 우파 간의 정치경쟁으로 정치적 포퓰리즘이 정권획득과 유지 수단으로 사용되었는데, 이것이 현재 그리스 국가위기의 최대의 원인이 되었다.

제2차 세계대전 후 군주정이 되어 왕당파가 권한을 잡았으나, 1967년 군사쿠데타로 군주정이 폐지되고 1973년에 공화국이 되었다. 공화국 초기에는 보수우파인 신민주당(New Democracy)이 정권을 잡았으나, 1981년에 안드레아스 파판드레우(Andreas Papan-dreou)가 이끄는 좌파인 사회당(Panhellenic Socialist Movement)이 제1당이 되어 정권을 장악하였다. 사회당은 1981년 집권 이후 1989~1992년의 3년간을 제외하고는 2003년까지 거의 20년간 장기집권을 하였고, 2004~2008년에 제1야당이 되었으나, 2009년 총선에서 게오르기오스 파판드레우(Georgios Papandreou)가 다시 집권하여 사실상 그리스를 7년을 제외하고 근 30년간 통치하였다. 사회당의 파판드레우 초대수상(최근 물러난 게오르기오스 파판드레우 수상의 아버지)은 정권획득과 유지를 위해 국민이 원하면 무엇이던 들어준다는 정치 포퓰리즘을 일찍이 그리스 정치에 도입함으로써 그리스가 국가 디폴트라는 재앙을 향해 달려가는 이정표를 일찍이 만들었다.

공공부문과 복지의 확대

사회당 정부는 세력 확장을 위해 정부에 공무원, 교사, 경찰관, 소방수를 대량 고용하고, 공기업에도 고용을 대폭 증가시켜 공공부문 고용이 그리스 전체 고용의 약 1/4에 달하는 기형적인 공공부문 중심의 고용형태를 만들었다. 공공부문의 고용을 대폭 확장함과 동시에, 교육을 국가의 책임으로 규정하여 대학교까지 무료교육을 실시하였고 영국식의 국가건강서비스 제도를 채택하여 전 국민에게 무상의료서비스를 제공하는 등 공공부문 서비스를 거의 공공재화 하였다. 공공부문의 확대로 정부의 재정지출이 급증하여 1990년도에 그리스의 GDP에서 정부의 재정지출이 차지하는 비율이 45% 수준에 달하였고, 정부의 재정적자도 1990년도에 GDP 대비 14%가 발생하여 서유럽국가 중 최고를 기록하였다. 사실상 1980년대부터 그리스는 매년 재정적자를 기록하여 2007년에는 누적된 공공부채가 GDP의 105%에 달하게 되었다. 국가부채가 그리스의 총국민소득보다 많아지게 된 것이다(OECD Data).

그리스의 공공부채 증가에는 노령연금을 포함해 관대한 복지비지출의 증가도 크게 기여하였다. 그리스의 최초의 연금은 연금액이 35년 가입자의 경우 자신의 평균임금의 95.1% 수준에 달하여 세계 최고수준이었다. 연금액이 퇴직 전 5년간의 평균임금을 기준으로 정해지기 때문에 생애소득 중 가장 소득이 높은 기간의 소득을 기준으로 산정된다. 연금액은 직종에 따라 다르지만 위험직종에 근무하는 노동자의 경우 가산율이 붙어 연금액이 퇴직 전 임금을 능가하는 경우도 있다. 예를 들면, 교사도 위험직종 근무자로 분류되어 35년 근무하고 퇴직할 경우 퇴직 전 보수보다 많은 연금액을 받을 수 있게 되어 있다. 연금을 받을 수 있는 연금수령 나이는 65세부터이나 공무원의 경우 퇴직 시 55세부터 연금을 받을 수 있으며, 여성의 경우도 최저 연금수령 나이가 60세이다.

그리스는 이처럼 관대한 연금제도를 개혁하기 위하여 1990년에 신민주당이, 그리고 1997년에는 사회당이 연금기금 통합을 비롯한 연금개혁을 시도했으나 노동조합의 압력으로 개혁이 무산되었다. 2001년에 정부에서 연금급여율을 60%로 낮추고 연금급여도 생애소득 중 가장 높은 10년간의 평균소득으로 정하며 가입기간도 40년으로 연장하고 연금기금을 8개로 통합하는 개혁안을 제시하였으나, 다시 노조의 반대로 인해, 결국 1993년 이후 가입자는 연금수령 연령을 남 · 녀 모두 65세로 하고, 연금급여율은 70%로 조정하며 연금기금은 강제대신 임의로 통합하는 내용으로 후퇴하였다.

그리스의 연금은 유럽의 최대 부국인 독일보다 관대하다. 독일 연금은 45년 근무시 재직 중 평균임금의 46%로서 연금의 소득보전률이 35년 근무시 70%인 그리스의 연금보다 낮고 수령가능 나이도 65세 이상이다. 그리스 연금은 직종별로 분리되어 140개가 넘는 조합형태의 연금기금이 운영되기 때문에 직업에 따라 연금급여액도 다르고 관리운영비가 과다한 것이 특징이다. 연금기금은 방만한 운영으로 부정연금수령자를 방치하여 사망한 자의 연금을 대신 수령하거나 연금을 중복 수령하는 가입자들이 발견되고 있다. 2007년도에 전체 국민의 약 23%가 연금으로 생활을 유지하고 있으며, 연금이 GDP에서 차지하는 비율도 10%에 달해 OECD 평균인 6.4%보다 월등히 높은 수준이며 비율이 1.6%에 불과한 한국에 비해 6배 이상이다(OECD Data). 연금기금에 재정적자가 발생할 경우 정부가 예산으로 보전한다.

그리스는 GDP 중 국민의료비 지출비율이 2005년도의 경우 10.1%로서 OECD 국가 평균인 9.0%보다 높다. 2005년도에 그리스인 1인당 평균 의료비가 약 3,000달러로서 3,287달러였던 독일과 비슷한 수준이었다(엄영진, 2010 ; 179쪽). 같은 해에 한국은 GDP 중 의료비 지출비율이 6%였으며 국민 1인당 의료비는 1,318달러로서 그리스의 약 45% 수준이었다.

그리스는 2007년도에 사회복지 부문에 GDP의 21.3%를 사용했는데 이것은 정부 전체예산(GDP의 44.4%)의 약 48%에 해당한다. 한국은 2007년도에 GDP의 7.5%를 사회복지를 위해 사용해 당시 그리스 복지지출의 1/3 수준이었다.

그리스는 지하경제가 GDP의 24.7%에 달해 OECD 평균인 13.6%의 2배에 가까워 매년 전체 조세수입의 1/4 정도가 탈세로 누락되기 때문에 세수입 기반이 약하고 조세정의가 실천되고 있지 않다. 이처럼 그리스의 지하경제가 크다는 것은 그리스의 부정부패가 심하다는 것을 말해주고 있다. 국제투명성기구(Transparency International)가 공공부문 및 정치부문에 존재하는 것으로 인식되는 부패를 추정한 결과에 의하면, 2010년도에 그리스는 부패지수가 10점 만점에 6.5(청렴지수는 3.5)로서 178개국 중 78위였으며 EU 국가 중에서는 최하위를 기록하였다.

■ 2010년 그리스의 재정위기

국가 채무의 증가

그리스는 정부의 조세기반이 약한데 비해 비대한 공공부문의 인건비 인상과 사회복지비 지출이 매년 증가함에 다라 1980년대부터 재정적자가 누적되어왔다. GDP 대비 재정적자가 1980년도에 −2.3%를 기록한 이후 1990년도에 −14%, 2000년도에 −3.7%, 2005년도 −5.3%로 계속해서 해마다 적자가 발생하고 적자가 계속 누적됨에 따라 국가 채무가 2007년도에 GDP의 105.4%, 2009년도에는 127.1%로 급격히 증가하였다(OECD Data).

그리스는 2001년 EU가입이후, 유로화가 당시 상대적으로 이자율이 높았던 그리스로 쏟아져 들어오고 유로화의 가치가 상승함에 따라 명목상 소득이 증가하였다. 또 주력산업인 관광수입의 증가와 낮은 금리로 인해 부동산 개발붐이 불어, 2000년대 초반에는 다른 EU회원국 평균 성장률 2%의 두 배인 4% 이상의 경제성장률을 기록했다. 그러나 그리스는 경제성장으로 인한 재정수입 증가와 외국차입금을 그리스의 주력산업인 해운업과 생산적 부문에 투자하지 않고 비효율적이고 비생산적인 공공부문에 사용함으로써 산업경쟁력을 강화할 수 있는 절호의 기회를 놓치게 된다. 이후 그리스 정부가 GDP 대비 재정적자가 매년 3%를 초과해서는 안된다는 EU의 재정안정성장협약을 위반함은 물론 재정적자를 의도적으로 축소하여 발표함으로써 대외적 신뢰를 상실하였으며 정권의 유지를 위해 인기 없는 재정개혁을 추진하기보다 공공부문 임금을 계속 인상시킴으로써 재정적자를 가속화시키는 결과를 초래하였다. 더욱이 유로화 가입으로 인해 금리와 환율조정을 통한 국가경제를 조정할 수 있는 수단을 상실한 것도 그리스 재정위기에 기여하였다. 환율조정을 통해 수입과 수출을 통제하고 금리인상을 통해 소비를 감소시키고 기업의 구조조정을 할 수 있는 기능을 상실한 것이다.

그리스는 재정적자를 메우기 위해 국채를 발행하였는데, 주로 이태리, 프랑스, 스페인을 비롯한 EU회원국에서 그리스 국채를 사들였다. 2010년 4월 27일 국제신용평가사인 스탠다드 앤드 푸어사(S&P)가 그리스의 신용을 B에서 신용불량단계인 CCC로 3단계 끌어 내리자, 2년 만기 그리스 국채의 이자율이 마지노선인 7%의 두 배 이상인 15.3%까지 올라가 정크본드 수준에 이르게 됨에 따라 사실상 그리스의 해외국채발행이 불가능하게 되었다. 2010년 1월에 그리스의 재정적자가 GDP의 120%를 넘는 2,160억 유로에 달하자 그리스의 국가채무불이행(default)이 현실화 되었다. 그리스의 디폴트가 이태리, 스페인, 프랑스의 디폴트로 이어지는 도미노 현상을 방지하기 위해 EU, 유럽중앙은행(European Central Bank, ECB)과 IMF가 그리스의 재정건전화 계획 수립 시행을 조건으로 구제금융의 제공에 합의하게 되어 2010년 5월 1,100억 유로를 제공하게 된다.

구제금융의 제공

그리스는 구제금융에 따른 조건으로 제시된 재정건전화 계획을 시행하였는데, 공공부문 고용자 축소와 임금 및 보너스 삭감, 부가가치세를 21%에서 23%로 인상, 2012년까지 연금동결과 조기퇴직시 불이익 조항을 신설하여 연금혜택을 축소하는 방안, 140개가 넘는 연금기금을 3개로 통합하는 방안 등이 포함되었다. 재정건전화 계획은 관광 이외에는 뚜렷한 산업이 없이 공공부문에 의존하는 그리스 경제에 심각한 경기침체를 가져와 2010년도에 경제성장률이 -4.5%를 기록하였고, 재정적자 규모가 GDP의 10.5%로 그리스 정부 목표치 8.1%를 상회하여 GDP에 대한 국가채무가 142.8%로 증가하게 됨에 따라 국가부도 위기가 재부상하였다.

특히 파판드레우 총리가 2011년 5월, 2012년도에도 장기국채발행을 통한 상환에 대한 부정적 발언을 하고 이를 국민투표를 통해 결정할 것이라고 폭탄선언을 하게 됨에 따라, 그리스의 국가 디폴트가 현실화 되었다. 다행히 파판드레우 총리가 사임하고 그리스 의회가 추가 긴축재정법안을 통과시킴에 따라 EU와 IMF가 구제금융 중 5차분 120억 유로를 지원하고 7월에 EU 특별정상회의에서 2차 금융지원안에 합의하여 1,090억 유로를 추가 지원하고 구제금융 금리를 4%에서 3.5%로 인하하며 만기도 7.5년에서 15~30년으로 연장하는 안을 제시함에 따라 그리스는 국가 디폴트를 일시적으로 면하게 되었다.

그리스는 EU와 IMF와의 합의에 따라 2015년까지 공공지출을 283억 유로 감축하기로 하였다. 수입증대를 위해 탈세근절, 조세감면 축소, 사회보장분담금 수익증가, 개인소득세 면세점을 12,000유로에서 8,000유로로 인하, 지출감소를 위해 공공부문 임금삭감을 통해 공공기관 지출을 축소하고 복지와 국방비를 축소하며 2015년까지 공기업 민영화 등 국유자산을 매각하여 궁극적으로 2015년까지 GDP 대비 국가 채무비율을 20% 수준으로 줄일 계획이다.

국가부도사태에 직면한 그리스의 더 큰 문제는 정치인이나 국민들이 재정위기 극복을 위해 허리띠를 졸라매기보다는 서로 책임전가에 열중하고 국가채무를 줄이기 위한 합의안에 반발하고 있다는 것이다. 국민들은 그리스의 국가재정위기는 부패정치인과 탈세하는 부유층, 은행들로 인해 발생한 것이라고 비난하고 젊은 세대는 지금의 재정위기는 정치인들이 돈과 복지로 표를 사고 기성세대가 혜택만 바라고 이들에게 표를 몰아주어 만든 합작품으로서 자신들만 희생세대가 되었다고 주장하고 있다.

그리스는 EU가 그리스의 디폴트를 방지하기 위해 구제금융을 제공함으로써 아직 디폴트를 선언하지는 않았지만 자본주의 경제를 유지하기 위해 국민들에게 필요한 근면, 검소, 신뢰감과 같은 윤리가 결여되어 있고, 관광과 해운업을 제외하면 산업구조도 1차 산업위주로 구성되어 있기 때문에 경제적으로 국가채무를 상환할 능력도 부족할 뿐 아니라 더 이상 국채를 발행할 수 있는 국제적 신뢰감을 상실하였고 국채상환을 전적으로 EU와 IMF의 구제금융에 의존하고 있기 때문에 앞으로 국가채무불이행 상태를 극복할 수 있을지 의문이며 EU와의 금융지원협상이 결렬될 경우 국가 채무 불이행이나 부분적 채무불이행은 불가피할 것으로 보인다.

현재 진행 중인 그리스의 재정위기와 10년 전에 발생한 아르헨티나의 국가 디폴트는 몇 가지 닮은 점이 있다. 무엇보다 양국은 사회주의자인 페론과 파판드레우가 정권을 획득하고 유지하기 위해 정치 포퓰리즘적 선심정책을 실시하여 국가부도라는 재앙의 씨를 심었다는 것이다. 페론은 기간산업의 국유화를 통해 파판드레우는 공무원과 공기업의 고용증대를 통해 공공부문 고용을 확대하고 공공부문 노조와의 협력을 강화하여 정치적 입지를 강화하는데 주력하였다. 이들 국가는 생산성을 능가하는 공공부문의 임금인상과 교육, 연금, 의료분야의 복지를 확대하여 정부의 재정지출을 증가시키고, 이에 필요한 재정을 경제성장이나 공평한 조세제도를 통해 조달하기보다는 국채 특히 해외국채발행을 통해 조달하였다. 결국 국채발행액이 누적되어 국채상환능력에 대한 국제사회의 신뢰감이 상실되어, 더 이상 국채를 통해 재정적자를 메울 수 없는 지경에 이르자 국가 디폴트를 맞게 되는 똑같은 과정을 밟고 있다. 양 국가는 또한 재정적자가 위험수위에 도달하여 이를 해결하기 위한 경제적, 재정적 개혁이 필요함에도 개혁에 따른 민심이반으로 정권을 상실할 것을 두려워하여 마지막 단계까지 자율적 개혁을 미룸으로써 결국 국가 디폴트를 초래하였고 구제금융의 조건으로 제시된 경제, 재정 안정화 계획에 따라 타율적인 개혁을 하게 됨으로써 국민의 고통과 혼란을 가중시키고 국가의 대외 신뢰성을 상실하여 국가 경제 전체를 파탄나게 하였다는 것이다.

또한 이들 국가는 복지국가에 대한 확고한 이념과 복지국가 실현을 위한 장기적 재정조달계획과 국민들과의 합의도 없이 오로지 정권획득과 유지를 목적으로 복지를 이용함으로써 국민들에게 복지국가에 대한 신뢰감을 상실시키고 복지국가 실현 대신 국가를 후진국 수준으로 격하시켜 복지측면에서도 국가적 재앙을 가져왔다는 공통점이 있다.

제 **4** 장

새로운 복지 환경과 복지국가의 쇠퇴

1. 신자유주의 사상의 대두

■ 신자유주의의 복지관

대처(Margaret Thatcher, 1925)

노벨경제학상 수상자인 하이에크(Friedrich Hayek), 프리드만(Millton Friedman)과 정치인 대처(Margaret Thatcher)와 레이건(Ronald Reagan)으로 대표되는 신자유주의는 무엇보다 어떠한 형태의 간섭도 없는 절대적 자유를 주장하며 불평등을 당연한 것으로 보고, 기회의 평등이 보장되면 평등은 달성된 것으로 본다. 신자유주의자들은 국가는 사회적으로 해로운 일을 하는 데 큰 힘을 발휘하기 때문에 작은 정부가 좋은 정부이며 국가가 개입할 수 있는 분야는 법과 질서 유지와 국방, 사회에 부정적 효과를 가져오는 공해 관리, 기술적 독점이 가능한 우편과 같은 사업, 그리고 사회에 해악을 끼칠 수 있는 정신질환자와 같은 사람의 관리에 한정되어야 한다고 생각한다.

신자유주의자들은 복지국가에 대해 부정적이다. 복지국가는 사회주의 국가로서 중앙집권적이고 비효율적이기 때문에 유해하고 불필요하다고 본다. 국민들은 자신과 가족의 문제는 자신의 책임이라 생각하고 스스로 문제를 해결하여야 하는데, 지나친 복지가 개인, 가족과 지역사회의 기능을 약화시키고 의타심을 조장시킨다고 본다. 비효율적인 복지국가는 재정을 복지부문에 비효율적으로 사용하여 생산부문에 사용하여야 할 한정된 재원을 낭비하고, 복지의 가수요를 조장시킨다고 본다. 또한 경제성장 없는 복지비 지출 증가는 세금 부담만 가중시키고 재정부담자와 복지수혜자 간의 계급적 분쟁을 조장시켜 사회적 분열을 가져오며 어떤 경우에는 재정부담자가 수혜자보다 가난해질 수 있는 제도적 부조리를 발생시킨다고 주장한다. 복지는 무기력하고 의타적인 하층계급을 양산함으로써 사회구조의 기본을 위태롭게 하며 국민을 국가의 노예화하여 개인의 자유를 제한하고 개인생활에 대한 국가 간섭을 통해 국가 권력을 증대시킨다고 주장한다.

이들은 또한 복지국가는 경제성장을 감소시키는 주요 원인을 제공한다고 주장한다. 복지의 확대에 따른 재정지출의 증가는 과중한 조세 부담을 초래하여 국민의 소비자유권을 제한하고 노동의욕을 상실하게 하며 저축을 감소시켜 자본 축적을 감소시킨다고 생각한다. 자본 축적의 감소는 생산부문의 투자를 감소시켜 경제성장률을 감소시키며 기업인의 혁신적인 투자 의욕을 저하시켜 신성장 부문에 대한 투자에 부정적으로 작용하여 장래의 성장 동력까지 약화시킨다고 본다.

따라서 이들은 복지는 최저 수준이 바람직하다고 주장한다. 선별주의 복지정책을 채택하여 빈곤층과 사회취약계층에 대하여 철저한 자산 조사를 통해 최저 수준의 복지를 선별적으로 제공하고 개인생활에 대한 공적 개입을 축소하고 민영화를 통해 복지수요를 시장에서 해결하게 함으로써 자원 이용의 효율화와 개인의 복지서비스 선택권을 보장해야 한다고 주장한다.

■ 사회민주주의의 복지관

평등의 강조

신자유주의의 복지관과 대립 점에 있는 것이 페이비안 사회주의(the Fabian socialism)의 복지관이다. 페이비안 사회주의는 시민사회의 기본적 가치인 자유, 평등, 우애와 민주주의를 중요시하며 특히 평등을 강조한다. 불평등한 사회에서는 세습적인 지위와 부가 개인의 지위와 부를 결정하며 다른 재능이 있는 자의 지위 상승과 부의 축적을 방해한다. 이것은 마치 인생이라는 경기에서 세습적인 지위와 부가 있는 자는 경기에 참가하지도 않고 미리 부전승을 하는 것과 같다. 또 교육의 불평등이 사회적인 하층 계급의 사회적 지위 상승을 불가능하게 하며 세습적인 지위와 부를 가진 집단이 이익 집단화하여 거대한 권력을 행사하여 자신들의 지위와 부를 유지하고 방어하기 위해 유리한 정치, 경제, 사회제도를 만들어 시행한다고 본다. 이러한 불평등을 해결하기 위해 페이비안 사회주의는 정부의 강력한 개입을 정당화한다. 지위와 부가 세습되는 것을 막기 위해 기업을 국유화하고 특히 높은 상속세를 부과하여 부가 세습되는 것을 차단하여야 한다고 주장한다.

페이비안 사회주의는 복지국가에 대해 열렬한 찬성과 지지를 보내고 있다. 복지국가는 산업화, 민주화, 문화화, 우애주의의 최종 산물로서 사회주의의 목표가 달성된 사회로 본다. 사회주의의 목표를 달성하기 위해서는 빈곤의 해결, 소득의 공평 분배를 통한 빈부격차의 해소, 교육 평등, 사회적 기회의 평등을 달성해야 하며 이를 위해서는 강력한 복지제도가 필요하다는 주장을 하고 있다.

페이비안 사회주의는 시민 교육을 통해 점진적이고 평화적인 사회주의를 건설한다는 점에서 계급 혁명을 통한 평등을 실현하고 토지와 생산 수단을 국유화하고 무상 배급을 실시해야 한다는 공산주의와는 다르다. 특히 복지를 보는 시각에서는 완전히 대립되는 시각을 가지고 있다. 페이비안 사회주의는 복지국가가 최종의 바람직한 사회주의국가로서 이를 달성하기 위해서는 복지가 가장 강력한 수단의 하나라고 보는데 비해, 공산주의 국가는 복지제도는 자본주의 체제의 모순의 하나인 자본 축적, 빈부격차와 같은 문제를 해결하기 위한 일시적인 수단으로서 자본주의의 생존 수단의 하나라고 볼 뿐이다. 또한 복지제도는 노동자 계급의 혁명의식을 약화시키는 해독제로서 궁극적으로 부르주아 사회의 존립을 위한 일시적 방편이라고 주장한다.

신자유주의에 대한 비판과 복지의 기능 강조

신자유주의의 복지관에 대해 페이비안 사회주의를 비롯한 사회민주주의는 다음과 같은 반론을 제기한다(최종균, 2005). 무엇보다 신자유주의자들의 주장은 기본적으로 이념적이다. 모든 사람은 일하기를 원한다. 일자리가 제한되어 있는 것이 실업의 원인이며 설령 취업하더라도 저임금 일자리의 경우 보수가 기본적 욕구의 충족에도 부족하기 때문에 빈곤 문제가 발생한다. 이것은 경제 제도상의 문제이기 때문에 전적으로 개인의 책임이라고 할 수는 없다.

둘째, 복지 특히 현금 급여가 수급자의 근로 의욕을 떨어뜨리고 타락시킨다는 것은 전혀 새로운 것이 아니고 과거의 빈곤법에서도 주장되었던 것이며 일자리가 주어지면 모든 사람은 열심히 일하기 때문에 복지의 부정적 측면을 너무 강조할 필요는 없다.

셋째, 고율의 소득세는 주로 고소득 전문직 종사자에게 부담이 주어진다. 그러나 고소득 전문직은 세금보다 자기 이상 실현이나 더 높은 연봉과 근로 조건에 따라 일하고 또 일자리를 옮기기 때문에, 고소득세가 이들에게 미치는 부정적 영향에는 한계가 있다.

넷째, 공공지출과 경제성장 간에 명확하고 뚜렷한 상관관계가 없으며, 복지국가가 경쟁력을 해친다는 근거도 없다. 선진복지국가의 경제성장률 하락은 정부의 경제, 금융, 재정정책의 실패로 인한 것이지 복지비 지출로 인한 것이 아니다. 부분적으로는 이들 국가의 소비자가 생활용품과 내구재를 대부분 구입함에 따라 나타나는 시장 포화(market saturation)에 따른 수요의 일시적 감퇴 현상일 수도 있다.

다섯째, 장애인과 노인과 같은 특수 계층에 대한 가족과 가정의 복지기능 상실은 소가족제도, 여성의 사회 진출과 복지에 대한 국가책임의 강화로 인한 것이기 때문에 국가가 가족을 대신하여 이들을 돌볼 수밖에 없다.

여섯째, 복지 급여의 관대성이 국민을 게으르고 의타적으로 만든다고 하나 이들 간에는 명확한 상관관계가 없다. 예를 들면, 편부모의 증가는 여성의 경제적 독립과 성에 대한 개방적 태도와 같은 사회구조적 문제이며 편부모 발생률이 가장 높은 곳은 복지 급여가 선별적인 미국이다. 대부분의 실업자는 일하기 싫어하는 사람들이 아니고 일자리가 부족하기 때문에 실업자가 된 사람들이다.

마지막으로, 페이비안 사회주의자들은 신자유주의자들이 복지가 역사적으로 수행해온 기본적 기능인 절대적 빈곤으르부터의 해방을 통한 인간의 존엄성 보장이라는 기능을 무시하고 있다고 본다. 모든 인간은 인간답게 살 존엄한 가치와 권리가 있으며, 이를 보장하기 위해 가장 필요한 것은 인간의 기본적 욕구를 충족시켜 주는 복지제도이다. 따라서 개인이 기본적 욕구를 충족시킬 능력이 없을 경우 국가가 복지를 통해 이를 충족시켜 주어야 한다고 본다.

정치적으로도 복지는 국민의 계급의식을 약화시켜 급진적인 계급 혁명을 예방하고 장기 실업이나 빈곤으로 인한 집단적 시위와 폭동을 방지한다. 특히 청년 실업이 자본주의 제도의 모순과 정치력 부족으로 인한 것으로 생각하는 젊은 층의 반정부, 반제도적인 생각과 행동을 약화시킬 수 있는 기능이 복지에 있다. 또한 농촌 인구의 도시 유입에 따른 실업과 도시빈민층의 증가에 따른 사회적 불안을 복지를 통해 감소시킬 수 있다고 본다.

경제적으로도 복지는 국민의 기초생활비의 지불과 실업자에 대한 실업 급여비를 통해 생필품에 대한 일정 수준의 구매력을 유지하며, 연금기금과 같은 복지기금은 저축의 기능을 가짐은 물론, 채권이나 증권 투자를 통해 금융시장의 안정과 자본 시장 육성에도 기여한다. 또한 복지는 소득재분배 기능을 통해 소득 계층간의 심각한 소득 불균형을 완화시킨다. 건강보험은 소득에 따른 보험료 부과와 평등한 보험 급여를 통해 소득의 수직적 재분배를 가져오며, 건강한 사람의 소득을 환자에게 가족 수가 적은 가족이 가족 수가 많은 가족에게 소득이 수평적으로 재분배되게 하며 연금은 고소득층에서 저소득층에게 뿐만 아니라 젊은 층에서 노인에게 세대 간 소득을 재분배하는 효과가 있다. 실업 급여는 취업자가 실업자에게, 기초생활보장은 소득이 있는 자에게서 소득이 없는 자에게 직접적으로 소득이 재분배되는 효과를 가지고 있다. 이러한 소득재분배를 통한 연대의식이 사회적 결속을 기본적으로 강화하는 것으로 본다. 특히 복지는 생산요소에서 가장 중요한 인간 자본에 대한 투자를 통해 노동력을 유지시키며 경제적 안정으로부터 오는 심리적 안정을 통해 노동의 생산성을 높이고 건강한 노동자가 강도 높은 노동에 종사할 수 있게 함으로써 경제성장에 이바지한다고 본다.

사회민주주의자들은 경제성장의 후퇴, 정부 재정지출 증가로 인한 재정 적자와 국가 채무의 증가, 국가 개입과 복지 관리의 비효율성, 복지 수급자의 부정, 특히 복지를 통해 기본 생활이 해결됨에 따라 복지에 대한 투자보다 수익이 체감하는데 따른 비효율성과 일반 국민의 복지피로증이 신자유주의 이론의 설득력을 강화시킨다고 보고 있다. 특히 신자유주의 이론에 기초를 둔 세계화가 복지에 대한 또 다른 불리한 환경을 조성하고 있다고 본다.

2. 세계화

■ 세계화가 복지에 미치는 영향

세계화는 세계를 하나의 시장으로 만들어 자본의 이동, 기업의 이동, 상품과 서비스의 이동과 노동력의 이동을 자유화함으로써 기업의 이윤을 극대화시키기 위한 것으로 각 국가의 경제와 경기, 고용에 직접적인 영향을 미치고 있다. 세계화 하에서 무엇보다도 기업은 세계적인 경쟁력을 가져야 살아남기 때문에 경영혁신 뿐 아니라 기술, 고용, 임금, 기업복지에서도 국제적 경쟁력을 갖추어야 하며, 특히 세계화는 그동안 국내 사정에 따라 결정되던 복지에도 직접적인 영향을 미치고 있다.

세계화는 이념적으로 신자유주의에 기초를 두고 있기 때문에, 반복지와 가까운 것으로 이해되고 있다. 세계화 지지자들은 세계화가 국가와 경제의 효율성을 증진시키고, 경제성장을 통해 생활수준을 향상시키며 정부의 통제로부터 개인과 기업을 자유롭게 한다고 주장한다. 반대자들은 세계화는 자본주의가 자신이 내재한 정치적, 경제적 모순을 해결하기 위해 만든 제도로서 부유한 국가, 상위층과 엘리트, 다국적 기업에 유리하고 후진국과 경쟁력이 없는 기업과 노동자들에게는 불리한 영향을 미친다고 주장한다.

세계화가 복지에 미치는 영향은 세계화가 각국의 경제성장에 미치는 영향에 따라 다르다. 세계화가 경제성장을 가져와 고용과 소득을 증가시키면 복지에 긍정적 영향을 가져올 것이고 고용과 소득과 경제성장에 부정적 효과를 가져오면 부정적 영향을 미칠 것이다. 세계화는 높은 생산성, 고품질의 생산품 그리고 상대적으로 낮은 임금수준을 가진 수출위주의 산업 체제를 가진 국가에는 수출증가를 통한 경제성장이 취업과 소득을 증가시킴으로써 일반적으로 국민복지에 긍정적 효과를 가져온다. 한국과 같이 수출의 경제성장에 대한 기여도가 큰 국가가 이에 해당된다고 할 수 있다. 그러나 이 경우에도 고용과 소득증가가 수출기업 위주로 이루어지고 성장의 효과가 내수위주 산업과 노동자에 미치는 영향이 적을 경우 고용과 소득의 양극화 현상을 가져와 복지효과는 감소할 수 있다.

세계화는 세계적 경쟁력을 가진 최상의 교육과 훈련을 받은 인력을 필요로 한다. 이것은 교육과 기술훈련 및 재훈련에 대한 국가의 투자를 증가시킬 것을 요구하는데 이것은 세계화가 교육과 기술훈련에 대해 미치는 긍정적 영향으로 볼 수 있다. 그러나 세계화는 국제적 경쟁에서 경쟁력을 상실한 비숙련노동자의 실업률을 높임에 따라 이들에 대한 실업급여 지급, 재훈련에 대한 투자 등으로 복지비용이 증가하게 되는 부정적 영향도 가져온다. 또한 세계화는 복지에 있어 민간복지 부문의 무역자유화를 통해 전체복지를 향상시키는 결과를 가져올 수 있다. 외국대학의 국내분교 설치, 외국 민간병원의 국내진출, 경쟁적 또는 보완적 외국 민영보험회사의 국내시장 진출이 국민의 복지선택권을 확대하고 전체복지의 총량을 증가시키며 국 · 내외 간, 공공과 민간부문 간의 경쟁을 통해 복지의 질을 향상시키는데 기여할 수 있다.

세계화는 세계를 하나의 시장으로 만들고 금융과 자본의 이동을 자유화함으로써 각국 경제의 해외의존도를 높였다. 한국처럼 수출 주도형 경제체제를 가진 국가는 주된 수출국가나 지역의 경제 상황의 영향을 직접적으로 받게 된다. 최근 서브 모기지 시장의 붕괴로부터 시작한 미국의 금융 위기와 그리스의 재정 위기로부터 발생한 EU의 경제 위기는 세계뿐 아니라 한국 경제와 고용에 부정적 영향을 미쳐 노동자 특히 수출 기업 노동자의 복지 수요를 증가시켰다. 이처럼 복지가 국내와 국제적 경제 상황 모두에 의해 결정되기 때문에 복지 수요에 대한 장래 예측이 어렵게 되었다.

■ 기업의 해외이전과 복지

세계화는 기업의 자유로운 국경 간 이동을 통해 복지에 강력하고 직접적인 영향을 미친다. 세계화가 기업의 자유로운 해외이전을 가능하게 함에 따라, 다국적 기업뿐 아니라 일반 기업도 자국 노동자의 평균임금이 높고 강력한 노동조합이 노동자의 고용과 해고를 어렵게 하며 노동조합의 경영에 대한 간섭이 심하거나 반복적인 파업으로 생산에 중대한 차질이 생길 경우 기업의 소재지나 공장을 임금이 낮고 노동조합의 힘이 약하며 사업에 유리한 정부 정책과 사회적 인프라를 갖춘 국가로 이전할 수 있다. 높은 법인세나 소득세율도 이들의 해외이전을 촉진시킬 수 있다. 또한 유치

국가가 다국적 기업의 자유로운 기업 경영을 위해 노동조합 활동의 제한과 노동자들에 대한 복지축소를 용인하고 조세부담의 완화, 관세상의 혜택, 각종 규제의 철폐, 기업에 대한 산업용지의 무상 제공과 기반 시설의 확충 등 기업이 만족할 만한 여러 가지 인센티브를 제공하면 기업의 해외이전은 가속화 될 수 있다.

세계화에 따른 기업의 해외이전은 일반화된 세계적 현상이다. 기업 본사의 해외 이전은 아직까지 드문 현상이나 제조공장의 해외이전은 흔한 일이다. 한국의 경우에도 대기업이 세계의 주요 거점지역에 제조공장을 설치하고 있으며 중소기업도 세금과 임금이 낮은 후진국으로 공장을 이전하고 있다. 최근에는 자동차, 선박, 제철, 전기, 전자, 통신장비 등 중공업과 기술집약 산업의 해외이전도 활발히 진행되고 있다.

세계화에 따른 기업의 해외이전은 노동조합의 약화를 통해 노동자의 복지를 약화시키는 원인이 될 수 있다. 기업주는 세계화로 인해 노동조합에 대하여 고용과 해고의 유연성을 요구할 수 있는 힘을 가지게 되었으며 노동조합도 기업주의 요구를 과거처럼 일방적으로 무시할 수는 없게 되었다. 노동조합이 복지국가를 실현하는데 중요한 역할을 한 복지국가의 경우 노동조합의 협상권 약화는 복지국가를 유지하는 힘의 약화를 초래할 수 있다. 최근 유럽에서 노동자의 복지를 유지하기 위한 파업이 예전과 같은 정치적 파괴력을 보여주지 못하는 것이 일례이다. 또한 다국적 기업들이 정부에 대하여 법인세와 개인소득세의 인하, 노사관계에 대한 규제완화, 임금과 복지비용의 인하 등을 요구할 경우 정부도 이를 무시할 수 없게 된다. 특히 노동집약적인 다국적 기업의 경우 정부가 기업의 요구를 무시할 경우 이들은 자신들의 요구를 수용하는 곳으로 해외이전을 할 수 있기 때문이다.

또한 자본의 자유로운 이동에 따라 기업은 다른 국가의 기업을 매입하거나 인수 합병을 통해 다른 기업을 소유할 수 있고 증권시장을 통해 기업의 주식을 매입해 최대 주주가 됨으로써 기업을 직접 경영하거나 경영에 영향력을 행사할 수 있다. 이 경우 외국경영자는 국내법에 저촉되지 않는 한 노동조건과 복지를 회사가 정한 기준이나 글로벌 기준에 따라 결정함으로써 복지를 축소할 수도 있다. 기업의 해외이전은 이전 지역 국민의 복지를 향상시킨다. 예를 들면, 한국기업이 중국에 공장을 이전시키면, 중국 노동자들의 취업률을 높임은 물론 이들에게 출산, 의료, 연금, 실업과 산재보험을 제공함으로써 이들의 복지를 향상시키는데 기여한다. 이러한 현상은 선진국 기업이 동유럽, 아시아, 남미의 후진국에 기업이나 공장을 이전시킴으로써 세계화를 통해 선진국과 후진국 간에 소득과 복지의 재분배를 실행하고 있다고 볼 수 있다. 기업의 자유로운 해외이전은 선진국 간에서도 해외이전을 통해 복지에 긍정적 효과를 가져오고 있다. 경제적 이익이 클 경우 다른 선진국에 직접 기업 본사나 공장을 이전시켜 현지인을 고용함으로써 이들의 취업, 소득과 복지를 향상시킨다. 예를 들면, 현대자동차 공장을 직접 미국에 설치하여 현지인의 고용을 통해 이들에게 현지법에 따른 복지를 제공하는 것과 같은 것이다.

이외에도 선진국 은행, 보험, 증권 등 금융산업의 진출과 병원, 학교 등의 선진국과 선진국 간으로 이전도 확대되고 있다. 특히 세계무역기구(WTO)나 자유무역협정(Free Trade Agreement, FTA) 등을 통해 다자간 또는 국가 간의 자유무역이 확대됨에 따라 앞으로 기업의 해외이전은 더욱 가속화될 것이며 이것이 국가 간의 복지의 재분배를 촉진시키는 효과를 가져올 것이다.

세계화는 일부 선진 복지국가에는 부정적 영향을 미칠 수 있다. 무엇보다 자국 기업과 공장의 해외이전은 고용의 축소로 인한 실업의 증가, 임금인상의 억제, 정부의 세수입 감소와 복지비 지출증가를 가져온다. 기업과 공장의 해외이전으로 인한 선진국의 고용축소는 일반적 현상이다. 예를 들면, 스웨덴의 경우 1980년 말에 23개의 가장 큰 규모의 기업이 해외고용을 27% 증가시키고 스웨덴 내에서의 고용을 24%를 줄였는데 이로 인해 이들 기업의 해외 고용인력 규모가 자국 고용인력의 2배가 되었다(최종균, 2005 ; 107쪽). 이와 같은 세계화의 복지에 대한 영향은 서유럽 복지국가에 있어 신자유주의 사상의 대두, 국민의 복지에 대한 피로감, 그리고 우파 정권의 집권과 더불어 복지에 대한 개혁요인의 하나가 되고 있다. 그러나 복지국가에 대한 국민의 합의와 지지가 확실한 복지국가에 있어서는 부분적인 복지 개혁이 실행되고 있을 뿐이며 이런 국가에 있어서는 세계화가 복지에 미치는 영향은 현재로서는 부분적이라고 밖에 볼 수 없을 것이다.

3. 복지국가의 쇠퇴

■ 복지국가의 쇠퇴

석유위기와 복지국가의 위기

서유럽국가를 중심으로 확산된 복지국가 이념은 1970년대에 들어서 경제성장률의 둔화와 복지국가 자체가 생산한 약점으로 인해 쇠퇴기를 맞게 된다. 특히 21세기에 들어서 복지비용으로 인한 국가부채의 증가와 경제에 미친 부정적 영향으로 인해 복지국가는 중대한 기로에 서게 된다. 1973년 제2차 중동전쟁 후 아랍 국가를 중심으로 구성된 세계석유수출기구(OPEC)가 석유가격을 일시에 2배 이상 인상함에 따라 발생한 제1차 석유위기(oil crisis)는 세계 경제를 불황과 물가 인상이 동시에 발생하는 스태그플레이션을 가져와 이후부터 서유럽 경제는 고도의 경제성장이 종식되는 단계로 접어들게 된다. OECD 국가의 경제지표를 보면 1960~1973년 사이와 1973~1981년 사이에는 GNP 성장률, 인플레이션, 실업률에서 큰 차이를 보인다. GNP 성장률이 4.9%에서 2.4%로 반 이하로 떨어지게 됨에 따라 실업률이 3.2%에서 5.5%로 증가하였다. 반면 인플레이션은 3.9%에서 10.4%로 약 2.7배 증가하고 생산성 증가율도 3.9%에서 1.4%로 급격히 감소하였다(박광준, 2010 ; 395쪽).

1979년에 발생한 제2차 석유위기는 세계 경제에 스태그플래이션을 가중시켜 복지국가의 쇠퇴를 가져오는 결정적 계기를 만들었다. 첫째 석유파동으로 인한 경기불황은 실업률을 증가시켜 실업수당과 실업에 따른 복지비 지출을 증가시킨 반면, 경기 불황에 따른 소득세, 법인세, 소비세 등의 조세 수입을 감소시켜 지출이 수입을 초과하는 재정 위기를 가져왔다. 이러한 재정 위기를 해결하기 위해서는 조세수입을 증가시키는 방법, 복지비 지출을 감소시키는 방법과 국채 발행을 통해 돈을 빌려 메우는 방법이 있다. 앞의 두 가지 방법은 민심 이반을 초래해 정권의 상실을 초래할 수 있기 때문에 복지국가 실현이 가장 큰 정치적 업적인 사회민주주의 정당이나 노동당으로서는 시행하기 어려운 방법이다. 따라서 일부 서유럽 국가에서는 가장 쉬운 방법인 국채를 발행해 재정 부족을 메우는 방법을 채택해 국가 경제 전체를 위기로 몰아넣는 실수를 범하게 된다.

나아가 이들은 과중한 정부 부채로 증가하는 복지 수요를 만족시키지 못하고 시행 중인 복지도 축소시켜야 할 상황에 처하게 됨에 따라 비난 회피의 정치(politics of blame avoidance)를 주요한 정치 기술로 사용하는 것도 사양하지 않고 있다. 즉 복지 삭감은 감추어져야 하고, 만약 들키게 되면 외부 세력에 핑계를 대야 하고 과거에 수립된 잘못된 정책으로 인한 것이라고 둘러대어 정치적 손실을 최소화해야 한다는 것이다(최종균 역, 2005 ; 135쪽).

둘째, 1973년부터 시작된 경제 불황은 복지국가에 대한 국민적 합의에 심각한 의문점을 불러 일으켰다. 복지국가에 대한 국민들의 지지는 이타주의(Altruism)에 기초하는 것이기 때문에 경제적 호황기에는 복지를 통해 사회적 약자를 재정적으로 지원하는 것에 대해 관대하다. 그러나 경제적 불황기에는 복지 특히 선별적 복지에 대한 지지도가 낮아진다. 보편적 복지제도인 건강보험, 연금이나 가족수당에 대하여는 국민 모두가 혜택을 보기 때문에 지지를 하지만 노동을 하지 않는 소수에 대한 선별적 복지인 실업 급여나 공적 부조와 같은 복지에 대해서는 노동윤리를 내세워 엄격한 기준을 적용할 것을 요구한다.

1973년부터 시작된 경제 불황의 원인에 대하여는 자유주의자들과 복지주의자들 사이에 상반된 주장이 제기되었다. 자유주의자들은 복지에 대한 지나친 재정지출과 이를 조달하기 위한 과중한 세금부담과 사회보험료 부담, 그리고 지나친 복지에 따른 놀고먹는 복지가 노동 의욕감퇴와 생산성 저하를 불러와 경제 불황의 원인이 되었다고 주장한다. 반면 복지국가 옹호자들은 경제 불황은 석유위기를 비롯한 국제정세의 변화와 이에 대응하지 못한 국가의 경제 · 재정정책의 실패의 결과이지 복지와는 무관하다고 주장한다.

셋째, 복지국가는 그동안의 성과에 있어 치명적인 약점을 나타냈다. 복지국가가 그동안 보편적 복지를 통해 엄청난 재정을 투입하였음에도 불구하고 빈곤은 여전히 해소되지 못한 채로 남아 있고, 사회적 불평등도 오히려 더 심각해져 복지국가가 반드시 이상적인 국가형태인가 하는 의문이 국민들에게 확산되었다. 무엇보다 복지제도 자체의 문제가 복지국가에 대한 국민들의 의문점을 증폭시켰다. 대표적인 문제의 하나가 복지수급자인 실업자나 기초생활보장자가 취업자보다 더 많은 복지수당을 받거나, 부정수급자들에 대한 여론악화 등이 복지제도에 대한 신뢰성을 추락시켜 복지를 위해 세금과 보험료를 부담하는 국민에게 조세저항감을 불러일으켜 국민 간 갈등을 초래하였다. 나아가 도덕적 해이(moral hazard)로 인한 과잉 복지서비스 이용, 놀고먹는 복지로 인한 국가 의존도 증가, 거대정부, 복지행정의 관료화로 인한 비효율성 등의 문제가 복지국가에 대한 불신을 증폭시켰다.

마지막으로 복지국가가 사회통합을 목표로 하였으나 이의 달성에 실패하였다는 것이다. 복지국가는 부자와 빈자 간, 남녀노소 간, 지역 간, 인종 간에 상관없이 소득수준에 따라 재정 부담을 하고 공평한 복지를 누림으로써 사회통합을 달성한다는 것이다. 그러나 일부에서는 부유세 등을 통해 부자에게 징벌적 세금이나 보험료부담을 통해 부자에게서 돈을 빼앗아 가난한 사람에게 나누어 주는 로빈후드식 복지제도의 실시를 주장함으로써 부자와 빈자 간에 사회통합보다는 분열을 조장하는 경우가 있었다. 이러한 징벌적 주장에 대해 일부 고소득층은 차라리 일정 소득 이상의 고소득자를 복지제도에서 제외시켜 민영보험을 이용하도록 하는 독일식 제도를 채택하는 것이 좋다는 주장을 제기하거나 아예 조세피난처로 주소지를 옮기는 경우도 있었다. 일부에서는 정치적 목적으로 “두 개의 국민전략”을 채택하여 정권유지나 획득을 위해 자신들을 지지하는 집단이나 유권자에게 유리한 복지를 전략적으로 시행하여

도리어 국민 간의 갈등을 조장하는 경우도 있었다.

신자유주의 정권의 복지개혁

결과적으로 1970년대 석유위기로부터 시작된 경제 불황, 재정수지 악화와 복지국가에 대한 국민의 신뢰감 상실은 복지국가를 실현시킨 사회민주주의정당과 노동당에 대한 국민의 지지도를 급격하게 떨어뜨려 이들 정당이 정권을 상실하고 우파 보수당이 정권을 획득하도록 하였다. 1977년에서 1982년 사이 서유럽에서 영국, 서독, 노르웨이, 덴마크, 벨기에, 룩셈부르크와 폴란드에서 사회민주당과 노동당이 총선에 패배하고 우파 보수당이 집권하게 된다. 유럽연합 정부도 1975년도에 사회민주주의정당이나 노동당 각료가 전체각료의 54%를 차지하여 25%에 불과한 보수당 각료의 2배 이상이었으나 1982년에는 보수당 각료가 37.6%, 사회민주주의정당과 노동당 각료가 36.4%로서 보수당 각료수가 더 많게 되었다(현외성 · 강욱모, 2007 ; 211쪽).

특히 1979년 집권한 영국의 대처 정부는 신자유주의 이념에 따라 복지국가에 대한 대폭적인 개혁을 추진하게 된다. 대처는 영국 경제의 가장 큰 문제점이 과다한 공공지출로서 이것이 민간 부문의 투자를 감소시켜 영국의 경제성장을 감소시킨다고 생각하였다. 이 중 복지 지출이 가장 규모가 크고 가장 빠르게 증가하기 때문에 복지 축소는 불가피하다고 생각하였다. 대처는 노조 활동에 대한 법적 제재의 강화, 공공분야의 고용과 임금의 축소, 국유산업인 통신, 가스, 항공, 상하수도 산업의 민영화, 공공임대주택의 매각을 추진하고 복지는 가장 필요한 사람에게 집중적으로 서비스를 제공하는 선별적 복지를 추진하였다.

내부시장제(internal market)를 도입하여 학교, 대학, 병원이 서로 경쟁하도록 하였다. 복지 축소의 시책으로 증가한 실업자에 대하여도 실업급여와 소득 보조를 엄격히 관리하여 실업자가 최선의 구직 노력을 하는 것을 조건으로 수당을 지급토록 하였다. 특히 실업자에 대한 재교육과 재훈련을 통해 새로운 직장에 취업을 알선함으로써 수동적 복지에서 훈련을 통해 재취업을 시키는 적극적 복지로 전환하였다. 대처의 보수당 정권은 18년간 집권하면서 신자유주의에 입각해 영국의 복지국가를 개혁하였으나 의료, 연금, 교육에서의 복지 지출은 거의 그대로 유지하여 복지국가 자체를 부정하기 보다는 공공지출 축소와 경제성장을 통한 재정안정에 개혁의 주안점을 두었다고 볼 수 있다.

영국 뿐 아니라 서유럽 국가와 미국, 일본도 복지를 축소하였다. 이들 국가에서 복지축소는 정부의 재정지출을 감소시켜 재정안정을 이루기 위해 추진되었는데 예를 들면, 연금에 있어서는 연금을 받을 수 있는 수급연령을 상향조정하거나 연금 급여액을 하향조정하고 실업보험의 경우 실업급여를 받을 수 있는 자격을 엄격히 규정하고 급여 기간을 축소하거나 급여 수당을 감액하였다. 가족수당에 있어서도 자격을 제한하고 수당액을 인하하였으며 장애인에 대하여도 노동력 상실에 대한 의학적 소견을 요구하는 등 심사를 엄격히 하고 급여액과 수급기간에 대하여도 이를 축소하거나 제한을 가하였다. 미국은 레이건 정부에서 복지를 축소하고 고소득자에 대한 소득세 인하를 통해 개인의 경제적 자유를 확대하고 소비의 증가를 통해 경기를 활성화하고자 하였다. 단지 스웨덴은 복지축소를 반대한 사회민주당이 정권을 계속 유지하여 복지국가를 그대로 유지할 수 있었다. 그러나 이러한 우파 보수정부의 복지 축소정책에도 불구하고 1990년대 초반 유럽연합 전체 국가의 복지비 지출은 GDP의 26.5%로서 1980년대의 23.7%보다 증가하였다(현외성 · 강욱모, 2007 ; 223쪽). 이것은 우파 보수 정권의 복지축소정책에도 불구하고 복지 지출을 줄이는 것이 얼마나 어려운지를 잘 보여주고 있다.

1990년대 이후 복지국가에 대한 국민의 지지는 찬성과 반대가 각국의 경제상태에 따라 발생하여 정권이 사회민주주의정당과 보수당 사이에 번갈아 교체되는 혼돈의 시대로 접어들었다. 그러나 최근에 재정위기가 발생한 포르투갈, 아일랜드, 그리스, 스페인(PIGS)과 이태리는 정권이 모두 교체되었다. 이들 국가의 재정위기가 다양한 요인에 의해 발생하였음에도 불구하고 복지의 부정적 측면이 강조되어 앞으로 서유럽에서 복지국가의 쇠퇴를 가속화시킬 가능성이 커졌다.

■ 현재 진행 중인 복지국가의 재정위기

포르투갈, 아일랜드, 그리스, 스페인(PIGS)

최근 문제가 된 포르투갈, 아일랜드, 그리스, 스페인(PIGS) 재정위기의 직접적인 원인은 정치적 포퓰리즘, 정부 재정정책의 실패, 지하경제, 강성노조, 금융권의 부실 대출과 복지가 복합적으로 작용한 것이다.

PIGS 중 재정위기로 가장 먼저 EU 및 IMF로부터 구제 금융을 받은 것은 그리스(2010년 5월)였다. 다음이 아일랜드(2010년 11월)이고, 마지막으로 포르투갈이 2011년 4월 구제 금융을 받았다. 그리고 현재에는 그리스의 재정위기의 직접적 영향을 받을 수 있는 스페인과 이태리의 재정위기 가능성이 거론되고 있다. 그리스의 재정위기에 관해서는 제3장에서 설명하였으므로 여기서는 포르투갈, 아일랜드, 스페인과 이태리의 재정위기에 따른 복지국가의 쇠퇴에 관해 설명하고자 한다.

포르투갈은 높은 실업률과 낮은 노동생산성으로 인해 유럽연합 최하의 경제성장률을 기록하고 있다. 강성 노조로 인해 노동자의 해고가 어려운 경직적인 노동시장 구조로 높은 실업률을 초래해 2010년에 실업률이 10.8%에 달했고 전체 실업자 중 장기 실업자 비중이 55%를 초과했다. 노동생산성은 2008년 기준으로 EU 평균의 71%에 불과해 107%를 기록한 독일의 2/3 수준에 머물고 있으며 최근 10년간 경제성장률이 0.93%로 EU 회원국 중 최하위였다. 여기에 방만한 재정 운용으로 재정적자가 증가해 1997년부터 2007년까지 10년간 평균 재정 수지 적자가 GDP대비 3.6%로 EU회원국 중 그리스 다음으로 높은 수준이다(기획재정부, 2011).

재정위기를 극복하기 위해 정부지출이 대폭 확대되어 재정적자와 국가채무가 급격히 증가하였다. 2007년에 GDP대비 -3.1%이던 재정적자가 2010년에 -9.1%로 증가하고, 국가채무도 2007년 68.3%에서 2010년에 93.0%로 증가하였다. 포르투갈이 법인세를 25%에서 27.5%로, 부가세를 20%에서 23%로 인상하고 공기업 임금을 삭감하였음에도 불구하고 2010년에 PIGS 국가 중 유일하게 포르투갈의 재정적자가 확대된 것은 실업수당과 의료비 지출의 증가로 인한 것이었다. 포르투갈은 편법으로 포르투갈 텔레콤의 연금기금 흑자를 국고로 이전하는 비정상적인 방법을 사용함으로써 재정건전성과 신뢰성에 의구심을 초래하였다.

그리스 재정위기의 파급효과로 포르투갈의 국채이자율이 2011년 2월 이후 7%를 상회하여 국채 매각이 어렵게 되고 S&P 등 국제신용평가사들이 포르투갈의 신용등급을 3단계 강등시킴에 따라 포르투갈은 2011년 4월 EU와 IMF에 구제 금융을 신청하여 780억 유로의 구제 금융을 받았다. 포르투갈은 구제 금융 조건 중 고속전철 건설연기, 지방정부에 대한 재원지원 축소와 복지부문에서는 연금과 실업수당 지출을 축소하는 것을 받아들였는데 재정위기는 사실상 정부의 재정정책 실패와 강성노조로 인한 경직된 고용구조로 인한 것이었다.

아일랜드는 그동안 외국투자기업의 유치와 수출증가로 경제성장을 지속해 유럽의 소강국으로 각광받았다. 그러나 2004년 이후 임금상승으로 외국 투자기업의 투자가 감소하고 이에 따라 수출도 감소함으로써 경제성장률이 떨어지고 경상수지가 악화되었다. 2000년에서 2004년까지 6.2%를 기록한 경제성장률이 2005년과 2008년 사이 3.4%로 떨어지고 2009년에는 -7.6%를 기록하였다. 재정수지도 2005년과 2008년 사이 GDP대비 -0.7%였으나 2009년에는 -14.3%로 급증하였다(기획재정부, 2011).

그러나 아일랜드 경제에 결정적 타격을 준 것은 금융권의 부동산 시장에 대한 부실 대출이었다. 유로 존 가입이후, 독일수준으로 국채이자율이 하락함에 따라 은행의 부동산 부문에 대한 과잉대출로 부동산 버블을 초래하여 1995년에서 2007년 초까지 주택가격이 4배 이상 폭등하였다. 결국 부동산 시장 거품의 붕괴가 모기지 대출을 해준 은행의 부실로 이어져 은행부실채권 비율이 EU 중 최고수준인 10%에 달하였다. 부실은행에 대한 국유화를 추진하면서 재정마저 급격히 악화되어 국채발행이 어렵게 됨으로써 EU와 IMF의 설득으로 850억 유로의 구제 금융 지원을 받게 되었다.

현재 재정위기가 발생할 것으로 예측하고 있는 스페인이나 이태리의 경우도 재정위기를 불러온 요인은 복합적이다. 스페인도 유로화 사용 후 유료화의 대량유입으로 금리가 인하되고 유동성이 풍부해짐에 따라 은행과 저축은행들이 부동산 대출을 확대하여 주택을 비롯한 부동산 붐을 일으켰다. 관광수입도 증가하여 스페인은 2000년대에 상대적으로 다른 EU 국가에 비해 높은 경제성장률을 기록하였다. 2006년도에는 4%, 2007년도에는 3.6%의 GDP 성장률을 기록하였다. 그러나 2008년도에 발생한 세계적 금융위기 여파로 부동산 거품이 빠지고 이자율의 상승으로 인해 부동산 부문 대출금의 회수가 어렵게 됨에 따라 은행과 저축은행이 부실에 빠지면서 금융산업 전체에 위기를 불러왔다. 특히 전체 부동산 대출의 절반 이상을 차지한 지방의 저축은행들의 경영부실이 심각했으나 이들이 지방에 가진 정치적 영향력으로 인해 구조조정을 하기도 어려워 저축은행의 부실이 금융산업 전체를 부실화시키는 결과를 초래하였다.

금융위기로 인해 경제성장률도 급격히 둔화되어 2008년도에 0.8%의 성장에 그치고 2009년도에 -3.6%, 2010년도에 -0.1%의 마이너스 성장을 기록하였다. 재정적자도 발생해 2008년도에 GDP의 4.1%에 해당하는 적자가 발생하였다. 스페인의 가장 큰 문제점은 실업률과 청년실업률이 서유럽뿐 아니라 OECD 국가에서 가장 높다는 것이다. 2010년에 실업률이 20.2%에 달하고 청년실업률은 41.6%에 달하여 OECD 평균 16.7%의 2배 이상이다(OECD Data). 이것은 사회당 정부가 2004년 정권을 잡은 후 지지 세력을 넓히기 위해 공공부문의 고용을 확대하고 공공부문과 대기업은 강력한 노조로 인해 고용의 구조조정이 어렵기 때문에 젊은 층의 진출이 막힌 것도 하나의 원인이다. 기업도 고임금과 고복지를 제공해야 하는 정규직 대신 비정규직의 채용을 선호하고, 기업들이 해외이전을 추진하여 청년의 취업기회가 줄어든 것도 중요한 원인이 되고 있다.

스페인은 1970년부터 복지확대정책을 실시하여 무상의 국가건강서비스제도, 무상보육과 대학까지의 무상교육, 실업수당제도, 관대한 연금제도 등을 실시하고 있으며 2010년까지 신생아에 대하여 2,500유로(약 400만 원)의 출산수당을 지급하여 스칸디나비아 국가에 가까운 복지를 실시하였다. 그러나 스페인은 스웨덴과 달리 고복지-고부담 대신 고복지-저부담의 복지를 실시하여 국가의 재정지출을 증가시키는 근본적인 요인을 제공하였다. 2010년 4월에 국제신용평가회사인 S&P가 스페인의 국가 신용등급을 AA+에서 AA로 한 단계 하향 조정하고, 다른 평가사들도 신용등급을 하향시킴에 따라, 스페인은 중앙정부와 주정부의 재정긴축정책의 실시, 공무원 보수의 5% 삭감, 출산수당제의 폐지, 연금급여액의 동결을 실시하였다.

서유럽 복지국가의 복지축소

세계 8위의 경제대국인 이태리도 국가부채의 증가로 국가적 재정위기에 처해있다. 이태리의 국가부채는 2010년도 말 기준으로 1조 8,000억 유로로서 GDP대비 국가부채가 120%에 달하고 있으며

2010년도의 GDP에 대한 재정적자율도 -4.6%에 달하였다(OECD Data). 반면에 이태리의 경제성장률은 거의 1% 수준에 머물고 있다. 이태리의 국가부채액이 이처럼 증가한 것은 부정부패로 인한 정치권과 정부에 대한 신뢰감 상실, GDP의 22.3%로 추정되는 지하경제, 가족소유 중·소기업체제, 생산성이 낮은 소규모 서비스부문의 과다, 과도한 공공분야 고용과 관대한 연금제도 등이 원인으로 지적되고 있다.

이태리는 물러난 실비오 베를루스코니를 비롯한 정치권의 도덕적 해이와 부패는 잘 알려져 있어 국제투명성기구(Transparency International)가 발표한 2010년도의 청렴도 조사에서 10점 만점에 3.9점을 받아 178개국 중 67위에 머물러 EU 멤버 중 그리스(3.5점, 78위) 다음으로 낮았다. 한국은 5.4점으로 39위였다. 상·하원 위원수가 945명(상원 315명, 하원 630명)에 달하며, 이들은 높은 보수를 받을 뿐 아니라 의원직을 그만두면 60세부터 종신 의원연금을 받는다. 이태리는 마약과 불법금융거래 등을 통해 성장한 마피아 경제를 포함한 거대한 지하경제로 인해 조세수입의 약 1/4이 탈세가 되고 있으며 기업구조면에서도 가족소유 중소기업이 많고 노동력의 1/3 이상이 카페나 식당과 같은 소규모 서비스업에 종사하고 있어 생산성과 경쟁력이 낮은 것이 매년 낮은 경제성장률을 기록하게 된 원인으로 지목되고 있다.

이태리의 경우도 관대한 연금제도가 적자의 주요원인이 되고 있다. 현재 이태리는 2009년도에 GDP의 11.7%를 노인복지에 사용함으로써 OECD 국가 중 최고를 기록하고 있다. 스웨덴의 9.0%보다 높으며 한국의 1.6%에 비해 7배 수준이다. 임금노동자의 경우 40년 근무 시 퇴직 전 5년간 평균보수의 60%에 해당하는 연금을 받게 된다. 국가부채가 증가함에 따라 국제신용평가회사인 S&P가 이태리의 신용등급을 2011년 9월에 A+에서 A로 한 등급 강등시키고, 최근 국채이자율이 7% 수준에 근접함에 따라 이태리도 재정위기를 극복하기 위해 금융소득세를 12.5%에서 20%로 인상하고, 9만 유로 이상 고소득자의 세율을 5%~10% 인상, 지방정부 통폐합, 정부보조금 삭감 및 상·하원 의원수의 50% 축소 등의 재정긴축정책을 추진할 계획임을 발표하고 있다.

서유럽의 다른 복지 국가들도 국가채무를 줄이기 위해 기존 복지를 축소하고 있다. 영국의 경우 새로 집권한 보수당이 국가 재정 안정화를 위해 1년에 1인당 3,290파운드(약 584만 원)이던 대학생 등록금의 상한선을 9,000파운드(약 1,600만 원)로 인상하여 학생들의 격렬한 항의 데모가 있었고 최근에는 런던을 비롯한 대도시에서 빈곤층에 대한 복지수당 삭감으로 폭동이 일어나는 일이 발생하였다. 보수당은 공무원 수의 감축과 봉급동결을 추진하고 어린이수당도 2013년부터 부모소득이 4만 4,000파운드(약 8천만 원)이상인 경우 지급하지 않을 계획이다.

노르웨이에서는 이민자들로 인한 단일 민족의 동질감 상실과 이슬람교도에 대한 적대감과 이들로 인한 고용경쟁, 놀고먹는 이민자들에 대한 복지비 지출에 대한 반감이 증가하고 있으며 이러한 반감의 극단적 표현으로 브레이빅 사건이 발생하였다. 노르웨이도 연금제도를 개혁하여 69세 이상이면 모두가 받던 기초노령연금의 비중을 대폭 줄이고 납부한 연금보험료에 따라 연금액을 정하는 새로운 연금산정방식을 적용하고 연금미가입자에게 지불하던 기본연금대상자도 대폭 줄일 계획이며 그동안 무상이던 개인복지서비스에 대해 유상제를 도입하고 있다.

이와 같이 최근 서유럽 국가를 중심으로 발생한 재정위기가 주도 정부의 재정·금융정책의 실패가 주된 요인이고 여기에 여러 가지 요인 등이 복합적으로 작용하여 발생한 것임에도 불구하고 일반적으로 복지가 결정적 요인이라고 인식되어 복지국가를 전면 개편하여야 한다는 주장이 힘을 받고 있다. 그러면, 왜 재정적자는 복합적 요인에 의해 그 중에서도 금융과 공공 분야의 정책실패가 초래했는데도, 복지가 주요 원인으로 지목되고 재정적자 해소를 위한 첫 번째 조치로 복지 분야 지출 감소가 강조되고 있는가.

첫 번째 이유로는 서유럽 복지국가의 경우 GDP나 예산중에서 복지 부문 특히 의료, 연금, 교육이 차지하는 비중이 높으며 복지 예산의 절대액이 해마다 증가하기 때문이다. 이것은 새로운 복지 수요에 따른 지출의 증가도 있지만 법적으로 지급이 보장된 의무적 복지비용의 자연 증가와 대상자 수의 증가 및 복지비의 인상이 복지 지출을 증가시키기 때문이다. 또한 복지는 생애주기에 따라 서비스가 제공되고 사람에 대한 복지 지원은 물가인상률과 연계하여 증가하기 때문에 자연인상률이 해마다 증가하는 것도 한 원인이다. 따라서 정부는 예산에서 차지하는 비중이 가장 크고 경직적 예산이며 계속성이 강한 복지 예산을 줄임으로써 장·단기적인 재정지출 감소의 효과를 거둘 수 있다고 생각한다.

둘째, 복지 예산을 비생산적인 투자로 보는 것이다. 복지는 인간의 존엄성, 평등, 이웃 사랑과 같은 철학적이고 이념적 주제와 관련이 있는 분야이지 경제성장과는 관련성이 적은 사업 분야의 하나이다. 이것이 복지경제학(Welfare Economics)이 보편화 되지 않는 요인 중의 하나이다. 복지에 대한 투자 특히 65세 이상 노인에 대한 복지 투자는 소비적으로 보는 게 일반적 견해이다. 같은 비경제 활동인구이지만 15세 이하에 대한 복지 투자는 이들이 앞으로 경제활동인구가 되기 때문에 인간자본에 대한 투자로 보는 시각이 우세하다. 당연히 경제적 관점에서 투자의 우선순위는 경제성장과 관련된 투자와 교육과 같은 인적 자본에 대한 투자에 우선권이 주어지고 복지에 대한 투자순위는 특별한 정치적 고려가 없는 한 뒤떨어질 수밖에 없는 것이다.

마지막으로, 복지 경제에 대한 연구가 활발히 이루어지고 있지 않기 때문에 복지재정에 대한 논의가 경제학자나 재정학자들에 의해 주도되고 있기 때문이다. 복지가 경제에 미치는 투자적 영향, 예를 들면, 연금기금이 국가 재정 안정과 금융, 증권, 부동산 시장에 미치는 영향이나 건강보험이 노동생산성 등에 미치는 긍정적 영향 등은 무시되기 일쑤이다. 단지 일부 비생산적인 사회복지의 소비적 특성을 강조하여 마치 복지에 대한 지출이 모두 소비적인 것으로 주장하고 있지만 경제와 재정에 관한 지식이 부족한 사회복지 전문가들이 여기에 대한 대응논리를 개발하지 못하여 이들로부터 휘둘림을 당하고 있다고 볼 수 있다.

최고의 복지 수준을 가진 스웨덴은 복지지출이 GDP나 정부 예산에서 차지하는 비중이 가장 높은 국가의 하나이지만 재정적으로 아무런 문제점이 없다. 그동안 발생한 세계적 금융위기에도 지속적인 경제성장으로 인해 국가재정상 문제점은 없으며 복지국가가 그대로 유지되고 있다. 단지, 2006년에 집권한 중도우파 정권이 국영기업매각, 중앙은행 자율권 부여, 학교교육의 경쟁제도 드입, 재산세 인하와 부유세 폐지, GDP 중 조세수입 비율 인하 등 자유시장주의적 정책을 추구하고 복지부문에서도 실업수당, 질병수당의 수혜조건을 강화하고 조기퇴직을 억제하여 일하는 복지를 도입하고, 의료와 공공복지서비스에 경쟁을 도입하여 효율성을 높이려는 부분적 개혁을 추진하고 있을 뿐이다. 이러한 스웨덴의 복지개혁의 예는 복지는 재정위기의 한 요인이 될 수는 있지만 직접적이고 결정적인 발생 요인은 아니라는 것을 실례로 보여주고 있다.

제5장
한국 복지의 발전

1. 건강보험의 실시와 발전

한국에서 중요한 복지제도는 대부분 군사정부에서 실시되었다. 현재 실시중인 5대 보험제도 중 건강보험, 국민연금, 산업재해보상보험이 군사정부에서 실시되었고, 빈곤층을 위한 생활보호제도와 의료보호 제도를 비롯한 대부분의 선별적 복지제도가 군사정부에서 처음으로 실시되었다. 고용보험이 김영삼 정부에서 실시되었고 기초생활보장제도가 김대중 정부에서 시행되었으며 노인장기요양보험제도가 노무현 정부에서 실시된 것이 예외이다. 왜 군사정부에서 중요한 복지제도를 실시하였느냐에 대한 이유는 여러 가지가 있을 것이다. 일부에서는 경제사회적 상황의 변화에 따라 실시될 시기에 시작되었을 뿐이라고 말할지 모른다. 그러나 복지는 그 사회의 지배 이데올로기와 정치적, 경제적 상황에 따라 실시되는 것이 역사적 사실이기 때문에 우리나라 복지제도의 실시 배경에 대해서 알아볼 필요가 있다. 이 장에서는 보편적 복지제도인 의료보험, 연금, 고용, 노인장기요양보험과 선별적 복지인 기초생활보장제도가 어떻게 정치적 결단으로 실시되었고 어떠한 경제적 배경에서 전 국민에게 확대되었는지에 대해 알아보고자 한다.

■ 최초의 보편적 복지인 의료보험의 실시

박정희 대통령의 결정

신현확(1920–2007)

1976년 2월 대통령의 보건사회부 연두순시에서 신현확 장관은 박정희 대통령에게 의료보험을 다음 해인 1977년 7월 1일부터 실시하겠다고 보고를 하였다. 그러나 보고를 받은 대통령은 아무런 언급이 없었다. 당시 모든 정부부처의 중요정책은 연두순시에서 대통령에게 보고를 하였고 대통령은 보고된 정책의 실행여부에 대한 가부를 명확히 결정하고 정책실행에 대한 구체적인 지시를 하는 것이 상례였다. 대통령이 보고를 받은 정책에 대해 아무런 언급이 없으면 보고된 정책에 반대한다는 의미로 받아들여지는 것이 상식이었다. 대통령이 반대한 정책에 대해 다시 언급하는 것은 잘못하면 대통령에 대한 불경으로 받아들여질 수 있기 때문에 정책의 성공에 대한 확신과 장관자리를 걸 용기가 없으면 감히 할 수 없는 것이었다.

업무보고가 끝난 후 대통령과 점심을 같이 하는 자리에서 신현확 장관은 다시 의료보험의 실시가 필요하다는 점을 재차 이야기하였다. 그러나 이에 대한 대통령의 대답은 간단했다. "영국병에 걸리면 어떻게 합니까?"였다. 당시 정부정책은 경제성장에 최우선을 두었고 경제가 성장하면 복지는 고용과 소득의 증가를 통해 자동적으로 동반 성장한다는 경제와 복지의 에스컬레이터식 동반 성장이론이 일반적으로 받아들여지고 있었다. 만약 정부가 복지제도를 실시하면 사람들은 일하는 대신 국가에 의존하여 놀고먹는 복지병에 걸려 당시의 영국처럼 경제성장이 둔화되면 어떻게 하느냐는 의미로 말한 것이었다.

특히 당시는 미국과의 합의에 따라 국민총생산(GNP)의 6%를 국방비에 투입하여야 했기 때문에 국방비가 전체 예산의 거의 1/3을 차지하였고, 5개년 경제개발계획에 따라 경제 부문에 정부예산을 우선 투자하기로 방침이 정해져 있어 복지에 재정을 투자할 여력이 극히 적었다. 이러한 대통령의 우려에 대해 신현확 장관은 의료보험은 고용주와 노동자가 각각 보험료의 1/2씩을 부담하기 때문에 정부의 재정지원이 필요 없고 의료보험운영도 회사나 공단에 설립되는 의료보험조합이 자치적으로 관리운영하기 때문에 의료보험이 정부재정 부담 없이 자율적, 민주적으로 운영된다는 점을 강조함으로써 대통령을 설득하여 1977년 7월 1일 우리나라 최초의 보편적 복지제도인 의료보험이 실시되었다. 특히 대통령이 의료를 의 · 식 · 주와 더불어 생활의 4대 기본요소라고 선언함에 따라 의료보험 실시에 대한 정부, 국회와 관련 이해단체의 반대를 최소화시켰으며, 의료보험을 정부의 제4차 경제사회개발 5개년 계획 중 보건의료분야에서 최고의 우선권을 가진 핵심 정책사업으로 격상시킬 수 있었다.

의료보험 실시의 정치적 목적의 하나는 1972년의 10월 유신으로 탄생한 유신정부에 대한 국민 특히 산업노동자들의 지지를 확보하고 북한정권의 한국의 의료제도에 대한 공격을 차단한다는 의도가 있었다. 1970년도에 한국은 제조업을 중심으로 급격한 공업화가 이루어짐에 따라 공장노동자의 수가 증가하고 이들의 도시와 공단지역 이주에 따라 도시인구가 급증하였다. 그러나 당시 한국의 의료서비스는 민간 병 · 의원 중심으로 제공되었고 진료비는 자유방임주의적 의료수가제도에 따라 법적으로는 상한선을 시 · 도지사가 정하게 하였으나 사실상은 병 · 의원 임의로 진료비를 정하는 임의수가제도가 시행되고 있었다. 결과적으로 당시 진료비는 선진국 수준으로 매우 높은 수준이었으며 높은 진료비가 일반국민들의 병 · 의원 이용을 방해하는 최대의 장애물이었다.

1977년 의료보험이 실시되기 이전에는 돈이 없는 환자는 병 · 의원 대신 약국을 이용할 수밖에 없었고 병 · 의원에서 수술과 입원을 필요로 하는 환자에게는 입원비를 미리 예치하도록 하는 입원보증금제도 때문에 많은 환자가 치료를 받지 못하고 병 · 의원 문턱에서 쫓겨나는 사건이 발생하였다. 또한 입원한 환자도 입원보증금을 초과하는 치료를 받거나 입원기간이 연장될 경우 추가로 필요한 입원보증금을 납부하지 않을 경우 치료 중에 퇴원을 종용받기도 하였다. 이러한 상황에서 일반 노동자는 자신이 산업재해 이외의 이유로 병에 걸리거나 가족이 병에 걸릴 경우 높은 진료비 전액을 자신이 지불하여야 했으며 자비로 진료비를 지불할 능력이 없을 경우 재산을 처분하거나 빚을 내서 치료를 받을 수밖에 없어 의료비문제는 노동자 뿐 아니라 일반 국민들에게 있어 최우선 민원사항의 하나가 되어 있었다. 그러나 정부는 국민에 대한 의료보장제도를 실시하거나, 진료비를 보조할 재정여력이 없었기 때문에 이러한 사태를 방관하는 자세를 취할 수밖에 없었다.

이 당시 북한은 북한에서는 모든 인민이 평등하게 최고의 의료서비스를 받는데 반해, 남한에서는 돈 있는 부자들만 병 · 의원을 이용할 수 있고, 돈 없는 사람들은 병이 들어도 치료를 받지 못하고 죽는 수밖에 없다고 선전하였다. 이것은 1960~70년대 북한의 로동신문의 보도를 통해서도 확인할 수 있다.

1960~70년대에 북한 로동신문은 북한은 세계에서 유래를 찾아보기 어려울 만큼 인민의 건강을 잘 돌보는 국가로 선전하면서, 한국은 인권이 완전히 무시된 채 대부분의 국민이 병마로 신음하는 국가로 선전하였다. 로동신문은 환자를 인질로 가두어 놓고 치료비를 강요하는 병원(1963년 4월 8일), 사람보다 돈을 더 귀중히

여기는 병원(1967년 8월 2일), 입원비를 못 물었다고 시체를 차압하는 병원(1970년 1월 21일), 병마의 소굴 남조선(1971년 11월 13일), 남조선은 세계에서도 으뜸가는 결핵왕국(1963년 12월 9일), 남조선에서 늘어나는 디스토마 환자(1973년 6월 24일) 등의 선전성 보도를 하였다. 로동신문이 선전을 위해 일방적인 과장을 하였지만 그 시대 한국 의료 실상의 한 단면을 보여주고 있다고 할 수 있다(의료급여 30년사 편찬위원회, 2008).

의료보험 실시를 가능하게 한 요인

1977년에 의료보험의 실시를 가능케 한 가장 중요한 요인은 1960년대와 1970년대의 높은 경제성장률이었다. 1962년부터 1976년까지 실시된 네 번의 경제개발5개년계획은 한국을 농업국가에서 준공업국가로 전환시켰다. 이 기간에 1인당 명목국민소득은 1962년의 82달러에서 1976년에는 765달러로 증대되었다. 1977년도에는 수출 100억 달러 목표를 달성하였고 1인당 GNP도 1,117달러로 증가하였다. 노동집약적인 제조업에 중점을 둔 수출위주의 경제성장정책은 고용구조를 농업에서 제조업 중심으로 변경시켰다. 1962년도에 9%였던 제조업분야 고용은 1976년도에 20%로 증가하였다. 반면에 농업부문 고용은 1962년도의 63%에서 1976년도에 38% 감소하였다(엄영진, 2010).

이러한 공업부문의 고용증대와 소득증가는 의료보험실시에 결정적으로 유리한 여건을 조성하였다. 즉 노동자들이 보험료를 납부할 경제적 능력을 증대시켰고, 기업주는 고용한 노동자들을 위해 보험료를 공동 부담할 재정능력이 향상되고 노동자들에 대한 자격관리와 보험료 징수업무가 비교적 쉽기 때문에 이들에게 의료보험을 적용하고 관리하는 것이 용이하였다. 이러한 관리의 용이성이 당시 각 회사단위로 의료보험조합을 구성하여 자치적으로 운영하는 조합주의를 채택하게 하였다. 또한 고용주가 보험료의 1/2을 부담하고 의료보험조합이 자기회사에 소속된 산하조직의 하나라고 생각하여 운영비를 지원하였기 때문에 초기의 의료보험은 재정적으로도 독립운영을 할 수 있었다. 결과적으로 정부는 재정적 부담 없이 노동자의 정치적 지지를 받게 되고 고용주는 근로자의 질병으로 인한 생산성 저하를 방지함은 물론 근로자의 애사심을 고취시키게 되었고, 노동자는 적은 비용으로 의료문제를 해결할 수 있어 모두가 이익을 보는 상생적인 복지제도로 출발할 수 있었다.

의료보험실시에 대해 의료계, 경제계, 노동계는 모두 찬성하였다. 의료계는 의료보험실시가 국민의 병 · 의원이용에 있어 진료비 부담이라는 경제적 장애물을 제거하기 때문에 의료보험 실시 후 환자수가 증가할 것이라고 예측하였다. 의료계는 모든 병 · 의원을 의료보험환자 진료기관으로 지정해 줄 것을 요구하였고 의사협회는 병 · 의원의 기능분담제를 실시하여 입원환자는 병원, 외래환자는 의원에서 진료를 받도록 요구하였으나 당시의 의료이용 관습에 따라 이 요구는 받아들여지지 않았다.

경제계는 의료보험을 대기업부터 시작하여 점진적으로 확대할 것과 의료보험조합운영의 독립성을 보장해줄 것, 보험료에 대해 조세를 면제해주고 진료비를 낮은 수준에서 정할 것, 본인부담률에 차등을 둘 것과 정부가 의료보험에 대한 재정지원을 할 것을 요구하였다. 이들에 대한 요구는 대부분 받아들여졌다. 진료비를 낮추기 위해 정부는 의료보험수가를 제정하고 의료보험수가를 공공요금에 포함시켜 정부가 모든 의료행위와 약값, 치료재료비에 대한 가격을 정하였고 매년 수가 인상률도 정부가 정하였다. 진료비의 허위, 과다청구를 방지하기 위하여 진료비 심사제도를 도입하여 모든 진료비 청구서에 대한 심사를 실시하였다. 의료보험 실시 초기에는 진료비 지출을 억제하기 위하여, 본인부담률에 차등을 두어 입원의 경우 보험가입자 본인은 20%인데 비해, 가족은 30%, 외래는 본인이 40%, 가족은 50%를 부담하도록 하였다.

노동조합도 의료보험실시를 지지하였다. 한국노동조합총연맹은 의료보험을 500인 이상 사업장부터 적용하고 사업주가 보험료의 2/3를 부담할 것, 형제 · 자매를 부양가족에 포함시켜줄 것, 본인부담률을 최저화하고 비급여대상 진료를 최소화할 것과 가입자가 퇴직 시 1년간 의료보험료 납부 없이 진료를 받을 수 있도록 할 것 등을 요구하였다. 정부는 노총이 요구한 제안 중 의료보험을 500인 이상 사업장을 대상으로 적용해달라는 제안을 받아들여 1977년 7월 1일부터 500인 이상 사업장의 노동자와 가족을 대상으로 우리나라 최초의 보편적 복지제도인 의료보험을 실시하였다.

■ 의료보험의 확대

전국민 의료보험의 달성

1970년대와 1980년대의 지속적인 고도의 경제성장은 의료보험을 중소기업체까지 확대하는 것을 가능하게 하여 1988년에는 5인 이상 고용자를 가진 사업장까지 확대되었다. 또한 경제성장에 따른 정부의 세입확대로 이미 1979년에 공무원과 사립학교 교직원들에게 의료보험을 확대하게 하여, 1988년에는 전 국민의 40%에 해당하는 1,600만 명이 의료보험에 가입하여 사실상 모든 임금노동자가 의료보험의 적용을 받았다.

의료보험을 농어민과 도시지역 주민에게 확대하여 전 극민 의료보험의 실현을 가능하게 한 것은 정치적 결정과 이를 뒷받침한 1980년대의 경제적 번영이었다. 1988년의 대통령 선거와 국회의원 선거를 앞두고 당시 집권당인 민정당은 국민들이 정부에 가장 바라는 민원이 무엇인지에 대한 조사를 실시하였다. 놀랍게도 농어민과 도시지역 주민이 최우선으로 정부에 해줄 것을 바란 민원사항은 자신들에 대한 의료보험의 확대였다.

당시까지 정부가 실시한 정책 중에서 농어민과 도시지역주민에게 가장 불평등을 조장한 정책은 의료보험이었다. 농어민과 도시지역 주민은 의료보험이 상대적으로 자신들보다 소득이 높은 산업노동자와 공무원 · 교직원에게만 적용됨으로써 자신들이 불평등한 대우를 받고 있다고 주장했다. 특히 당시 의료보험가입자에게는 의료보험수가가 적용된 반면, 의료보험 미가입자인 농어민과 도시지역 주민은 의료보험수가보다 2배 이상 비싼 일반 수가를 적용받기 때문에 의료보험 미가입 환자는 의료보험환자보다 2배 이상 비싼 진료비를 부담하였다. 더욱이 의료보험가입자들은 진료비 중 본인부담률만 지불하기 때문에 입원치료의 경우 의료보험가입자들은 입원진료비의 20%만 지불하면 된다. 반면에 의료보험비가입자들은 똑같은 진료를 받고 퇴원할 경우 의료보험가입자보다 5배나 많은 진료비를 지불하여야 한다. 또한 이들에게 적용되는 일반수가가 의료보험수가보다 2배 이상 비싸게 되기 때문에 단순산술로 계산하면 의료보험미가입자인 농어민과 도시지역 주민은 의료보험가입자인 임금노동자에 비해 10배 이상의 진료비를 지불하여야 하였기 때문이다.

이러한 의료보험의 불평등성 문제를 간파한 민정당은 정부가 고용주 대신 농어민과 도시지역 주민의 보험료를 공동 부담하여 의료보험을 이들에게 확대할 것을 강력히 요청하였다. 이러한 당의 건의에 따라 정부는 농어민과 도시지역 주민에 대한 보험료의 1/2을 부담하기로 하고 1988년에 농어민에게, 1989년에는 도시지역 주민에게 의료보험을 확대하여 의료보험을 실시한지 12년 만에 전국민에게 의료보험을 확대하는 세계의료복지사에 있어 전무후무할 기록을 이룩했다. 이와 같이 국민의 절반을 넘는 농어민과 도시지역 주민에게 의료보험을 확대하는 정치적 결정을 실현 가능케 한 것은 1980년대의 지속적인 높은 경제성장이었다. 1980년부터

1988년까지 한국은 평균 10% 이상의 경제성장률을 기록하였으며 물가도 물가안정 우선정책에 따라 안정되어 있었다. 정부재정도 이 때 흑자를 기록하였고 해외무역도 역사상 최초로 흑자를 기록할 만큼 경제성장과 물가안정이 뒷받침하였기 때문이다.

의료보험을 농어민과 도시지역 주민에게 확대하는 데는 경제여건 뿐만 아니라 한국의 발전된 은행체제와 정부의 행정능력도 기여를 하였다. 그 중에서도 한국의 독특한 주민등록제도가 거주지 이전이 심하고 익명성이 높은 도시지역 주민의 거주지 확인과 가족 수를 확인하여 의료보험을 도시지역주민으로 확대하는데 결정적인 역할을 하였다. 주민등록을 통해 당시의 시 · 군 · 구 단위로 설립된 지역의료보험조합은 의료보험 적용대상자를 파악할 수 있었고 가족 수에 따른 보험료를 부과할 수 있었다. 지금도 마찬가지지만 농어민이나 도시지역 주민의 경우 소득을 파악하기가 어렵기 때문에 이들에 대한 보험료는 가족 수, 소득, 재산에 대해 각각 별도로 건강보험료를 부과하기 때문에 가족 수와 이들의 성별, 연령별 확인이 보험료 부과의 필수자료이기 때문이다.

■ 의료보험의 통합

통합주의의 대두

한국의료보험제도의 발전과정에서 정치적으로 가장 큰 논란을 불러일으킨 것이 의료보험관리의 통합문제였다. 역사적으로 볼 때 의료보험을 처음 실시한 독일을 비롯해 대부분의 의료보험 실시국가는 질병기금이나 의료보험조합을 직장이나 지역에 설립하여 운영하는 조합주의 관리방식을 채택하고 있다. 조합주의는 민주적이고 자치적으로 운영되며 정부의 재정지원을 받지 않고 독립적으로 운영되기 때문에 사회보험식 의료보험을 실시하는 국가에서는 일반적으로 실시되고 있는 제도이다. 단지 기금이나 조합이 법령에 따라 직장이나 직종, 지역단위로 설립되기 때문에 기금이나 조합이 더 낮은 보험료와 더 좋은 서비스를 보험가입자에게 제공하기 위한 상호경쟁이 없어 효율적인 관리운영에 대한 동기부여가 부족한 것이 문제가 되고 있다.

의료보험가입자에게도 보험료에 차이가 있어도 다른 기금이나 조합으로 이동할 수 있는 선택권이 없는 문제가 제기되었다. 특히 똑같은 관리업무를 금고나 조합들이 수행함에 따라 관리운영비가 많이 들고 위험분산과 소득재분배 효과가 기금이나 조합단위로 제한된다는 문제가 제기되었다. 이러한 문제를 해결하기 위해 독일과 서유럽 일부 국가에서는 가입자의 조합선택권 부여, 기금이나 조합의 통폐합을 통한 대형화가 이루어지고 있으나 아직까지 전체 기금이나 조합을 단일의 관리기구인 공단으로 일원화한 국가는 한국 밖에 없다.

1977년에 의료보험이 실시될 때 한국은 조합주의식 관리방식을 채택하였다. 조합주의 방식은 우리나라에 앞서 의료보험을 실시한 독일과 일본이 채택한 방식으로서 의료보험조합이나 질병금고를 기업주와 노동자는 기업이나 업종 단위로 지역주민은 시 · 군 · 구 등 행정단위로 설립하여 노동자와 지역주민에 대한 의료보험 업무를 자치적으로 운영하는 제도이다. 실시 초기 의료보험이 대기업을 대상으로 실시되었을 때는 노동자와 기업주가 동수의 대표로 구성되는 운영위원회를 구성하여 자치적, 민주적으로 의료보험을 운영하고 회사가 조합운영에 재정지원을 포함한 모든 편의를 제공하였기 때문에 조합주의는 가장 적절한 의료보험 관리방식으로 인정되었다.

그러나 의료보험이 중소기업으로 확대되고 지역주민에게 확대됨에 따라 대기업조합과 중소기업이 가입한 공동조합 사이에 보험료부담에 차이가 발생하고 재정규모에도 차이가 생겨 부자조합과 빈자조합의 문제가 발생하였다. 지역별로 설립된 지역조합도 지역의 소득수준에 따라 도시와 농촌지역 조합 간에 같은 문제가 발생하였다.

이러한 현상은 사업장 노동자를 위한 의료보험이 300인 이하의 사업장으로 확대되고 농어촌 주민을 위한 의료보험이 시작된 후 문제점이 명확하게 드러났다. 중소 사업장의 경우 임금이 대기업에 비해 상대적으로 낮은데다 가입자 수가 적어 보험료율이 상대적으로 높고, 전체지출 중 관리운영비가 차지하는 비율이 너무 높아 의료보험이 본래의 기능보다는 관리자를 위해 존재하는 형식의 문제가 발생하였다. 이 문제를 해결하기 위해 정부는 중소사업장을 통합하여 공동조합을 설립하였는데 이것이 통합의 필요성에 대한 단서를 제공하였다. 일부 농어촌 지역조합도 상황은 마찬가지였다. 행정구역이 크고 인구와 소득이 낮은 농어촌 지역조합도 상대적으로 높은 보험료율과 관리운영비를 지출하여야 했다. 예를 들면, 울릉군과 백령도와 연평도가 소속된 옹진군 의료보험조합의 경우 전체 지출 중 관리운영비가 차지하는 비율이 조합 총예산 지출의 1/3 이상에 달하여 사실상 조합운영을 위해 의료보험이 운영되는 상태였다.

또한 조합전체의 운영비가 당시 단일 보험자로서 공무원과 사립학교 교직원 의료보험을 담당하고 있던 공무원 및 사립학교 교직원 의료보험관리공단보다 높아 통합적 의료보험관리가 더 효율적이라는 증거를 제시하였다. 예를 들면, 1980년도에 있어 직장의료보험조합이 전체지출 중 10.3%를 관리운영비로 사용한 반면 공단은 6.2%를 지출하여 양자 사이에 현격한 차이를 보였다.

이러한 관리상의 문제를 해결하기 위해 대두된 것이 통합주의였다. 통합주의는 의료보험 조합단위로 실시하고 있는 의료보험 관리를 하나의 관리기구로 통합하고 동일한 보험료를 직장근무자와 지역주민에 적용함으로써 보험료 부담의 형평성을 기하고 위험분산과 소득재분배 효과를 전 국민에게 확대시킴으로써 사회보험의 소득재분배 기능을 극대화 하고 관리운영비를 감소시켜 효율적인 의료보험 관리운영체계를 가질 수 있다는 장점을 제시하였다.

통합문제의 정치화

의료보험관리의 기능적, 재정적 효율성에 중점을 두었던 의료보험의 통합문제는 정치권과 노동조합이 개입함으로써 정치적 문제로 변화하였다. 1988년의 농어민 의료보험과 1989년의 도시지역 의료보험을 위해 실시된 지역의료보험조합 직원모집에서 민주노총 노조원과 지지자들이 대거 진출하여 지역의료보험 노조를 결성하여 의료보험 통합을 위한 투쟁을 시작하였다. 이들은 의료보험 통합으로 인한 장점의 실현을 투쟁의 목표로 삼았으나 사실은 통합을 통해 단일노동조합을 결성하여 노조원의 신분보장과 노조의 정치적 목적을 달성하기 위한 투쟁적 성격이 강하였다.

의료보험통합에 관한 최초의 논의는 1980년도에 처음 시작되었다. 당시 천명기 보건사회부장관은 의료보험조합, 공무원 및 사립학교교직원 의료보험관리공단과 의료보험조합연합회를 통합해 단일보험자인 의료보험관리공단으로 일원화시키는 통합안을 추진하였다. 이 통합안에 대하여는 보건사회부내에서도 의견이 일치하지 않았고 의료보험조합과 경제기획원이 반대하여 정부 내의 논쟁에 머물렀으나 뒤에 국회가 통합에 찬성하고 개입함으로써 행정적인 이슈가 정치적 쟁점으로 변하였다.

의료보험조합은 조합주의가 자치적, 민주적, 분권적 운영을 통해 노사화합을 촉진시키는데 반해, 통합주의는 관료주의적 운영으로 관리운영비를 증가시키고 직장노동자의 보험료가 진료비지출이 더 많은 공무원을 위해 사용되는 소득의 역진적 재분배를 초래한다고 주장하였다. 당시 경제기획원은 통합의료보험이 국민에게 정부가 의료보험재정에 책임을 진다는 잘못된 인식을 국민에게 주어 궁극적으로 더 많은 정부의 재정지원이 요구될 것이라는 견해에서 통합에 반대하였다. 특히 정부의 재정지원 증가가 농어민과 도시지역 주민에게 정부가 이들을 위해 보험료를 분담하여서라도 자신들에게 의료보험을 확대해야 한다는 명분을 줄 수 있다고 주장하였다. 또한 통합될 경우 의료보험가입자가 보험료를 조세로 생각하여 보험료 인상을 반대할 경우 정부가 예산으로 적자를 메워야 할 가능성이 있다는 우려를 제시하였다.

통합논의는 1981년에 국회 보건사회상임위원회가 개입함으로써 본격적으로 정치적 쟁점화하였다. 1982년 11월 국회의 보건사회상임위원장, 민정당 원내총무와 보건사회부장관이 의료보험통합일원화방안을 당시 전두환 대통령에게 보고하였다. 당시 보건사회부와 민정당의 핵심 논리는 의료보험통합이 의료보험을 농어민과 도시지역주민에게 확대하는 의료보험 확대정책에 유리하며 과다한 관리운영비를 절감할 수 있다는 것이었다. 그러나 대통령비서실은 노동자와 지역주민에 대한 통합된 보험료 부과기준을 만들 수 없고, 통합이 되면 보험료 징수가 어려워 정부의 재정부담이 증가된다는 이유로 통합에 반대하였다. 이 통합논쟁은 대통령이 조합주의를 지지하고 더 이상의 통합논의를 중지시킴으로써 통합논의는 일단 물밑으로 가라앉았다.

두 번째 통합논의는 6년 후인 1988년도에 제기되었다. 보건사회부는 보건정책자문위원회를 구성하여 통합문제를 다시 논의하였는데 자문위원회는 1989년에 예정된 전국민의로보험을 앞두고 조합주의와 통합주의 중 어느 것을 선택할 것인지에 대한 공청회를 개최하였다. 공청회에서는 조합주의와 통합주의의 장단점에 대한 같은 주장이 되풀이되었다. 조합주의를 지지하는 측에서는 의료보험이 통합될 경우 유리알 지갑을 가진 직장노동자들이 소득이 파악되지 않는 농어민과 도시지역보다 더 많은 보험료를 내야 하기 때문에 결국 소득이 임금노동자에게서 농어민과 도시지역 주민에게 재분배된다고 주장하였다. 또한 농어민의 경우 병 · 의원 이용이 용이하지 않기 때문에 농어민의 보험료는 도시지역 주민에게 재분배되며 정부가 공무원, 농어민과 도시지역 주민의 보험료를 부담할 경우 임금 노동자의 보험료도 정부가 일부 부담하여야 한다고 추가로 주장하였다.

당시 위원회에서는 4가지 건의안을 제시하여 정부가 그 중 한 가지 안을 채택하도록 하였다. 첫째는 의료보험을 전부 통합하는 일원화 통합안이었고, 둘째는 조합을 적정규모로 통합하는 안, 셋째는 일원화 통합안에 대한 시범사업을 실시하는 안, 넷째는 먼저 직장조합과 지역조합을 각각 통합하여 이원화한 후 궁극적으로 일원화로 통합하는 안이었다.

이 시기부터 노동조합, 농민단체와 일부 시민단체가 의료보험통합에 적극적으로 관여하기 시작하였다. 노동계에서는 민주노총의 보건 분야 핵심세력인 지역의료보험 노조가 의료보험통합의 전위역할을 하였으며, 1988년에 전국의료보험대책위원회를 만들어 의료보험통합을 정치적 이슈로 만들고 각 정당에 정치적 압력을 가하였다.

그러나 당시 국회는 여소야대 국회였으며 당시 야당이던 민주당, 평민당, 국민당은 일원화 통합안을 지지하였다. 야당은 정치협상을 통해 여당인 민정당과 합의하여 1989년 3월에 통합일원화법안인 “국민의료보험법”을 국회에서 만장일치로 통과시켜 정부로 이송하였다. 그러나 이 법안은 당시 노태우 대통령이 거부권을 행사하여 국회의 재심의를 요구하고 국회가 임기 내에 재의결을 하지 않음으로써 자동폐기되었다. 거부권행사의 주된 이유로 제시된 논리는 의료보험조합과 공 · 교 의료보험관리공단이 그동안 적립해온 적립금을 새로 설립된 공단에 이관하는 것은 사유재산권을 침해하는 것이라는 것이었다. 또한 의료보험의 통합은 소득재분배가 농어민에서 도시지역주민에게, 직장노동자로부터 부유한 도시지역 주민에게 역진적으로 재분배될 가능성이 있기 때문에 통합법안이 의료보험에 미치는 전반적 효과를 재검토한 후 실시되어야 한다는 것이었다.

보건사회부는 1997년에 새로이 의료개혁위원회를 구성하고 이 위원회의 건의안을 기초로 시장적 경쟁체제가 가미된 부분적 통합안을 국회에 제출하였다. 이 통합안에 따르면 직장의료보험조합은 가입자에게 조합선택권을 부여하여 가입자와 기업주가 자유로이 조합을 선택하게 함으로써 조합 간 경쟁체재를 도입하고, 조합간의 합병을 통해 조합을 대형화하며 지역조합은 시 · 도 단위로 하나의 조합으로 통합한다는 통합안을 제시하였다. 그러나 이 통합안은 국회의 심의 과정에서 여당과 야당이 대안으로 제시한 공무원 및 사립학교 교직원 의료보험과 지역의료보험을 통합하는 법안이 채택됨으로 폐기되었고 국회가 대안을 통과시킴에 따라 먼저 지역의료보험과 공무원 및 사립학교 교직원 의료보험의 통합이 추진되었다.

통합에 대한 정치적 결정

그러나 1997년에 발생한 외환위기 사태와 정권교체로 인해 의료보험의 통합은 전적으로 정치적 결정에 의해 이루어지게 된다. 1997년 대선에서 승리하여 집권한 김대중 정권은 의료보험통합을 대통령인수위원회의 100대 과제의 하나로 정하였다. 당시 새로 설치한 노사정위원회에서는 1998년 2월 노동조합이 구조조정을 받아들이는 대신, 민노총의 요구사항인 의료보험의 완전 일원화 통합을 받아들여 의료보험통합에 합의하였다. 이 합의에 따라 1998년 10월에 이미 결정되어 있던 지역조합과 공무원 및 사립학교 교직원 의료보험관리공단이 통합하였으며 2000년 7월 1일에 남아 있던 직장의료보험조합들도 모두 공단에 통합되어 의료보험 관리가 국민건강보험공단으로 통합되었고 명칭도 의료보험에서 건강보험으로 변경되었다. 2003년 7월에 직장과 지역으로 분리 운영되던 재정이 통합됨으로써 완전한 관리 및 재정통합이 완료되어 한국은 세계에서 건강보험을 실시하고 있는 국가 중에서 유일하게 통합된 의료보험 관리운영체제를 가진 국가가 되었다.

결과적으로 우리나라는 독일과 일본형의 사회보험식 의료보험 형태를 도입하였으나 관리운영 형태에 있어서는 조합 대신 공단이 관리하는 영국형의 일원화된 관리체제를 가지고 있다. 앞으로의 문제는 공단이 단일 보험자로서 관리의 독점체제를 가지고 있어 경쟁을 통한 관리운영비의 절감과 서비스 향상을 기할 수 없게 되어 있다는 것이다. 공단은 현재 관리운영비의 비율이 전체예산에 비해서는 낮지만 이것은 단지 전체 재정이 매년 급격히 증가하여 분모가 증가하였기 때문이며 그동안 통합을 주도한 노조의 우월적 지위로 인해 인건비 등 관리운영비를 줄이는 것이 매우 어렵게 되어 있다. 앞으로 통합된 건강보험의 관리문제는 다른 사회보험인 연금, 고용, 산재보험과의 업무 중복을 해결하기 위한 제2의 사회보험 간 통합, 공단업무의 아웃소싱을 통한 조직의 슬림화, 내부 경쟁체제의 도입을 통한 효율적 관리운영, 새로운 복지보험의 실시에 따른 업무의 재조정 등을 통해 현재의 독점체제로 인한 문제점을 해결하고 효율적이고 장래지향적인 관리운영체제로 전환하는 것을 검토하여야 할 것이다.

우리나라의 건강보험의 실시와 확대가 보여주는 중요한 교훈은 의료보험의 실시와 확대 뿐 아니라 관리 운영체제 결정에 있어 중요한 요인은 정치적 결정이었다는 것이다. 더욱 중요한 것은 높은 경제성장이 이러한 정치적 결정을 뒷받침할 수 있는 유리한 사회경제적 여건을 조성했다는 것이며 정부가 농어민과 도시지역 주민의 보험료를 분담할 수 있는 재정여력이 있어야 이들에게 건강보험을 확대하여 전국민 건강보험을 달성할 수 있다는 것이다. 한국 건강보험의 발전사는 소득수준이 상대적으로 낮아 보험료 부담능력이 제한되어 있는 중진국이나 후진국의 경우 전 국민에게 건강보험을 확대하기 위해서는 반드시 고려하여야 할 중요한 정책적 교훈이다.

2. 국민연금의 실시와 개혁

■ 국민연금의 실시

박정희 대통령의 결정과 연기

또 하나의 보편적 복지제도인 국민연금은 원래 1974년 1월 1일부터 실시될 예정이었다. 당시 박정희 대통령이 1973년 1월 12일 연두기자회견에서 1974년부터 연금제도를 실시할 것을 발표하고 잇따른 보건사회부에 대한 연두순시에서 보건사회부가 경제기획원 및 한국개발원(KDI)과 협의하여 1974년에 국민연금 실시를 추진하도록 지시하였기 때문이다.

박정희 대통령이 의료보험보다 국민연금을 먼저 실시하기로 결정한 것은 의료보험은 단기보험으로서 그해의 보험료는 그해의 진료비로 모두 사용되기 때문에 기금의 축적이 어려운 반면, 국민연금은 장기보험으로서 기금이 장기간 축적되게 됨에 따라 연금기금을 경제개발을 위한 투자재원과 자주 국방을 위한 재원으로 사용할 수 있을 것이라고 생각했기 때문이었다.

당시는 1972년 실시된 10월 유신에 따라 대통령직선제 선거를 폐지하고 간접선거에 의해 대통령을 선출하게 되어 사실상 종신적 대통령제가 실시되고 있었다. 국회의원 수의 1/3도 대통령이 유신

정우회 소속 국회의원으로 임명할 수 있게 됨에 따라 정권의 정당성이 사실상 상실된 상황이었다. 이러한 정치적 상황에서 유신정권은 10월 유신, 100억 달러 수출, 1,000달러 국민소득달성을 국가의 70년대 비전으로 제시하고 경제성장이 어느 정도 궤도에 오를 경우 복지시책을 추진하여 국민연금과 더불어 의료보험과 중학교 의무교육을 실시할 계획이었다. 이러한 정권의 목표는 지속적인 고도의 경제성장 특히 중화학공업의 육성을 통해 달성할 수 있다고 보았기 때문에 이에 대한 투자재원의 확보가 정권의 가장 중요한 과제였다.

이때 실시하기로 한 국민연금의 보험료 결정에 있어서도 보사부가 5%를 주장한데 대해, 경제기획원은 10%를 주장하여 복지측면보다는 연금을 통한 내자동원에 관심을 두었음을 간접적으로 시사하고 있다. 결국 양부처의 타협에 따라 8%라는 국민연금의 실시 초기로서는 높은 선에서 보험료가 결정되었다. 이것은 또한 1970년대 초기의 한국은 아직 농업국가로서 취업자의 52% 이상이 농민이었고 1인당 GDP도 223달러에 불과한 후진국이었던 반면, 먼저 연금제도를 도입한 국가 중 65세 이상 노인인구 비율이 독일 5.1%(1890년), 영국 5.2%(1911년), 미국 5.4%(1930년)로서 모두 5% 이상이었던데 비해, 한국은 65세 이상 노인 인구비율도 1973년도에 전체국민의 3.3%에 불과한 젊은 국가였기 때문에 연금을 우선 실시할 이유가 거의 없는데도 연금을 먼저 실시하기로 결정한 것을 보아도 알 수 있다(국민연금관리공단, 1998).

그러나 1973년에 발생한 석유위기로 인한 경제적 불황과 연평균 16%에 달하는 물가상승으로 인하여 국가전체의 경제가 어려워짐에 따라 국민연금의 실시가 연기되었다. 국민연금은 1973년도에 국민복지연금특별회계법이 제정되어 1974년에 실시하기로 결정되었으나, 1974년 1월의 대통령 긴급조치 3호로 시행이 전면유보 되었다. 시행유보의 가장 큰 원인은 석유위기로 인한 물가인상과 경제난으로 고통 받는 국민들에게 기존의 소득세와 물품세에 더하여 새로운 소득세 형태를 가진 연금보험료를 부과한다는 것이 논리에도 맞지 않을 뿐더러 물가상승으로 고통 받고 있던 노동자들의 반발을 가져올 수 있었기 때문이었다. 그러나 이외에도 몇 가지 다른 요인이 작용을 했다. 무엇보다 강제저축형식을 통해 축적한 연금기금을 목적이 다른 중화학공업을 위한 재원으로 사용한다는데 대한 국민과 여론의 비판이 있었다. 다음으로 북한이 1973년도에 소득세를 폐지하여 북한은 "세금 없는 낙원"이라고 선전하였다. 이러한 때에 한국이 새로운 소득세 형태인 고율의 연금보험료를 부과하는 것이 정권에 부담이 되었다는 것, 무엇보다도 정부가 당시 부가가치세제도를 도입하여 직접세 대신 간접세 중심으로 세제를 개편하고, 국민투자기금법을 만들어 중화학공업투자에 필요한 재원을 이들을 통해 확보할 수 있었다는 것이다. 마지막으로, 60년대의 성공적 경제개발로 국제부흥개발은행(IBRD) 등 해외로부터 차관도입이 용이해진 상황에서 구태여 국민과 기업에 재정부담을 주는 국민연금을 실시할 필요가 감소했다는 점도 연기이유가 되었다.

보건사회부가 마련한 1974년도 국민연금실시 계획은 1974년도에 노동자 1,000명 이상의 대기업으로부터 시작해 적용대상자를 점차 확대하여 1980년도에 전 국민 연금을 달성한다는 것이었다. 당시 국민연금을 실시함으로써 얻을 수 있는 효과로 제시된 것은 첫째, 국민연금을 통해 국민들의 노후소득을 보장하고, 둘째, 적립된 기금을 경제개발에 필요한 내자로 활용하여 경제성장에 이바지하고, 셋째, 보편적 복지제도인 국민연금을 실시하여 우리나라에 본격적인 복지체계를 수립하여 국민이 모두 잘 사는 복지국가 건설에 기여한다는 것이었다.

대통령 긴급조치로 연기된 국민연금은 1975년도에 국민연금 실시 시기를 대통령령으로 정하도록 함으로써 사실상 국민연금의 실시는 무기 연기되었다. 이렇게 되어 애초의 선 연금보험, 후 의료보험실시 정책이 선 의료보험, 후 연금보험실시르 변경되었다.

국민연금의 실시

국민연금은 1980년 쿠데타로 집권한 전두환 정부에 의해 1988년 1월 1일에 실시되었다. 전두환 정부는 제5공화국의 국정지표의 하나로 "정의로운 복지사회의 건설"을 제시하였다. 그러나 전두환 정부초기인 1980년에는 경제 불황으로 1960년대 이후 최초로 GNP 성장률이 마이너스(-3.7%)를 기록하였고 소비자물가 상승률이 약 30% 수준에 도달하는 등 정치적, 경제적 대혼란으로 인해 새로운 복지제도의 실시는 사실상 불가능하였다.

그러나 1980년대 중반부터 경제상황이 호전되어 지속적 경제성장이 이루어지고 물가도 안정되어 국민연금을 실시할 경제적 여건이 성숙되었다. 특히 1986~1987년도에 있어서는 GNP 성장률이 약 12%에 달하고 실업률이 3% 수준으로 완전고용수준에 도달하였다. 반면 소비자 물가상승률이 3% 이하로 유지되고 1인당 국민소득이 2천 달러를 넘어서는 등 최고 수준의 경제적 호황기를 맞게 된다. 이러한 여건에서 전두환 대통령은 1986년 8월 기자회견을 통해, 전국민의료보험의 달성, 국민연금제도의 실시와 최저임금제도의 도입이라는 국민복지 3대 정책을 발표하였다. 이와 같이 되어 우리나라의 보편적 양대 복지제도인 의료보험과 국민연금은 모두 군사정부에서 실시되는 역사를 가지게 되었다.

왜 당시 전두환 대통령이 국민연금을 실시하게 되었는지에 대하여는 몇 가지 이유를 제시할 수 있다. 첫째, 전두환 대통령의 제5공화국은 물가안정을 정권의 최우선 과제로 삼고 물가안정의 핵심적 수단으로 물가인상 억제와 긴축재정을 강력하게 추진하였다. 재정긴축을 위해 공무원 수를 감축하고 농촌보조금 축소를 위해 추곡수매가도 1982년에 동결하였고 각종 기금과 공기업도 통폐합을 통해 관리운영을 효율화하였다. 이러한 경제안정 정책을 통해 고도의 경제성장률과 물가안정을 달성했으나 경제성장의 최종 목표인 국민의 복지향상을 등한시하여 복지부분에는 이렇다 할 성과가 없었다. 제5공화국의 국정지표의 하나가 “정의로운 복지사회

건설"이었는데 성과를 중시하는 군사정권으로서는 경제성장과 물가안정이 이루어짐에 따라 복지 부문에 있어 뚜렷한 실적을 남겨야 할 필요가 있다고 생각하였을 것이다.

둘째, 경제가 성장하고 재정안정이 이루어지면 복지도 같이 증가한다는 경제와 복지의 동반성장 이론을 굳게 믿었으나 현실적으로는 경제성장에 따른 과실이 정치, 경제의 엘리트층에 집중됨으로 상대적 빈곤문제가 대두되었기 때문에 복지를 통해 국민의 내부 불만을 어느 정도 해소할 필요가 있었을 것이다.

마지막으로, 당시 국민연금의 실시가 불확실한 상태에 있었으나 보건사회부에는 연금기획과를 중심으로 연금실시에 대한 실무준비를 진행하고 있었고 국민복지연금실시준비위원회를 구성하여 관계정부부처, 한국개발원(KDI)과 연금실시에 대한 협의와 협력체제를 유지하여 연금실시에 대한 사전대비가 되어 있었다. 이러한 행정적 사전 준비가 대통령이 연금실시 결정을 용이하게 하는데 기여하였다고 볼 수 있다.

1986년 12월 31일에 국민연금법이 공포됨에 따라 1988년의 국민연금 실시가 확정이 되었는데 당시에는 권위적 정부의 정책결정에 반대나 이의를 제기할 기관이나 단체가 존재하지 않았으며 정당도 국민복지와 관련된 국민연금에 반대할 이유가 없었다. 단지 노총에서 연금액의 기준이 되는 보수월액 최고 상한선을 200만 원으로 한정한 것이 소득재분배 기능을 훼손하니 이를 상향해 줄 것과 연금액을 매년 소비자 물가인상률에 따라 자동 인상해줄 것을 건의하였으며 중소기업중앙회에서 당연적용사업장을 노동자 10인 대신 16인 이상 사업장으로 하여 영세중소기업을 제외해 줄 것을 건의하였으나 모두 받아들여지지 않았다.

1988년에 실시된 국민연금의 최대 결점은 보험료율과 연금급여 수준을 수리적으로 연계하지 않았다는 것이다. 이때 국민연금은 연금급여의 최고 수준을 재직시 소득의 70% 수준으로 정한 반면, 보험료 부담은 1988~1992년에는 소득의 3%, 1993~1997년에는 6%, 1998년 이후에는 9%로 정하여 최고 보험료가 9%가 되도록 하는 고정보험료제도를 채택하였다. 일반적으로 10%의 연금급여를 받기 위해서는 약 3%의 보험료를 부담하여야 하기 때문에 70%의 급여를 받기 위해서는 최고 21%의 보험료를 부담하는 연금설계가 되어야만 연금재정의 장기적 안정을 기할 수 있다. 최고 9%의 보험료로는 최종적으로 약 30% 이하의 연금급여만을 보장받을 수 있을 뿐이다. 이러한 연금수리를 무시하고 9%의 보험료로 70%의 연금급여를 보장한다는 것은 결국 연금실시자는 국민들에게 인심을 쓰고 재정고갈 책임은 후임 정부에 미루는 책임전가식 연금설계였다. 이처럼 처음부터 잘못된 저부담-고연금 정책이 기금의 조기 고갈이라는 문제를 가져옴으로써 이후 계속적인 연금개혁을 불러오게 된다.

■ 국민연금의 확대와 개혁

전국민 연금달성과 1차 개혁

국민연금은 1995년 7월에 농어민에게 확대되었다. 국민연금이 농어민에게 먼저 확대된 이유는 급속한 산업화로 농어촌 지역의 젊은 층이 도시로 진출함에 따라 농어촌 지역 인구의 노령화가 급속히 진행되었다는 것이다. 1980년에 10.5%였던 농어촌 지역의 60세 이상 노인인구가 1992년에 21.7%가 되어 전국 평균 8.1%의 약 2.7배에 달하였다(양재진 외, 2008 ; 194쪽). 자녀들의 도시이주와 노인부양 의식의 약화로 농어촌의 많은 노인들이 스스로 노후생활을 책임져야 할 상황이 되었다. 또한 농 · 어촌 노인들의 소득수준이 도시지역보다 상대적으로 낮아 이들에 대한 공적 소득보장제도가 더 필요하게 되었다. 그러나 고정적인 수입이 없는 농어촌 노인들은 연금보험료 부담능력이 적고 당시 타결된 우루과이라운드 협상으로 인해 농어촌 경제가 타격을 입게 됨에 따라 정부에서 농어민에게 2004년까지 최저등급소득(22만 원) 보험료의 1/3을 지원하기로 결정하였다.

1995년부터 농어민에게 국민연금이 확대됨으로써 남은 과제는 도시지역 주민까지 확대하여 전국민연금을 달성하는 문제였다. 국민연금의 도시지역 주민 확대가 본격적으로 시작된 것은 보건복지부의 건의에 따라 1997년 5월 16일 국무총리 주재로 개최된 제1차 사회보장심의위원회에서 "국민연금제도개선기획단"을 설치하기로

의결하고, 개선기획단을 중심으로 도시지역 주민에게 국민연금 확대, 연금재정의 안정화 방안, 연금기금운용에 대한 국민의 불신감 해소, 미적용 계층의 소득보장 및 공적연금 간 연계방안을 연구하도록 의결하였다. 기획단은 1997년 12월 27일 국무총리에게 제도 개선안을 보고하였는데 주요 내용은 다음과 같았다.

첫째, 국민연금을 18세 이상 60세 미만의 도시지역주민에게 확대한다. 둘째, 연금급여수준을 40년 가입 시 현행 70%에서 40%로 인하 조정한다. 보험료율을 2009년까지 9%를 유지하고 2025년 이후 12.65%로 조정하며 수급연령을 2013년부터 5년 간격으로 1세씩 상향 조정하여 2033년에 65세로 조정한다. 셋째, 연금의 기본 구조를 기초연금과 소득비례연금으로 분리하여 2층 구조 연금체제로 개편한다. 18세 이상 모든 국민은 기초연금에 가입하도록 하고, 소득이 있는 사람만 소득비례연금에 가입하도록 한다. 넷째, 기금은 모든 국민에게 적용되는 기초연금기금과 소득비례연금으로 분리하여 운용한다. 국민연금제도개선기획단은 건의안대로 국민연금을 개선할 경우 장래에 연금기금의 고갈은 없을 것이며 최대적립금이 2080년도에 3,135조원에 달할 것으로 예측했다.

국민연금제도개선기획단의 개선방안은 너무 경제적 논리와 재정안정화에 치우쳐 연금의 복지기능을 소홀히 함으로써 사회적으로 엄청난 반발을 불러왔다. 노총과 경영자총연합회, 시민단체 등 관련단체와 언론에서는 재정안정화에만 치중하여 급여율을 40%로 줄임으로써 연금의 노후소득보장기능을 상실하게 만들었고, 연금을 기초연금과 소득비례연금으로 분리시켜 18세 이상 가족모두가 연금에 가입하게 함으로써 도리어 가족의 연금보험료 부담을 증가키고 전통적인 가족단위의 복지기능을 거인단위의 복지기능으로 분열시켰다고 반발하였으며 이해당사자의 의견을 들어 연금 개선안을 다시 마련할 것을 요구하였다.

1997년 대선에서 김대중 대통령이 당선됨에 따라 보건복지부는 1998년 1월 10일 정권인수위원회에 연금제도개선안에 대한 보고를 한 후, 1998년 1월 22일 국민연금제도개선에 대한 공청회를 개최하여 새로운 개선안을 마련하였는데 그 주요 내용은 다음과 같았다. 첫째, 국민연금을 도시지역 주민에게 확대하여 전국민연금을 달성한다. 둘째, 연금급여를 70%에서 국제노동기구(ILO)가 기준으로 제시하고 있는 55%로 조정한다. 이 급여율은 뒤에 국회에서 60%로 조정하여 최종적으로는 60%가 되었다. 보험료율은 5년마다 재정재계산제도(actuarial estimate system)를 도입하여 재정상황에 따라 조정한다. 급여수급연령은 2033년에 65세가 되도록 2013년부터 5년 간격으로 1세씩 상향 조정한다. 셋째, 다른 공적연금의 가입기간을 상호 인정하여 연금수급권을 보장받도록 한다. 마지막으로, 여성연금수급권제도를 강화하여 육아휴직여성의 휴직기간동안의 연금보험료의 사후납부를 허용하고 이혼 시 국민연금을 결혼기간에 따라 균등하게 나누어 가지도록 하여 여성의 연금분할권제도를 도입한다.

국민연금의 도시지역 확대를 위해 1998년에 서초구 반포3동, 성남시 수진1동, 전주시 동서학동, 김해시 동상동의 4개 지역에서 모의 적용사업을 실시하여 긍정적인 반응과 결과를 얻었다. 도시지역주민에 대한 국민연금은 1999년 4월 1일 확대되었으나 당시 외환위기로 인한 경제적 불황으로 실직, 휴직자나 사업중단자들의 반발이 있었고, 이들이 국민연금에 가입하지 않음으로써 국민연금은 아직까지 미가입자수가 많은 것이 가장 큰 문제가 되고 있다.

처음부터 단추가 잘못 끼워진 보험료와 연금의 수리적 불일치는 계속적인 국민연금 개혁논쟁을 불러일으켰다. 연금개혁의 핵심논쟁은 평균소득의 60%인 연금급여율을 낮출 것인가, 보험료율을 9% 이상으로 인상하더라도 퇴직자의 노후소득보장을 위해 보험급여율을 적정한 수준에서 유지할 것인가였다. 경제학자들은 높은 연금급여율은 기업과 국민에 부담을 줄 뿐 아니라 출산율이 낮은 현실에 비추어 볼 때 생산인구가 감소하는 미래세대에 과중한 연금보험료 부담을 준다는 면을 강조하여 연금급여율을 하향조정할 것을 주장하였다. 반면에 연금의 복지기능을 중시하는 보건복지부와 복지학자들은 보험료율을 인상하더라도 연금급여율을 적정선으로 유지할 것을 주장하였다.

일부에서는 일본의 기초연금제도를 도입하여 18세 이상 모든 국민이 모두 기초연금에 가입하고, 소득이 있는 사람은 소득비례연금보험에 가입하도록 하자는 주장을 하였다. 또한 칠레식 연금제도를 도입하여 연금을 민영화하고 가입자가 임의로 연금보험 운영회사를 선택하여 가입할 수 있도록 하자는 주장도 있었다.

그러나 기초연금제도는 우리나라의 전통적인 가족단위 복지체계를 무시하고 부부뿐 아니라 18세 이상 자녀들도 개인별로 모두 연금에 가입하도록 함으로써 취업하지 않은 부인이나 자녀에 대한 보험료를 모두 가장이 부담하게 되어 사실상 보험료의 부담을 증가시키거나 보험료 미납자를 증가시킬 수 있고 20년 가입시 평균소득의 20% 정도인 매우 낮은 연금급여율 때문에 우리 실정에는 맞지 않는 제도로 판단되었다. 칠레식의 민영화 연금보험도 연금운영에 있어 가입자가 자율적으로 회사를 결정하고 수익률을 관리할 수 있으며 연금보험회사들 간의 경쟁으로 기금운영의 효율성을 기할 수 있는 장점이 있으나, 과다한 홍보비와 고객유치비용 등으로 전체 기금 중 관리운영비의 비중이 매우 높아지는 문제점, 이 제도를 채택하기 위해서는 기존 연금체계를 모두 변경하고 기불입된 연금보험료를 개인에게 배분해야 하는 문제 등 현행연금체제를 전면적으로 개편하여야 하기 때문에 채택하기 어려운 제도로 결정되었다.

2차 연금개혁

국민연금에 있어 연금과 보험료율을 어느 선에서 결정하느냐 하는 것은 국민이 선택할 문제이다. 노후 복지를 중시하게 되면 연금을 높은 선에서 결정하고 보험료율을 단계적으로 인상하게 되며 기업과 국민의 경제적 부담을 줄여야 한다는 경제적 측면을 중시하게 되면 연금을 낮은 선으로 정하고 보험료율도 낮은 선에서 결정하는 것이다. 전 국민연금이 달성된 후 최고 연금급여율 60%에 대한 논란은 계속되었다. 논란의 핵심은 연금급여율 60%를 유지하기 위해서는 보험료율의 대폭적인 인상이 없는 한 연금기금의 고갈을 피할 수 없으며 노인인구의 증가와 평균수명 연장으로 인해 연금지급 기간이 늘어나는데 반해, 출산율 저하로 인해 젊은 인구층이 감소하여 장래세대의 연금보험료 부담이 과중된다는 것이었다.

뜻밖에도 국민연금은 2007년도에 복지를 중시하던 참여정부에 의해 복지와 경제적 부담을 최소화하는 방법으로 결정되었다. 경제적 부담을 최소화하기 위하여 보험료율을 9%로 유지하고 연금급여율을 2008년부터 0.5%씩 매년 인하하여 2028년도에 소득의 40%로 인하하는 것이다. 이것은 1997년 연금개혁위원에서 결정한 급여율과 같은 선이다. 이상하게도 국민연금은 경제성장을 최우선시하던 군사정권에서 최고의 연금급여율을 제시하였고 복지를 중요시하던 참여정부에서 급여율을 최저선에서 정하는 결정이 이루어 졌다. 이 결정으로 인해 보험료 부담의 완화는 이루어졌지만 연금의 노후소득보장기능을 대폭 축소되었다. 또한 노인에 대한 적정수준의 연금지급이 결과적으로 자녀들의 부양부담을 줄이는 효과가 감소되었고, 장래세대의 부담완화를 위해 연금급여율을 축소하였으나 이것이 세대 간 소득재분배기능을 축소시켰을 뿐 아니라 장래세대는 지금세대보다 더 경제적으로 풍족하게 살 것이기 때문에 연금보험료가 증가해도 부담능력이 있을 것이라는 연금의 기본 전제를 인정하지 않는 결과를 가져왔다.

2차 국민연금 개혁안에 따라 국민연금의 급여액이 어떻게 변하였고, 최종적으로 2028년 이후에는 어떻게 될 것인지에 대한 내용을 연금산식으로 설명하면 아래와 같다.

- 최초의 연금산식 : 연금액(70%) = 2.4(A+0.75B)(1+0.05n)

  여기서, 2.4 : 연금액 수준 결정을 위한 조정계수

  A : 전년도 전체가입자 평균소득으로 균등부분이라 함

  B : 가입자 개인의 생애 평균소득으로 소득비례 부분이라 함

  n : 가입기간 20년 초과 년수

  최초의 연금산식은 1988년부터 1998년까지 10년간 적용된 연금액 결정 공식으로서 연금액이 생애소득의 70% 수준이었기 때문에 연금액을 결정하는 조정계수가 2.4로 매우 큰 것이 특징이다. 다음으로 전체가입자 평균소득에 따라 결정되는 균등부분 A가 가입자 개인의 생애 평균소득 부분인 B보다 더 크기(4 : 3) 때문에 국민연금이 고소득자보다는 저소득자에게 유리한 소득재분배의 기능을 가졌다는 것이다. (1+0.05n)이 의미하는 것은 20년 이상 가입시 매년 연금액이 5%씩 증가되어 40년 가입시 연금액이 2배가 된다는 것을 의미한다.

- 1차 연금개혁 후 산식 : 연금액(60%) = 1.8(A+B)(1+0.05n)

  이 산식은 1999년부터 2007년까지 연금가입자에게 적용된

연금액 적용공식으로서 연금액이 60%로 10% 줄었기 때문에 조정계수가 1.8로 적어졌고, 균등부분과 소득부분이 같아짐으로 연금의 소득재분배 기능의 일부를 수정한 것이 특징이다.

- 2차 연금개혁 후 산식 : 연금액(40%) = 1.2(A+B)(1+0.05n)

  이 연금산식은 2028년부터 적용될 연금액 결정공식으로서 연금액이 40%로 줄었기 때문에 조정계수가 최초의 조정계수인 2.4의 절반으로 줄었다. 그러나 2007년도에 개정된 국민연금법은 연금액을 2008년도에 50%로 감소시키고 이후 매년 0.5%씩 하향 조정하여 2028년도에 연금액이 40%가 되도록 하고, 출산과 군복무 크레딧제도를 도입한 것이 특징이다. 출산크레딧은 출산을 장려하기 위하여 둘째 이상의 자녀를 출산하거나 입양하는 가입자에게는 가입기간을 추가로 인정하는 제도로서 둘째자녀는 12개월, 셋째 이상 자녀 출산에는 18개월의 추가가입기간을 인정하고 필요보험료는 국가가 부담하는 제도이다. 군복무크레딧은 병역의무를 이행한 자에게 6개월의 추가가입기간을 인정하고 보험료는 국가가 부담하는 제도이다. 이 공식에 따르면 현재 연금가입자가 앞으로 받게 될 연금액은 가입연도와 출산, 군복무 여부에 따라 달라지게 1998년 이전에 가입한 자에게 적용될 연금산식은 아래와 같게 된다.

$$연금액 = \left(\frac{2.4(A+0.75B)}{1988년-1998년} + \frac{1.8(A+B)}{1999년-2007년} + \right.$$

$$\frac{1.5(A+B)}{2008년} + \frac{1.56(A+B)}{2012년} + \cdots\cdots \frac{1.2(A+B)}{2028년\ 이후}$$

$$+ 출산크레딧 + 군복무크레딧 \Big\} \times (1+0.05n)$$

이 산식이 의미하는 것은 1988년-1998년도에는 연금액이 70%, 1997년-2007년도에는 60%, 2008년도에는 50%, 2009년 이후에는 매년 연금액이 5%씩 감소하여 2028년도 이후에는 연금액이 40%로 고정된다는 것을 의미한다. 출산을 할 경우나 군복무를 할 경우 본인의 보험료 부담 없이 연금가입기간이 늘어난다는 것을 의미한다.

국민연금개혁안은 기득권을 인정하고 있기 때문에 현재 국민연금을 받고 있는 사람들은 연금수령액에 변동이 없고, 앞으로도 연금급여율이 해마다 0.5%씩 감소되기 때문에 현재로서는 그 영향력을 피부로 느낄 수는 없다. 그러나 어느 시기에는 최저수준으로 인하된 연금급여율이 다시 정치적 쟁점화될 가능성도 있다. 변경된 연금개혁안에 따르면 100만 원 소득을 가진 사람이 40년간 매달 9만 원(사용자 부담분 포함)을 불입하고 은퇴하면 월 40만 원을 받게 된다. 20년간 보험료를 납부한 사람의 경우 월 20만 원을 받게 되는데 이 금액은 연금이 아닌 용돈 수준으로 혼자 사는 기초생활수급자가 받는 기본생계비의 절반에도 못 미치는 수준이다. 이것은 국민연금이 최근의 개혁안으로 인해 노후생활을 보장하는 연금으로서의 기능을 상실하게 되었기 때문이다.

3. 선별적 복지의 실시와 확대

한국의 복지는 대부분 군사정부나 보수우파 정부에 의해 실시되고 확대되었으나 이를 확대 발전시켜 지금의 형태로 틀을 잡은 것은 김대중 대통령의 국민정부와 노무현 대통령의 참여정부이다. 의료보험의 통합, 연금의 도시지역 확대를 통한 전국민연금 달성, 생활보호와 의료보험사업을 합친 기초생활보장제도의 실시, 고용보험의 확대가 김대중 정부에서 이루어졌고, 노인장기요양보험제도가 노무현 정부에서 실시되었다. 이와 같이 김대중, 노무현 정부는 사회적 소외계층과 약자에게 선별적 복지를 확대하고 복지를 정부에서 베푸는 시혜적 복지에서 국민의 기본권으로 인정하였다. 또한 스웨덴식의 노사정협의체인 노사정위원회를 만들어 민주노총의 요구조건인 의료보험의 통합을 성취함으로써 노조와의 협력 관계를 강화시킬 수 있었고 기초생활보장제도를 실시하는데 있어 시민단체를 참여시킴으로써 이들을 정치적 우군화할 수 있었다.

■ 기초생활보장

한국 최초의 기초생활보장제도는 1961년의 박정희 군사정권에 의해 시행된 생활보호법이다. 생활보호제도는 노령, 질병, 기타 근로능력의 상실로 인하여 생활유지의 능력이 없는 사람에 대한 기초생계를 보장한 제도로서 그로부터 약 40년간 한국에서 빈곤법으로서의 역할을 하였다.

1960년대의 우리나라는 세계 최빈국 중의 하나로서 가을에 추수한 쌀은 겨울에 다 소비하고 보리가 나기 전인 4~5월에는 보릿고개로 이름 지어진 최고의 춘궁기로서 굶는 빈민이 부지기수였다. 따라서 쿠데타로 집권한 당시 박정희 군사정권은 혁명공약으로 약속한 “절망과 기아선상에서 허덕이는 민생고를 시급히 해결”할 필요가 있었고, 군사정권을 부패하고 무능한 지난 정부와 차별화시킬 필요도 있었다. 현실적으로도 당시 대다수의 국민이 절대빈곤선상에 있었기 때문에 복지에 대한 개념조차 이해 못 하고 가난을 숙명으로 여기고 체념하고 있던 국민들에게 새로운 국가의 역할을 보여줄 필요가 있었다.

박정희 정부는 1964년부터 생활보호사업을 구호사업에서 자조근로사업으로 전환시켜, 근로능력이 있는 빈민을 농지정리, 간척지 개간, 나무심기, 도로 및 치수사업에 동원시켜 일하는 복지개념으로 전환시켰다. 이때 생활보호사업자금의 많은 부분은 미국이 PL480으로 제공한 무상양곡지원으로 이루어졌다. 지속적인 경제성장과 재정능력의 증대로 1977년에는 생활보호법에 규정은 있었으나 시행되지 않아 유명무실했던 의료보호제도를 생활보호에서 분리하여 의료보험보다 6개월 앞선 1977년 1월부터 시행함으로써 빈민과 이재민, 국가유공자와 가족에 대한 무상의료를 실시하였다. 그리고 1979년에는 생활보호대상자의 중학교 수업료를 전액

지원하는 교육보호를 실시하였다. 생활보호제도는 1982년에 전두환 정부가 자활보호의 내용을 추가하여 기술교육과 취업알선과 같은 빈곤예방적인 사업이 추가로 포함되었다.

생활보호제도를 기초생활보장제도로 전환시키는 정책결정에 있어서는 여당과 야당이 서로 정치적으로 경쟁하고 시민단체가 관여하는 형태로 추진되었다. 생활보호제도를 국민기초생활보장제도로 개편하게 된 가장 큰 원인을 제공한 것은 1997년의 외환위기였다. 외환위기의 여파로 인해 대량으로 발생한 실업문제와 빈곤계층의 생활고는 빈곤이 개인의 잘못보다는 정부의 경제 · 재정정책 실패로 발생할 수 있다는 인식을 국민들에게 심어주었고, 빈곤에 대하여 정부가 책임을 공유해야 한다는 사회적 공감대를 형성하였다. 이러한 인식의 변화에 따라 스스로 생계를 유지하지 못하는 빈곤층은 국가로부터 최저생계를 보장받을 권리가 있으며 국가는 이들의 기초생활을 보장할 의무를 진다는 것을 골자로 하는 기초생활보장법의 제정이 필요하게 되었다.

기초생활보장법을 최초로 발의한 것은 한나라당이었다. 참여연대는 국민복지기본선(national minimum) 확보운동을 전개하였는데 1998년 7월에 26개 시민 · 사회단체와 연대하여 한나라당 김홍신 의원을 소개위원으로 국회에 "국민기초생활보장법 제정 입법청원"을 하였다. 이 청원의 주요내용은 소득이 최저생계비 이하인 국민에게 기초생계, 주거, 교육, 의료 등의 기초생활을 보장하고 기초생활보호대상자에서 제외된 극빈자에게는 임시로 생계비 지원을 한다는 내용이었다. 당시 여당인 국민회의는 한 달 뒤인 8월에 이 입법청원안을 토대로 국민기초생활보장법안을 당론으로 확정하고 10월에 국민기초생활보장법안을 의원입법안으로 발의하였다(양재진 외, 2008).

그러나 이 법안은 기획예산처가 예산상의 이유와 더불어 기초생활보장제도가 근로능력자의 근로의욕을 저하시킬 우려가 있고 국민의 복지에 대한 기대수준을 지나치게 높이게 되어 경제가 회복되더라도 일단 실시한 복지수준을 후퇴시키기 어렵기 때문에 매년 재정지출이 증가할 수 밖에 없다는 문제를 제기하며 외환위기로 인해 발생한 실업률이 어느 정도 안정적인 수준에 도달하고 전문요원확보와 전산시스템의 구비 등 제반여건이 갖추어 지는 시기에 논의하는 것이 바람직하다고 강력히 주장함에 따라 국회처리가 이루어지지 않았다.

국면의 전환을 가져온 것은 1999년 6월 21일 김대중 대통령이 울산광역시 순시에서 "중산층과 저소득 서민들이 안심하고 살 수 있도록 국민생활보장기본법을 제정하겠다."고 한 선언이었다. 대통령의 선언 이후 정부는 논란을 접고 적극적으로 사업을 추진하여 1999년 정기국회에서 법을 제정하고 2001년 1월부터 기초생활보장제도를 실시하기로 결정하였다.

마지막 기초생활보장제도 실시에 있어서 적극적 역할을 한 것은 당시 야당인 한나라당과 시민사회단체였다. 처음 청원을 제출하여

제도 실시의 단서를 제공한 한나라당은 정부와 여당에 주도권을 빼앗기지 않기 위해 참여연대 등 시민단체와 노동조합 등 28개 관련 단체로 구성된 국민기초생활보장법 제정 추진 연대회의와 협력하여 대통령의 선언이 있은 다음 달인 1999년 7월 6일에 "국민기초생활보장법"을 김홍신 의원 외 131명의 발의로 국회에 제출하였다. 결국 기초생활보장제도는 정부와 야당, 시민단체의 이색적인 정책공조로 시행된 형식이 되었다. 기초생활보장제도는 여 · 야와 정부의 합의에 따라 1999년 9월 7일 법이 공포되고 시행시기도 2001년 대신 2000년 10월 1일로 앞당겨 실시되었다(양재진 외, 2008).

국민기초생활보장제도에 따라 국가에 의해 시혜형식으로 시행되던 생활보호제도가 시민의 권리로서 인정되고 국가가 국민의 기초생활을 보호할 의무를 가지게 되었다. 대상자 선정에 있어서도 생활보호제도가 연령제한을 두어 18세 미만 65세 이상을 대상으로 정한데 비해 기초생활보호제도는 연령과 취업여부와 상관없이 대상자가 될 수 있도록 하였다. 또 생활보호제도에서는 긴급생계급여제도를 새로 만들어 가장의 사망, 질병, 부도, 파산으로 갑자기 생계가 어렵게 되거나 부모의 가출, 행방불명, 폭력 등으로 생활이 어렵게 될 경우나 정부가 필요하다고 인정할 경우 먼저 생계를 보장하도록 함으로써 어떠한 경우에도 국민이 절대적 빈곤에 떨어지지 않고 기본적 생활을 유지하도록 한 것에 큰 의미가 있다. 기초생활보호대상자는 2011년도에 약 150만명 수준이며 이들의 기초생활 보장을 위한 예산은 약 3조 2천억 원이었다.

■ 고용보험과 노인장기요양보험

아이러니컬하게도 고용보험은 김영삼의 문민정부에 의해 1995년 7월 1일 시행되었다. 고용보험이 1997년 김영삼 정부가 발생시킨 외환위기 사태 때 대량 실직자들에게 최대의 복지혜택을 제공했으니 이러한 사태가 있을 줄 알고 미리 제도적 대비책을 만든 결과가 되었다. 고용보험은 1995년에 노동자 30인 이상 사업장부터 적용되었고 외환위기 발생 이듬해인 1998년에 1인 이상 노동자를 고용하는 전체사업장으로 적용범위가 확대되어 4년이라는 가장 단시간 내에 모든 대상자에게 확대된 사회보험이 되었다.

고용보험은 1997년의 외환위기로, 40만 명 수준이던 실업자가 180만 명으로 급증하고 이들의 생활고가 커짐에 따라 대상자와 급여내용이 대폭 확대되었다. 고용보험 가입기간이 1년 6개월인 노동자에게 주어지던 가입기간을 6개월로 단축하고, 수혜기간도 6개월에서 8개월로 늘였으며, 고용보험의 급여액도 실직 전 임금의 50%를 지급하도록 하였다. 고용보험의 확대는 외환위기로 인해 급증하는 실업자를 구제할 유일한 방법이었기 때문에 노사정의 합의에 따라 별 마찰 없이 확대되었다.

노인장기요양보험은 2001년 5월 보건복지부에서 건강보험재정안정대책의 하나로 "치매, 뇌졸중, 중증정신질환 등 만성질환 노인을 위한 장기요양보험 도입 및 장기요양시설 확충안"을 제시한 것이 시초이다. 보건복지부에서 노인장기요양보험 도입을 제시한 가장 큰 원인은 건강보험 재정적자의 주원인 중 하나인 노인에 대한 진료비 지급을 별도의 사회보험을 통해 해결하자는 것이었다. 건강보험의 진료비 지출에서 노인진료비가 차지하는 비율이 높고, 앞으로 인구의 노령화와 함께 노인진료비 비중이 급격히 증가할 것으로 예상되기 때문에 노인진료비를 건강보험에서 분리하여 별도의 노인요양보험을 통해 해결하기 위한 것이었다.

노인장기요양보험제도는 2001년 8월 15일 김대중 대통령이 광복절 경축사에서 "노인요양보험제도" 도입을 언급함으로써 본격적으로 시행이 검토되었다. 이후 2005년부터 3차에 걸친 시범사업을 거친 후 노무현 정부에 의해 2008년 7월 1일에 실시되었다.

노인장기요양보험제도는 한국이 고령화 사회로 급속히 진입함에 따라 65세 이상 노인인구가 2000년에 7%에 달하여 고령화 사회가 되었고, 2018년에 14.3%에 도달하여 고령사회로 진입할 것으로 예측되고 있기 때문에 이에 대비하여 만든 선별적 복지제도이다. 고령화가 진행됨에 따라 치매, 중풍, 파킨슨 병 등으로 거동이 불편하여 장기요양이 필요한 노인들의 수가 증가하고 고령으로 일상생활을 혼자하기 어려운 노인들의 수도 급속히 증가하는 반면, 가족의 복지기능은 핵가족제도와 여성의 경제활동 증가로 급속히 약화됨에 따라 노인들에 대한 가사지원과 장기요양이 필요하게 되어 만든 복지제도이다. 이 제도는 가족의 노인부양비용을 감소시키고, 가족 특히 여성의 사회경제활동을 할 수 있도록 한 점에서 기초노령연금과 더불어 노인복지의 핵심적 제도가 되어 있다.

제 6 장

한국의 정치, 경제 그리고 복지

1. 한국형 복지국가

■ 복지국가의 의미와 형태

복지국가의 의미

모든 정치, 경제활동의 최종목적은 복지의 증진이며 국가의 최종목표도 모든 국민이 함께 행복하게 잘사는 복지국가의 실현이다. 복지는 정부만이 필요한 제도를 만들고 재정과 서비스의 많은 부분을 제공할 수 있기 때문에 복지국가를 정부가 복지서비스의 대부분을 제공하는 국가로 정의하기도 한다.

복지국가가 어떠한 국가인지와 복지국가의 형태에 대하여는 여러 가지 견해가 있을 수 있다. 복지국가는 정치적으로는 모든 인류가 추구하는 이상적인 국가 즉 “모든 사람이 자유롭고 평등하며, 행복하게 함께 잘사는 국가”를 말하는데 이를 완성한 국가는 없다. 다만 서유럽의 일부 선진복지국가를 바람직한 복지국가의 모델로 보고 이들 국가가 가진 정치적, 경제적, 사회적 제도상의 특징에 따라 복지국가의 개념을 제시한다. 이것은 이들 국가가 인류가 상상하는 이상적인 국가에 가장 근접한 복지국가를 실현하였다고 보기 때문이다.

이러한 관점에서 보면, 무엇보다 복지국가는 자유가 보장되는 민주주의 국가이어야 한다. 국민의, 국민에 의한, 국민을 위한 민주주의 국가만이 모든 국민에 대한 복지를 추진할 수 있다. 자유는 복지의 주요 목적의 하나인 인간다운 삶을 유지하기 위한 전제조건의 하나이다. 독재적 정치, 종교적 구속으로부터의 자유, 생각과 행동의 자유와 같은 인간의 기본적 권리에 대한 자유가 없이는 인간다운 삶을 유지할 수가 없다. 무엇보다 개인의 자유가 보장되지 않는 독재주의국가, 전체주의 국가에서는 개인의 가장 중요한 목적의 하나인 자아실현을 이룰 수 없기 때문이다.

복지국가는 모든 구성원이 윤리적으로 근면 · 검소하고, 이웃사랑을 실천하는 국가를 말한다. 이것은 자본주의의 기본 정신일 뿐 아니라 경제를 발전시키고 복지를 증진시키는 원동력이다. 현재 스칸디나비아 국가를 비롯해 서유럽의 선진복지국가에서는 지도층을 비롯해 국민들이 청교도적 윤리관에 따라 근면하게 일하고, 검소하게 생활하여 부를 축적하며 이윤을 얻기 위해 투자함으로써 자본주의를 발전시켰다. 그러나 이들은 자신이 축적한 부를 자식이나 자신의 안락한 노후생활을 위해 사용하기보다는 자선이나 기부를 통해 이웃사랑을 실천하는 것을 의무로 생각하여 왔고 현재는 고율의 세금을 못 사는 이웃을 위해 납부함으로써 복지국가의 실현에 재정적 기여를 하고 있다.

또한 복지국가는 평등과 이웃사랑을 통해 사회연대를 강화하는 국가이다. 평등에 대하여는 기회의 평등만 주어지면 평등이 실현되었다는 신자유주의적 입장과 완전한 정치적, 경제적, 사회적 평등을 주장하는 사회민주주의적 입장이 대립하고 있다. 복지국가는 기회의 평등은 물론이고 복지정책을 통해 비록 각자 간에 능력의 차이가 있지만 가능한 한 모든 국민들의 경제적, 사회적 평등을 이룩함으로써 국민적 일체감을 통해 사회연대를 강화하려고 노력한다.

복지국가는 경제적으로 시장경제에 기초를 두고 정부가 경제개발을 추진하고 분배의 정의를 실천하는 국가이다. 경제개발은 직접적인 복지증진을 위한 최고의 수단이며 분배의 정의는 경제개발로 인한 성과가 개인적 능력 차이와 사회제도로 인해 불공평하게 분배될 수 있기 때문에 이를 형평성 있게 분배하기 위해 복지를 통한 소득의 재분배가 필요하기 때문이다.

복지국가는 국가가 모든 국민의 삶의 질을 최상의 수준으로 높이기 위해 취업, 교육, 건강, 주택, 사회보장정책을 적극 추진하고 유지하는 국가를 말한다. 최고 수준의 복지국가에서는 국가가 이들 부문에 있어 많은 부분의 서비스와 재정을 직접 제공하고 있다. 또한 복지국가에서는 복지제공에 있어 성, 종교, 인종, 직업, 계급, 소득 등에 따른 차별이 없어야 한다. 이런 점에서 볼 때 계급적으로 프롤레타리아 독재를 주장하고 시장경제를 부정하는 공산주의 국가와 남녀 및 종교적 차별을 하는 이슬람 국가는 복지국가가 될 수 없다.

복지국가의 형태

복지국가의 형태에 대해서는 여러 가지 분류방법이 제시되고 있다. 복지재원을 누가 부담하느냐에 따라 국가가 예산을 통해 부담하는 국가보장방식, 사회보험료를 주요재원으로 하는 사회보험방식 그리고 재원을 주로 시장의 기능을 통해 조달하는 민영보험방식으로 구분할 수 있다.

국가보장방식의 대표적 국가는 영국과 스웨덴인데 복지 재원이 국민이 부담한 조세이기 때문에 정부가 평등한 복지를 직접 제공하는 특징이 있다. 영국과 스웨덴의 다른 점은 스웨덴은 평등을 더욱 강조하여 사회민주주의적 복지국가를 지향한다는 점이다. 사회보험방식의 대표적 국가는 독일인데 국가가 법으로 강제적 사회보험을 실시하나 재원은 고용주와 노동자가 납부하는 보험료로 충당하는 방식이다. 현재 세계적으로 가장 많은 국가에서 실시되고 있는 방식이다. 민영보험방식에 의존하는 대표적 국가는 미국으로서 복지가 시장 의존적이고 국가의 개입은 최소화된다. 그러나 현실적으로 모든 국가는 이 세 가지의 주된 방식에 다른 방식 특히 민영보험이 보충적 역할을 하는 혼합된 형식을 가지고 있는 것이 일반적이다.

가장 일반적인 분류방법은 복지국가를 형태상의 차이에 따라 분류하고, 한국을 별도의 복지국가형태로 분류한 코스타 에스핑-앤더슨(Cøsta Esping-Anderson)의 분류방법이다. 에스핑-앤더슨은 복지국가를 자유주의, 조합주의, 사회민주주의 복지 국가로 크게 나누고 있는데 일부 학자들은 이 세 가지 형태에 더하여 지중해 연안 복지국가와 태평양 연안의 복지국가를 별도의 국가로 분류하고 있다. 이들은 한국을 태평양 연안의 유교 복지국가로 분류하고 있다.

자유주의 복지국가는 미국과 영연방국가인 영국, 캐나다, 호주, 뉴질랜드가 대표적인 국가로 분류되고 있다. 신자유주의적 이념을 중시하여 기회의 평등이 주어지는 한 사회적 불평등은 당연한 것으로 보며 빈곤층에 대해 자산조사를 통한 선별적 복지를 제공하고 이들에 대한 사회적 낙인(social stigma)을 당연시한다.

조합주의 국가는 비스마르크식 복지국가(Bismarckian welfare state)인 독일이 대표적 국가로서 사회보험방식을 주된 복지수단으로 실시하고 있는 국가들이다. 보험가입자에 대해 보편적 복지가 제공되며 조합주의에 따라 독립적인 조합이 노사자치로 사회보험을 운영하며 복지비용은 조합이 자율적으로 정하고 조합원으로부터 징수하는 보험료로 대부분 충당한다.

사회보험에 있어서는 보험재정이 보험료에 의해 충당되고, 보험료는 가입자의 임금에 비례하기 때문에 경제가 성장하여 가입자가 증가하고 임금이 인상되면 보험료 수입은 자동적으로 증가하게 된다. 따라서 사회보험은 경제가 성장하면 동반 성장하는 형태를 가지며, 복지의 재정수입과 지출의 크기도 경제성장에 연계되게 된다.

급여가 가입자의 직업과 소득뿐 아니라 가입할 조합이 정한 급여내용에 따라 달라지기 때문에 보편적 복지가 제공되지만 급여의 내용과 수준은 가입자 개개인의 소득과 가입한 조합에 따라 차이가 있을 수 있다. 예를 들면, 연금과 건강보험에서 지불하는 상병수당은 가입자의 임금에 비례하여 정해지기 때문에 급여액이 가입자마다 다를 수 있다. 또한 사회보험이 조합단위로 운영됨으로 인해 복지가 국민의 권리이기보다는 조합원의 권리보호라는 인식이 강하다. 복지가 권리가 아니고 보험가입자인 노동자의 권리를 보장하기 위한 것이기 때문에 사회보험은 고용주와 같은 고소득층은 보험적용 대상에서 제외하기도 한다.

사회민주주의 국가는 스웨덴이 대표적 국가이며 사회적 평등을 중시하고 보편적인 복지가 권리로서 모든 국민에게 제공된다. 집단주의와 박애주의에 따라 노동조합을 중심으로 평등한 임금을 추구하며, 복지를 통한 소득재분배를 통해 국민의 소득을 평등하게 만들려는 사회민주주의적 복지정책을 추진한다.

지중해 연안 복지국가는 그리스, 이태리, 스페인, 포르투갈이 대표적인 국가이다. 이들 국가는 정치적으로 사회민주주의 복지국가를 지향하고 있으나 최근의 재정적자로 복지의 후퇴가 불가피한 국가들이다. 현재 보편적이고 포괄적인 국민건강서비스 제도가 시행되고 있으나 다른 분야에서는 기초적 복지가 제공되고 있으며 정치적 지지그룹에 대한 선심성 복지가 정치적으로 고려되어 선별적으로 제공되는 특성이 있다.

태평양 연안의 유교복지 국가는 한국, 일본, 대만이 대표적인 국가로 포함되고 있다. 이들 국가의 특징은 사회보험방식을 주된 복지수단으로 채택하고 있는 조합주의 국가에 속하나 복지 수준이 서유럽복지국가에 비해 상대적으로 낮으며 가족과 직장 복지가 낮은 복지수준을 보충하는 형태이다. 가족에 대한 헌신과 책임이 중시되며 복지단위를 개인보다 가족에 둔다. 기업은 복지를 인간자본에 대한 투자로 보아 별도의 기업 복지제도를 실시한다. 실적주의와 기업가 정신을 강조하기 때문에 낙오자에 대한 지원이 부정적이며 이것이 복지확대에 부정적인 요인으로 작용한다. 결과적으로 세계 3위의 경제대국인 일본의 공적 복지 지출액은 1990년대 초에 영국의 1/2, 스웨덴의 1/3 수준에 머무르고 있는 것을 볼 수 있다(최종균, 2005 ; 41쪽).

■ 한국의 복지국가 형태

사회보험방식의 조합주의

한국은 자유민주주의 국가이고 시장경제에 기초를 둔 자본주의 국가이기 때문에 정치 · 경제적으로 복지국가의 기본조건을 갖추고 있다. 한국은 복지를 증진시키기 위해 경제개발을 추진하고 국민의 삶의 질을 높이기 위해 복지를 꾸준히 확대하여 왔으며 현재 시행 중인 보편적 복지 예를 들면, 건강보험에 있어서는 제도적으로 어떠한 사회경제적 차별도 하지 않고 있다.

한국인은 윤리적으로 근면, 검소하고 신뢰를 중시하기 때문에 뛰어난 자본주의 정신을 가졌다고 할 수 있다. 단지 비버리지가 말한 자본주의 정신 중 이웃사랑의 실천에 있어 서유럽 복지국가 국민에 비해 상대적으로 약한 점이 있다. 이것은 전통적으로 개인의 불행을 개인이나 가족의 책임으로 돌리고 이에 대한 극복책도 개인이나 가족이 마련해야 한다는 가족단위 책임의식과 낙오자에 대해 냉담한 유교주의적 사상에 따라 사회취약계층에 대한 복지에 소홀했던 역사적 배경도 작용했다고 볼 수 있다.

또한 한국은 계급에 따른 사회적 차별이 일반적으로 받아들여지는 권위주의적 사회이기 때문에 평등에 있어서는 기회의 평등만 주어지면 되는 것이지 인위적으로 국가가 평등을 달성하려고 노력하는 것은 불필요하다는 신자유주의적 생각이 강하다. 여기에 더하여 한국은 전통적으로 지연, 학연, 혈연에 따른 경쟁심과 차별이 강하고, 최근에는 이념과 세대 간의 갈등까지 겹쳐 평등과 이웃사랑을 통한 사회연대의 강화에 대해 소극적인 편이다.

그러나 이러한 취약점은 한국이 반세기만에 세계의 최빈국에서 부유국의 하나로 발전하는 과정에서 발생하는 부작용의 하나로 이의 치유를 소홀히 했던 부분이며 이것은 그동안의 경제적 성공을 바탕으로 복지국가를 실현하기 위해 노력하는 과정에서 많은 부분이 해결될 수 있는 문제라고 본다. 하나의 예로 보편적 복지제도인 건강보험에 있어 소득에 비례하는 차등적 보험료를 부담하고 평등한 급여를 받는 것에 대해 대부분의 국민은 이의를 제기하지 않으며 이를 통해 불행한 이웃을 돕는 것을 당연하게 생각한다. 이것은 건강보험가입자들이 일체감을 통해 간접적으로 사회연대의식을 증대시키고 있는 좋은 예이며 앞으로 국민의 합의와 지지를 받아 복지를 확대할 경우 사회적 일체감과 사회연대 의식은 더욱 강화될 것이다.

한국의 복지형태는 에스핑 - 앤더슨이 편집한 전환기의 복지국가(Welfare States in Transition)에서 굿맨(Goodman)과 펭(Peng)이 한국을 태평양 지역의 유교주의 복지형태로 분류하였지만 한국의 복지제도는 기본적으로 사회보험을 주요수단으로 하는 조합주의 형태에 가깝다. 이것은 한국의 복지제도는 대부분 일본의 제도를 도입하였고, 일본은 독일의 조합주의식 복지국가 형태를 도입하였기 때문이다. 한국의 5대 보험인 건강, 연금, 고용, 산업재해, 노인

장기요양보험이 모두 사회보험방식인 것을 보아도 알 수 있다.

한국은 사회보험을 주요수단으로 하는 조합주의 방식의 복지를 선택함으로써 경제와 복지의 동반성장을 이룩할 수 있었고 이것은 지금까지 "선 경제발전, 후 복지"라는 정부의 정책과 일치할 수 있는 복지방식이었다. 즉 경제가 발전함에 따라 고용이 증대되어 사회보험 가입자 수는 증가하는 반면, 복지수혜대상자 수는 감소하고, 사회보험 가입자의 보수와 소득이 증가됨으로 보험료 수입이 자동적으로 증가하여 복지급여를 확대시킬 수 있는 보험 재정능력이 증대된 것이다. 또한 사회보험의 자치적 운영에 따라 사회보험을 사회보험 이해관계자들이 자치적으로 운영함으로써 정부의 재정적 부담을 최소화할 수 있었다. 또한 경제 성장에 따른 정부의 재정 수입 증가는 사회보험에 대한 재정지원능력을 향상시켰다.

그러나 한국은 의료보험의 통합을 통해 의료보험조합을 국민건강보험관리공단으로 통합일원화하고 농어민과 도시지역 주민에 대한 보험료를 정부가 공동 부담함으로써 순수한 조합주의에 국가가 재정개입을 하고 관리운영에 관여하는 사회민주주의 방식이 가미된 독특한 형태로 발전하였다.

사회보험 위주의 복지형태

앞으로 복지가 확대되거나 기존의 선별적 복지제도가 보편적 복지제도로 발전하고 사회보험과 경쟁관계에 있는 경쟁적 상업보험이 도입되고 사회보험을 보완하고 있는 보완적 상업보험이 건강보험과 연금보험분야에서 확대되며 국가가 예산으로 직접 복지서비스를 제공하는 사회민주주의 방식의 복지제도가 확대될 경우, 한국의 복지형태는 사회보험방식의 복지를 위주로 하고 자유주의 방식과 사회민주주의 방식이 혼합된 형태가 될 것이다. 최근에 국민의 기초생활보장을 국민의 권리로 규정하고 모든 국민에게 최저생계(national minimum)를 보장하기 위해 실시된 전형적인 국가주도의 기초생활보장제도의 도입은 앞으로 서유럽 국가에서 실시 중인 사회민주주의 방식의 복지제도 도입이 한국에서 증가할 것임을 예고하고 있다.

미래의 한국의 복지국가 형태와 관련하여 이 시점에서 명확히 해야 할 필요가 있는 것은 앞으로 한국의 복지국가를 사회보험 방식을 위주로 발전시킬 것이냐, 아니면 사회민주주의 방식을 위주로 발전시킬 것이냐 하는 것이다. 이것은 현재 정치권에서 제기되어 있고 앞으로 중요한 정치 이슈가 될 것으로 예측되는 무상의료, 무상보육, 무상교육을 어떠한 복지형태로 해결하느냐가 앞으로 한국의 복지형태를 결정하는데 중요한 변수가 되기 때문이다.

무상의료, 무상보육, 무상교육은 이론적으로 국민의 추가 부담 없이 정부예산으로 추진한다는 의미를 가지고 있다. 이것은 앞으로 한국의 복지는 국가주도의 사회민주주의 방식으로 확대되고 발전할 것이라는 의미를 가지고 있다. 반면에 현재의 건강보험제도 안에서 보험료를 인상하여 진료비 본인부담률을 감소시킴으로써 무상의료를 달성하고 새로운 출산보험 제도를 통해 무상보육을 실시하고, 무상교육은 현존하는 교육세를 통해 재원을 마련할 경우, 한국의 복지형태는 사회보험을 위주로 하고 사회민주주의 방식을 혼합한 형태로 발전할 것이라는 것을 의미한다.

한국의 복지역사와 사회보험의 장점을 고려할 때 앞으로 한국의 복지형태는 사회보험 위주로 하고 사회보험의 적용이 어려운 복지분야는 국가가 주도하는 복지형태가 가장 바람직하다고 생각한다. 이것은 한국이 사회보험 제도를 복지부문에 도입함으로써 어떻게 경제발전과 복지가 동반 성장하였는지와 사회보험 방식 자체가 어떠한 장점을 가졌는지를 앞에서 이미 설명하였다. 특히 사회보험 제도가 현재 서유럽 일부 복지국가에서 문제로 제기되고 있는 공공부문의 비대화를 방지하고 보험료 수입에 연계된 급여 확대로 복지 포퓰리즘을 어느 정도 예방할 수 있으며 국가의 재정 부담을 최소화하여 복지비 지출증대로 인한 국가의 재정위기를 방지할 수 있는 기능을 가지고 있기 때문이다.

사회보험 위주의 복지형태로 갈 경우, 정부는 독일처럼 사회보험의 관리운영과 재정운용에 있어 정부의 간섭을 최소화하고 보험료 부담자와 사회보험에 참여하는 이해관계자들이 상호 협력하여 자치적으로 사회보험을 운용하고 책임을 지도록 할 필요가 있다. 이것은 정부가 사회보험의 관리와 재정에 직접 관여함으로써 정부의 역할이 확대된 만큼 책임과 재정적 부담도 증가되어 다른 복지를 확대할 재정능력이 부족해지기 때문이다. 정부는 대신 사회보험의 적용이 어려운 교육과 주택 등에 정부의 역할과 재정투자를 집중할 필요가 있다.

■ 한국복지의 수준

낮은 수준의 복지국가

복지국가는 국민의 욕구를 만족시켜주는 수준에 따라 높은 수준의 복지국가, 중간 수준의 복지국가, 낮은 수준의 복지국가로 분류할 수 있다. 복지국가의 수준별 분류는 국민의 욕구를 만족시키는 수준을 객관적으로 평가할 기준을 찾기 어렵기 때문에 일반적으로 간접적인 방법으로 국내총생산(GDP)에서 차지하는 복지비 지출비율이나 정부 예산에서 차지하는 복지예산 비율을 기준으로 사용하고 있다. 이것은 복지비 지출이 높을수록 국민과 정부의 복지에 대한 관심이 클 뿐만 아니라 보편적으로 국민의 복지수준이 높을 것이라는 가정에 근거를 두고 있다. 이 경우 복지비 지출에는 전통적인 교육, 건강, 주택, 연금, 산재, 실업, 빈곤계층에 대한 지출과 노인, 장애인 등 취약 계층에 대한 사회복지 서비스 지출이 모두 포함된다. GDP에서 차지하는 복지비 지출비율은 정부의 사회복지 지출예산과 민간의 사회보험 부담과 건강보험의 본인부담액과 같은 순수 개인부담액을 모두 포함한 복지비 총액을 나타내는 지수이다.

대부분의 선진국이 가입한 OECD 회원 국가를 GDP에서 차지하는 공공과 민간의 복지비 지출비율(OECD Factbook, 2010)을 기준으로 높은 수준의 복지국가, 중간 수준의 복지국가, 낮은 수준의 복지국가로 분류할 수 있다. 2005년의 경우 높은 수준의 복지국가를 GDP 중 정부와 개인의 복지비 지출이 25% 이상인 국가들로 규정할 경우 스웨덴(32.2%), 프랑스(32.0%), 벨기에(30.9%), 덴마크(29.7%), 독일(29.7%), 네덜란드(29.2%), 오스트리아(29.1%), 스위스(28.7%), 영국(28.4%), 핀란드(27.2%), 이태리(27.1%), 미국(26.0%)이 높은 수준의 복지국가에 포함된다.

중간 수준의 복지국가를 복지비 지출이 15% 이상 25% 미만의 국가로 할 경우 포르투갈(25.0%), 룩셈부르크(24.3%), 노르웨이(23.7%), 헝가리(22.6%), 그리스(22.2%), 캐나다(22.0%), 아이슬란드(21.8%), 스페인(21.7%), 일본(21.4%), 폴란드(21%), 호주(20.8%), 체코(19.9%), 뉴질랜드(18.9%), 아일랜드(18.0%), 슬로바키아(17.6%)가 해당된다.

한국은 GDP 중 복지비 지출이 9.4%로서 터키(13.7%), 멕시코(7.6%)와 더불어 낮은 수준의 복지국가로 분류된다.

또 하나의 지표로 사용하고 있는 중앙정부 일반예산에서 복지 예산이 차지하는 비율을 보면 2007년도의 경우, 34개 OECD 국가 중 독일(57.8%), 스위스(57.3%), 룩셈부르크(57.1%), 오스트리아(54.5%), 프랑스, 벨기에, 핀란드(54.3%), 스웨덴(53.6%), 일본(51.9%), 포르투갈(51.4%), 덴마크(51.3%), 노르웨이(50.1%) 등 13개 국가가 일반예산의 50% 이상을 복지부문에 지출하고 있고 나머지 국가도 모두 30% 이상을 복지부문에 지출하고 있다. 통계자료가 없는 터키와 이스라엘을 제외하면 한국이 유일하게 26.4%를 지출하고 있고 일반예산 중 가장 적은 예산을 복지부문에 지출하고 있어 한국은 복지예산 기준으로도 낮은 수준의 복지국가로 분류된다(OECD Statistics, 2011).

높은 수준의 복지국가와 중간 수준의 복지국가는 오래된 복지 역사를 가지고 제2차 세계대전 이후 시작된 경제적 번영기에 복지국가를 국가의 목표로 하여 새로운 복지제도를 도입하고 정부의 복지비 지출을 확대하여 복지국가를 실현한 국가들이다. 우리나라는 첫번째 보편적 복지제도인 건강보험이 1977년도에 실시되었으므로 건강보험을 최초로 1883년도에 실시한 독일에 비교하면 90년 이상 뒤떨어졌고 1927년에 실시한 일본에 비해서도 50년 뒤 떨어져 실시하였다.

그러나 우리나라는 1970년대 이후의 지속적인 경제성장과 정치적 결정으로 세계에서 가장 빠르게 복지가 확대되어 왔으므로 앞으로 정치적 결정에 따라 상위의 복지국가로 발전할 가능성과 잠재력이 충분한 국가이다. 한국을 낮은 수준의 복지국가로 볼 경우 복지국가에 대한 한국의 목표는 명확해진다. 앞으로 복지에 대한 집중투자를 통해 단기간 내에 한국을 높은 수준의 복지국가로 만들 것이냐 아니면 장기적 투자를 통해 중간수준의 복지국가를 거쳐 높은 수준의 복지국가로 발전시킬 것이냐 하는 것이다.

2. 한국의 정치적 복지경쟁

■ 과거의 정치적 복지경쟁

군사정권과 진보정권

이미 설명한 바와 같이 한국의 복지는 대부분 군사정권에 의해 실시되었다. 왜 군사정권에 의해 복지가 중점적으로 실시되었느냐에 대하여는 군사정권이 국민의 직접적 투표로 인해 수립된 정부가 아니기 때문에 정권의 정통성을 확보하고 국민의 정치적 지지를 얻기 위한 하나의 수단으로 복지를 실시하였다는 주장, 북한과의 복지경쟁에서 이기기 위해 실시하였다는 주장, 그리고 한국이 산업사회로 전환하는 과정에서 필연적으로 발생하는 사회문제를 해결하기 위해 선진국의 복지제도를 도입할 필요가 있었다는 주장이 있다. 이 세 가지 이유가 복합적으로 작용했다고 볼 수 있을 것이다. 한 가지 요인을 더하자면, 당시에 현재와 장래에 발생할 사회문제를 잘 파악하고 이러한 문제를 해결하기 위해 이미 실시되고 있던 일본과 유럽의 복지제도를 잘 알고 있는 유능한 관료와 전문가들이 있었고 제도의 실시를 재정적으로 뒷받침할 수 있는 지속적인 고도의 경제성장이 있었다는 것이다. 그리고 당시의 군사정부는 반영구집권이 보장된 유신정권과 단임 정권이었기 때문에 정권의 유지를 위해 직접적으로 복지를 이용할 필요는 적었다고 볼 수 있다.

최초의 복지에 대한 정치적 경쟁은 극우 군사정권과 좌파 진보정권 간에 있었다고 볼 수 있다. 이것은 극우 군사정권에서 실시된 대표적 복지제도인 의료보험, 국민연금, 생활보호, 의료보호제도가 진보정권에서 모두 개편된 것을 보아도 알 수 있다. 의료보험은 건강보험으로 변경되고 의료보험통합을 통해 관리체제가 다원적인 조합주의에서 일원화된 공단관리체제로 바뀌었고 국민연금의 최고 급여율이 생애소득의 60%에서 40%선으로 인하된 점, 생활보호와 의료보호제도가 국민기초생활보장제도로 통합개편된 것이 중요한 예이다. 그리고 새로운 사회보험제도인 노인장기요양보험제도가 진보정권에서 실시되어 기존의 건강, 연금, 산재, 고용의 4대 보험에 노인요양보험제도가 진보정권에 의해 추가되어 현재의 5대 사회보험체제로 재편되었다. 특히 김영삼 정부가 복지를 등한시하여 고용보험의 실시 이외에는 이렇다 할 실적이 없는데다가 외환위기까지 초래해 대량실업과 빈곤을 초래함으로써 김대중 정부가 이들을 위한 사회안전망으로서 복지를 확대하는 필요성과 명분을 제공하였다. 특히 김대중 정부는 복지를 개혁하고 확대하는데 있어 노동조합과 시민단체와의 협력을 통해 이들을 우군으로 만듦으로써 이들의 정치적 지지를 받음은 물론 최근의 복지경쟁에 있어 유리한 위치를 점할 수 있게 되었다.

그동안의 각 정권의 복지정책을 보면 한 가지 흥미로운 사실을 발견할 수 있다. 즉 복지를 중시하고 새로운 복지제도를 실시한 정부는 정권을 재창출한 반면, 복지를 등한시한 정권은 정권을 상실하였다는 것이다. 정권재창출에 성공한 정권은 전두환 정권에서 노태우 정권으로, 김대중 정권에서 노무현 정권으로 정권이 재창출되었으며 실패한 정권은 김영삼 정권에서 김대중 정권으로, 노무현 정권에서 이명박 정권으로 정권이 이양된 것을 볼 수 있다. 이들은 복지와 경제보다는 정치와 이데올로기에 치우쳐 복지와 경제를 소홀히 한 것이 특징이라 할 수 있을 것이다.

복지 축소와 복지 확대

국제적으로도 현재의 복지국가는 복지와 관련해 두 가지 상반된 현상을 보이고 있다. 유럽의 복지국가에서는 복지 축소가 주요 정치 쟁점이 되어 있고 이외의 복지국가에서는 복지 확대가 정치 쟁점화 되고 있다는 것이다. 사실상 국가 재정 위기상태에 빠진 국가인 그리스에서는 복지의 강제적 축소가 불가피한 상황이며 재정위기에 직면한 이태리, 스페인에서도 복지의 축소가 진행되고 있다. 정권이 보수당으로 바뀐 영국은 국가의 재정적자를 줄이기 위해 대학생 등록금 인상, 빈곤층에 대한 복지 지출 등의 삭감이 이루어지고 있다. 스웨덴의 경우도 2006년 이후 집권하고 있는 중도우파 정권에 의해 자유시장주의 정책이 추진됨에 따라 복지부문에 있어서도 의료, 교육, 복지서비스 부문에 경쟁의 원리가 도입되고 있으며 실업수당, 상병수당, 조기퇴직에 대한 개혁이 추진되고 있다. 또한 부유세가 폐지되고 고율의 조세에 대한 인하가 추진되고 있다.

반면에 미국, 일본과 한국은 복지확대가 정치 쟁점화 되어 있다. 미국의 경우 오바마 정부의 전 국민건강보험 확대가 주요 정치 현안이 되어 있으며 일본의 경우 민주당 정부가 2009년 총선에서 주요 공약으로 내세웠던 중학교 졸업 때까지 매달 2만 6천 엔씩 자녀수당 지급, 고교교육 무상화, 대학생장학금 확대, 농어민 소득보장제 실시, 월 7만 엔씩 지급하는 최저보장 연금제 실시, 직업훈련생에 대한 10만 엔 수당 지급과 같은 복지공약과 고속도로 요금 무료화, 휘발유세 폐지, 중소기업 법인세 11%로 인하와 같은 집권민주당의 주요 선거공약 실천이 중요 정치 쟁점화되어 있다. 이 중 자녀수당은 대표적 선거공약으로 총선 승리의 견인차 역할을 했다고 알려져 있다. 자녀수당은 정부의 재정부족으로 2011년에 절반인 1만 3천 엔이 지급되었고, 앞으로 고소득층의 자녀에게는 적게 차등지급할 예정인 것으로 알려져 있다.

■ 진행 중인 정치적 복지 경쟁의 문제

복지 경쟁의 내용과 문제

한국은 현재 무상급식으로 시작된 복지 확대 경쟁이 정치적으로 가장 중요한 이슈가 되고 있다. 그러나 현재 진행 중인 정치적 복지경쟁은 2012년의 총선과 대선에서의 승리를 위해 제시된 정치적, 전략적인 복지정책이다. 궁극적으로 실현하고자 하는 복지국가에 대한 근본적인 이념의 제시가 없고 복지국가를 실현하기 위한 장기적 계획이 없으며 확고한 장기적 재정조달계획도 제시되지 않고 있다. 이런 점에서 한국의 정치적 복지경쟁은 제2차 세계대전 후 비버리지 보고서에 따라 영국에서 추진된 새로운사회 건설을 위한 정치적 경쟁도 아니고 1950년대부터 서유럽 국가에서 시작된 정치적 이데올로기를 초월한 이념으로서의 복지국가 건설을 위한 경쟁도 아닌 단순한 정치적 권력을 획득하기 위한 하나의 수단으로서의 복지경쟁에 불과하다고 할 수 있다.

2011년도에 진행된 정치적 복지경쟁은 민주당(민주통합당으로 당명 개정)이 보편적 복지로 무상급식, 무상보육, 무상의료, 대학생 반값등록금을 제시하였고, 한나라당(새누리당으로 당명개정)은 선별적 복지로서 0세 아이 무상보육, 전문계 고교생 교육비 전액지원, 대학등록금 부담감소, 기초노령연금확대, 기초생활보장대상자 확대, 청년고용할당제, 복지공무원 증원 등을 제시함으로써 시작되었다. 이러한 정치권의 복지확대 경쟁에 대해 정부에서도 5세까지 어린이 전부에 대한 무상보육실시계획을 발표하고, 2012년 3월부터 0세~2세와 5세 아이의 보육과 유치원 비용의 지원을 결정함에 따라 정부도 복지확대 경쟁에 참여하는 양상으로 발전하고 있다.

현재 진행되고 있는 정치적 복지경쟁의 가장 큰 문제점은 복지확대를 위한 장기적 재정조달계획이 불확실하다는 것이다. 민주당은 2011년 1월 초에 발표한 재정계획에서 무상급식(1조 원), 무상보육(4조 1천억 원), 무상의료(8조 1천억 원), 반값등록금(3조 2천억 원)을 위해 총 16조 4천억 원이 소요되며, 이를 위한 재정확보 대책으로 부자감세철회로 연평균 4조 1천억 원, 자연세입증가 6조 6천억 원, 세제잉여금 1조 5천억 원, 건강보험개혁으로 4조 2천억 원, 비과세감면제도 축소로 매년 2조 4천억 원을 조달하여 매년 약 19조 원의 재원을 확보할 수 있다고 구체적인 재정조달계획을 밝혔다(문화일보, 2011년 1월 13일).

그러나 민주당은 8월 하순에 발표한 "보편적 복지재원 조달방안 보고서"에서는 2013년부터 5년간 재정개혁을 통해 12조 3천억 원, 복지개혁으로 6조 4천억 원, 조세개혁을 통해 14조 3천억 원, 총계 33조 원의 복지재원을 매년 확보하여, 이 중 17조 원은 무상급식(9천억 원), 무상보육(2조 6천억 원), 무상의료(8조 6천억 원), 반값등록금(4조 8천억 원)에 사용한다는 것이다. 나머지 16조 원은 저소득, 노인, 장애인 등 취약계층에 대한 복지와 취업과 주택부문에 대한 투자로 활용한다는 계획이다. 여기서 재정개혁은 사회간접자본과 경제개발예산을 축소하고 정부의 출자사업을 조정하겠다는 것이며 복지개혁은 복지전달체계와 건강보험 보험료 부과기준을 근로소득에서 종합소득으로 변경한다는 것이다. 조세개혁은 부자감세철회와 탈루소득에 대한 과세강화와 파생금융상품에 대한 증권거래세부과 등으로 어느 정도 구체적인 계획을 제시하고 있다. 반면에, 한나라당은 평생맞춤형 복지를 채택하고 전체 소요예산 중 새로운 재원이나 국가예산에서 60%, 국민부담으로

40%를 확보한다는 대략적인 계획만을 제시하였다.

최근 새누리당으로 당명을 개정한 후 총선 공약으로 평생맞춤형 복지를 위해 0-5세 무상보육에 2조 5천억 원, 고교 의무교육에 2조 3,600억 원이 소요될 것으로 계산하였다. 취업을 위해 핵심중소기업 취업자 장학금과 생활비 지원에 5,000억 원, 대학생 학자금 미상환자와 중소기업 취업자 채무탕감 지원에 4,000억 원 등 복지분야에서 총 5조 7,600억 원의 재정이 소요될 것으로 추계하였다. 이를 위한 재정 확보대책으로는 고소득 자영업자와 탈세자 등에 대한 과세와 추가 세원 발굴로 약 2조 - 3조 원, 대주주 주식 양도차익 과세 확대로 수천억 원, 금융종합과세 확대로 수천억 원을 추가로 확보한다는 재정 조달계획을 밝혔다(중앙일보, 2012년 2월 6일).

이 중에서 특히 현실적으로 문제가 되는 것은 무상의료와 대학생 반값등록금이다. 민주당이 제시한 무상의료는 진료비 본인부담률을 인하하여 건강보험의 보장성을 향상시킨다는 것인데 복지이슈의 선점과 확대를 위해 무상으로 포장된 면이 있다. 민주당의 무상의료는 입원의 경우 현재 법정 본인부담률이 20%이나 실제 본인이 부담하는 진료비는 42% 수준이므로 이를 10%로 낮추고 외래의 경우 실제 본인이 부담하는 진료비가 58% 수준이므로 이를 30~40% 수준으로 인하하여 법정부담률 30%에 근접시키자는 것이다. 이것은 2008년 기준으로 진료비 보장성이 62%에 불과한 건강보험의 보장성을 2015년까지 단계적으로 OECD 평균수준인

70~80% 수준으로 향상시키자는 것이다.

이 목표를 위해 서독과 같이 진료비 총액 계약제 도입, 지역별 병상 억제, 주치의 제도 등을 도입하여 진료비 지출을 감소시키고, 현재 근로소득에 부과하는 보험료를 금융소득과 임대소득 등이 포함되는 종합소득에 부과하고 부양자의 범위에서 고소득자를 제외시켜 보험료 수입을 증가시킴으로써 필요한 재정의 대부분을 확보할 수 있을 것으로 보고 있다. 즉 종합소득에 대한 보험료 부담으로 2조 9,000억 원, 피부양자 축소로 1조 3,000억 원, 국고지원액을 보험료 수입의 20%에서 30%로 상향 조정하고, 나머지 재원은 보험료 인상을 통해 확보한다는 것이다. 여기에 대한 반대이론은 종합소득에 보험료를 부과할 경우 직장가입자의 부담만 증가할 것이며 피부양자 범위를 축소할 경우 연금수령자의 부담이 증가하고, 건강보험에 대해 국고지원을 늘리는 것은 재정 형편상 어려우며 입원 진료비의 90%를 보장하는 것은 도덕적 해이(moral hazard)로 인한 경쟁적인 병원 입원 특히 노인과 만성질환자의 입원 증가로 진료비 지출이 급격히 증가할 수 있다는 것이다. 매년 평균 보험료 인상률 5~6%에 대하여도 국민이 반발하는데 여기에 더한 추가 인상은 국민의 보험료 인상 반대로 어려울 것이라는 것이다.

특히 정부에서는 입원 본인부담을 10%로 인하하고 연간 본인 부담금 한도액을 100만 원으로 제한하면 입원환자의 급증과 신의료기술 사용증가로 추가로 소요되는 예산이 30조 원 이상 증가할 것이며, 이러한 추가 재정을 확보하려면 보험료와 국가지원액을 두 배로 올려야 한다고 주장한다. 즉 보험료는 직장가입자의 경우 보험료율이 5.64%에서 11%로 되어 보험료액이 16만 원에서 32만 원으로 증가하며, 지역가입자도 개인당 3만 6천원 정도를 더 부담해야 한다는 것이다. 건강보험에 대한 국가지원금액도 2011년 기준으로 약 6조 원에서 12조 원으로 늘어나야 한다고 주장하고 있다(sshin@joongang.co.kr).

의료수요를 결정하는 두 가지 중요 요인은 의료가격과 소득이다. 이중 의료가격은 의료수요의 결정적 요인이다. 수요의 법칙에 따라 의료가격이 하락하면 의료수요는 증가한다. 가격에 대한 의료수요의 변화 즉 의료수요의 가격에 대한 탄력도에 대하여는 많은 실증적인 연구가 있는데 어떤 연구결과를 사용하느냐에 따라 가격의 변화에 대한 의료수요의 증가율이 다르게 된다. 데이비스와 러셀(Davis & Russel)은 1972년도의 조사에서 입원의 가격탄력성이 0.47로서 가격을 100% 인하하면 입원이 47% 증가한다고 보고하였다. 반면에 펠드스타인(Feldstein)은 1993년에 실시한 입원과 외래에 대한 가격 탄력도 조사에서 외래의 탄력성은 0.1～0.2%인데 비해 입원은 0.03～0.05로 발표하여 입원환자의 경우 가격이 100% 인하되더라도 입원환자는 3～5% 감소하는데 그치는데 입원환자는 주로 치료에 있어 응급성을 요하는 환자이기 때문에 탄력성이 낮다는 것이다. 저자의 1977~1984년 사이 한국의 건강보험 가입자에 대한 의료수요의 가격탄력성 조사에 의하면, 입원의 가격탄력성은 0.7로서 가격이 100% 인상되면 입원율이 70% 증가하는 것으로 나타났다. 크레땅(Cretin)은 1988년 중국에서 실시한 조사를 통해 입원의 본인부담률이 50%에서 0%로 감소하면, 입원율이 2.9%에서 4.5%로 약 50% 증가한다고 예측하였다(엄영진, 2010).

외래의 가격탄력성은 일반적으로 입원보다 높다. 로젯과 황(Rosett & Hwang)은 외래의 가격탄력도가 1.5로서 외래 방문이 가격의 인하 폭보다 더 큰 폭으로 증가한다고 하였다. 펠드스타인도 외래의 탄력성이 0.1~0.2로서 입원보다 외래가 크다고 하였으며 저자의 조사에서도 외래의 가격탄력성이 1.0으로서 가격이 10% 인하하면 외래 방문도 10% 증가하는 것으로 나타났다(엄영진, 2010). 입원과 외래의 본인부담률을 인하하고 보험에 포함되지 않은 비급여를 보험급여화하고 간병서비스를 보험에 포함시켜 건강보험의 보장성을 확대하는 것은 복지사회 실현을 위해 바람직한 제안이다. 단지 몇 가지 문제에 대한 합리적인 대안을 제시할 필요가 있다.

첫째, 입원 본인부담률 10%로의 인하와 연간 본인부담금액 한도를 100만 원으로 할 경우 노인과 만성질환자의 입원 증가로 입원 진료비 지출이 증가함은 물론 이들의 병상점령으로 일반 환자의 경우 입원이 어렵게 되고 영국을 비롯한 서유럽국가처럼 입원치료를 위한 환자의 대기시간(waiting list)이 대폭 늘어날 것이다. 증가하는 환자를 치료하기 위해서는 새로운 병원의 증설과 의료인의 양성이 필요한데 이것은 새로운 진료비용의 증가를 초래하게 될 것이다. 이것은 입원시 본인부담률이 큰 건강보험가입자와 본인부담률이 거의 없는 의료급여대상자의 평균진료비를 보아도 알 수 있다. 2010년도에 건강보험 환자의 평균진료비가 1인당 89만 원이었는데 비해, 의료급여환자는 296만 원으로 3.3배의 차이를 보이고 있다(국민건강보험관리공단, 2010). 이렇게 될 경우, 역차별을 받는 일반환자 특히 고소득층의 경우 자신들을 독일처럼 건강보험에서 제외시켜 경쟁성 민간보험에 가입할 수 있게 제도를 변경할 것을 강력하게 주장할 가능성이 크며 해외진료 환자 수의 증가로 해외진료비 지출이 증가할 것이 예상된다. 또한 현재 건강보험의 급여에서 제외된 질병과 의료서비스까지 모두 보험급여에 포함시키고 신약과 신의료기술을 사용하는 의료행위도 보험급여에 포함시키게 되면 진료비의 급격한 증가가 보험료와 국가부담의 증가로 연결될 것인데 이러한 예상되는 문제점에 대한 장 · 단기 대책이 필요하다.

둘째, 필요한 재원조달 방법에 있어 종합소득세에 보험료를 부과할 경우 국민의 80%는 추가 부담이 없고 임대 · 금융소득 있는 고소득 직장인 20%, 특히 5%의 부담이 증가한다는 것과 고소득층 감세 제도를 철회하여 보험료 수입을 확대한다는 것은 전체국민의 복지보다는 정치적 목적으로 지지층과 새로운 지지층을 위해 비지지층일 가능성이 높은 고소득층에게 일방적인 부담을 지운다는 비난을 면할 수 없게 된다. 이렇게 될 경우 국민을 위해야 할 복지가 국민의 계층적 갈등만 초래할 수 있다.

이렇게 볼 때 추가 재정확보는 국민의 동의를 받아 보험료를 인상하여 모든 가입자가 평등하게 보험료 인상분을 부담하고, 동등한 보험급여를 받도록 하는 것이 사회보험의 원리에도 적합한 방법일 것이다.

국가지원금을 확대하는 것은 고소득층에 대한 일방적인 부담전가 보다는 바람직한 방법이다. 2010년도에 있어 국가지원금은 국고지원과 건강증진기금을 합치더라도 전체 보험료 수입 28조 1,650억 원의 약 18%인 5조 원에 불과하다. 그러나 국가가 의료급여 비용으로 지급하는 예산 4조 9천억 원을 합치면 국가가 국민의 의료보장을 위해 지불하는 예산이 약 10조 원으로 건강보험의 진료비와 관리운영비를 합한 총 지출 34조 9천억 원의 약 30%에 해당한다. 여기서 한가지 대안으로 생각할 수 있는 것은 건강보험과 의료급여를 통합해 모든 의료급여자를 건강보험에 가입시키고 이들의 보험료와 본인부담분을 정부가 대신 납부할 경우 정부가 전체 보험재정의 30%를 부담하게 된다. 정부로서는 국가지원금 3%를 증액해 건강보험 재정의 1/3을 부담함으로써 직장가입자, 기업주, 지역가입자보다 가장 많은 보험재정을 부담함으로써 건강보험에 대한 국가재정지원을 늘릴 수 있고 국가지원금증가에 대한 건강보험가입자와 기업주의 요구를 충족시킬 수 있다. 또한 의료급여 환자에 대한 사회적 낙인을 없애고 이들의 병·의원 진료에 대한 관리를 국민건강보험관리공단에서 건강보험환자와 같이 함으로써 장기적으로는 의료급여환자에 대한 진료비 증가율을 감소시킬 수 있을 것이다.

대학생 반값등록금은 복지의 우선순위를 무시하고 완전히 정치적 목적으로 제시된 복지로 볼 수 있다. 즉 대학생들이 투표권이 있기 때문에 이들의 정치적 지지를 얻기 위해 투표권이 없는 초 · 중 · 고생의 복지를 희생시키는 제안이다. 교육의 우선순위는 거의 모든 학생들이 진학하는 고등학생들에 대한 의무교육을 먼저 실시한 후 대학생들에 대한 등록금 지원을 하는 것이 순서인데 대학생에 대한 지원을 우선하는 것은 당연한 우선권이 있는 고등학생에 대한 보편적 복지를 희생시켜 대학생에 대한 선별적 복지를 교육이 아닌 정치적 목적으로 먼저 실시하는 것이다.

이렇게 볼 때 현재의 복지경쟁은 어떠한 복지국가를 한국에서 실현하겠다는 이념적 제시와 장기적인 실현계획도 없이 몇 가지 복지사업이 마치 복지의 모든 것처럼 정치 이슈화하여 쟁점화하고 있다. 더군다나 현재 제시되고 있는 복지사업들은 새로운 것이 아니고 이미 서유럽 복지국가에서 실시하고 있는 복지제도인데 마치 이것이 새로운 복지제도인 것처럼 과대 포장되어 있으며 이들 국가가 복지를 실시하기 위하여 조세와 사회보험료를 어느 수준으로 부담하고 있으며 국가의 지원이 어느 정도인지에 대한 설명도 없다. 따라서 현재 진행 중인 복지경쟁은 복지국가에 대한 정치적 이념과 복지제도 전반에 대한 장 · 단기 실현방법과 우선순위가 제시되지 않았고 특히 장 · 단기 재원확보 대책이 부족해 진정한 의미의 복지경쟁으로 보기보다는 정치적 목적의 복지 포퓰리즘으로 보는 것이 타당할 것이다.

3. 한국형 복지국가의 실현

■ 목 표

국민이 함께 행복하게 잘사는 국가

한국은 앞으로 높은 수준의 복지국가를 실현하기 위해서 국민적 합의하에 정치적 결정, 이를 재정적 뒷받침하기 위한 재원조달 방안과 경제성장이 필요하다. 또한 현재 한국이 낮은 수준의 복지국가에 머물러 있기 때문에 높은 수준의 복지국가로 발전하기 위해서는 앞으로 확대할 복지제도에 대한 우선순위를 결정하여 추진하여야 한다. 한국형 복지국가는 궁극적으로 한국이 목표로 하는 국민이 모두 함께 행복하게 잘사는 국가로서 무엇보다 국민의 행복지수를 선진 복지국가 수준으로 높여야 한다. 많은 조사가 선진복지국가 국민들의 행복지수와 삶의 질이 가장 높고 그 중에서도 복지자본주의 국가의 행복지수와 삶의 질이 자유주의 시장 경제를 중시하는 자유자본주의 국가보다 높다는 것을 보여주고 있다.

OECD의 분석에 의하면 2008년도에 있어 한국인의 행복지수는 10점 만점에 4.52점으로 OECD 34개 국가 중 28위를 기록하였다. 여기서 행복지수는 생활에 대한 긍정적인 경험과 느낌으로 측정한 생활만족도(life satisfaction)를 근거로 측정하였는데 덴마크가 1위(10점), 캐나다 2위(9.68점), 노르웨이 3위(9.35점), 스웨덴, 으스트리아, 네덜란드, 스위스가 공동 4위(9.03점) 그룹을 형성하였고 이들의 행복지수는 한국의 2배 이상이었다. 일본이 4.52점으로 우리와 같은 수준인 반면, 미국은 8.06점으로 자유자본주의 국가로서는 행복지수가 상대적으로 높았다(OECD Better Life Index).

최근의 국내연구에서는 OECD 가입 국가들의 행복지수를 경제요인, 자립, 형평성, 건강, 사회연대, 환경, 주관적 생활만족 등 7개 분야 총 26개 지표를 활용하여 OECD 30개국의 2006년도 행복수준을 종합적으로 분석하였는데 한국은 OECD 회원국 30개 국가 중 25위를 차지하였다. 스위스가 1위였으며 룩셈부르크, 노르웨이, 스웨덴, 오스트리아 등 서유럽 국가들이 상위권에 포함된 반면, 미국은 경제요인이 2위임에도 불구하고 20위에 머물렀고 일본도 건강에서 1위였고 고용이나 교육수준을 대표하는 자립지수에서도 5위였지만 다른 부문에서의 평가가 낮아 종합순위는 18위에 머물렀다. 이것은 국민의 행복수준이 서유럽의 전통적 복지국가들이 신자유주의적 경향을 가진 국가보다 높다는 것을 보여주고 있다. 한국은 고용과 교육수준을 나타내는 자립분야 순위가 15위로서 상대적으로 높으나 소득배분의 형평성에서는 27위, 주관적인 생활만족도와 사회연대에서는 각각 26위로 하위권에 머물렀다(윤강재 · 김계연, 2010). 이것은 한국이 앞으로 국민들의 행복수준을 높이기 위해서는 복지확대를 통해 소득분배, 사회적 연대와 국민들의 생활만족도를 높일 필요가 있음을 보여주고 있다.

다른 보고서에서도 2008년도에 있어 한국의 삶의 질이 OECD

34개 회원국 중 27위로 하위권인 것으로 보고하고 있는데 이 순위는 2000년도와 같은 순위로서 우리나라는 외환위기 이후 근 10년간 삶의 질이 제자리에 머물렀다는 것을 보여주고 있다. 이 보고서에서는 국가경쟁력 지표를 성장 동력, 삶의 질. 환경, 인프라로 나누고 분석 지표는 OECD와 유엔, 세계은행의 자료를 활용하였는데, 한국은 성장 동력(17위), 환경(14위), 인프라(19위)에서는 중위권 수준이었는데 삶의 질을 결정하는 분배, 경제적 안정 등이 하위권이었고 복지비 지출이 39개 국가 중 31위를 차지하여 하위권에 속하게 되었다. 삶의 질 순위는 사회복지 제도가 잘 갖추어진 프랑스(1위), 덴마크(2위), 오스트리아(3위), 체코(4위), 스웨덴(5위) 등이 상위권을 구성했고 시장 경제를 중시하는 일본(19위), 미국(26위), 한국(27위) 등은 최하위인 터키(28위)와 더불어 하위층을 구성하였다(한국개발연구원, 2011).

■ 정치적 결정

복지확대와 재정안정의 딜레마

복지역사에서 복지국가의 실현은 정치적 결정에 의해 이루어졌다. 세계 최초의 복지국가인 영국의 복지국가는 당시 야당이던 노동당이 1945년 총선에서 "정의로운 복지국가 건설"을 선거공약으로 제시하여 국민의 전폭적 지지를 받아 집권한 후 실현하였다는 것은 앞의 복지국가의 시작에서 설명하였다. 현재 서유럽의 복지국가들도 영국 노동당의 기적과 같은 총선승리를 직접 지켜본 서유럽의 사회민주당과 노동당이 복지국가 실현을 국가목표로 결정하고 추진한 결과이다.

지금까지의 한국의 복지는 정부의 최고 정책결정권자인 대통령에 의해 결정되었고 다행히 고도의 경제성장이 재정적으로 이를 뒷받침하여 지금까지 비교적 성공적으로 실시될 수 있었다. 또한 사회보험제도위주로 복지가 시행되고 확대되었기 때문에 노사가 소요재정을 대부분 부담하여 정부의 재정 부담을 최소화할 수 있어 복지제도를 비교적 용이하게 실시하거나 확대할 수 있었다. 그러나 앞으로의 복지확대나 새로운 복지제도의 실시는 정부의 재정지출 의존성이 클 가능성이 많기 때문에 사전에 정부와 국민의 재정부담 능력을 면밀히 검토하여 실시하여야 한다는 것이 과거와 다른 환경이다.

복지와 정치의 관계에 있어 정치적으로 가장 큰 딜레마는 재정적 안정을 위해 현실적인 국민의 복지욕구를 외면하거나 부분적으로 수용할 경우 처칠의 보수당이나 일본의 자민당처럼 정치적 패배를 자초할 수 있다는 것이다. 또한 균형재정을 중시하여 재정안정을 해치지 않는 범위 내에서의 점진적인 복지의 확대와 실시를 주장할 경우에도 재정을 핑계로 국민들이 원하는 복지를 소극적으로 추진한다는 비난을 피할 수 없게 된다. 국가의 재정능력에 따른 복지확대는 재정적 논리 면에서는 합리적인 생각일지 모르지만 국민들에게는 자신들의 절박한 처지를 이해하지 못하고 엘리트층과 기득권층의 이익만 보호하는 보수주의자들의 오만과 독선으로 이해되어 광범위한 정치적 반감을 불러올 수 있다. 더군다나 외환위기, 카드대란, 세계금융위기로 인해 발생한 경제위기와 빈곤문제는 정부의 재정 · 금융정책의 실패와 사회구조상의 문제로 발생한 것이지 개인의 잘못이 아니기 때문에 정부가 적극적인 복지정책을 통해 이를 해결해주어야 한다는 인식이 강하기 때문에 국민들의 복지욕구를 정치적으로 충족시켜줄 필요가 있다.

반대로 복지확대를 위해 재정적 안정을 무시할 경우 복지포퓰리즘이라는 비난을 피할 수 없게 된다. 복지포퓰리즘이라는 비난을 피하려면 확실한 재원마련 대책을 제시하여야 한다. 복지재원마련을 위해 어떠한 세금을 신설하고 인상한다거나 기존의 예산에서 어떠한 사업예산을 포기하거나 줄여 복지예산으로 사용한다거나 최악의 경우 국채를 얼마만큼 발행한 것인지를 밝혀야 한다. 그러나 국민의 동의 없는 세금인상은 납세자들의 심한 반발이 예상되고 다른 예산을 전용하는 것도 경제개발과 관련된 예산을 전용할 경우 경제성장률을 떨어뜨려 재정수입을 감소시킬 가능성이 있어 쉬운 일이 아니다. 장기적으로 확실한 재원의 확보 없이 오로지 정치적 목적만을 위해 복지를 확대하거나 새로운 복지를 실시할 경우, 재정적자가 불가피하고 재정적자가 누적될 경우 일부 서유럽 국가처럼 재정위기를 맞아 국가가 위기에 빠지거나 시행 중인 복지를 다시 축소하여 재정안정을 기하는 수밖에 없게 된다.

이처럼 한국에 있어 복지국가 실현을 위해 복지를 확대하는 것은 어느 방법을 택하던 딜레마가 있다. 그러면 어떠한 결정이 더 정치적으로 바람직한가. 이론적으로는 재정안정을 유지할 수 있는 범위 내에서의 복지확대가 타당하게 보인다. 그러나 이것은 소극적 결정이다. 지금까지 복지역사에 있어 복지국가 실현을 가능하게 한 요인 중 가장 중요한 것이 정치적 결정이고 이를 뒷받침한 것이 재정인데 재정안정만 강조하여 복지확대에 소극적인 것은 복지국가 실현에 대한 확고한 정치적 의지 없이 복지국가 실현을 단지 구호화하고 있다는 비난을 면할 수 없기 때문이다.

복지확대의 필연성

현재 한국에서 복지확대를 위한 정치적 결정은 필연적인 것으로 보인다. 이것은 최근에 변화한 몇 가지 중요한 상황을 보면 명백해진다.

첫째, 국민들의 최대 관심사가 복지로 바뀌었다는 것이다. 지금 국민들은 정치와 경제보다 직접적인 복지를 통해 자신들이 직면한 생활상의 어려움을 해결하고 재정적 부담을 완화시키기를 원한다. 한국은 그동안 중요한 국가목표가 안보와 경제에 집중되어 있었다. 그러나 안보와 경제는 예측하기 어려운 북한 정권과 세계화로 인해 상호연계성이 커진 세계적 경제 상황, 특히 선진국의 경제에 대한 의존성이 커졌기 때문에 결과도 불확실하고 제시한 목표도 잘 달성되지 않아 국민들로부터 큰 기대를 받지 못하게 되었다. 더욱이 안보는 국민의 행복감을 감소시키고 불안감과 경제적 부담만을 가중시키는 고통스러운 목표이며, 경제는 경제적 양극화 현상에 따라 경제성장의 이익이 사회의 엘리트층이나 기득권층인 대기업, 정규직, 남성노동자 중심으로 이루어져 중소기업 비정규직과 임시직, 여성노동자의 고통을 해결해 주지 못하고 상대적 박탈감을 증가시키고 있다는 비난을 받고 있다.

반면에 복지공약은 그동안 한국에서 복지가 계속 확대되어 실현가능성이 크고 영향력이 개인 각자에게 직접적으로 미치고 효과와 이익이 즉각 나타난다. 그리고 복지는 외부환경의 영향을 받지 않기 때문에 정치적 실현의지만 있으면 계획대로 실행될 수 있고 개인이 혜택도 즉각 받을 수 있기 때문에 현재 개인의 경제적 사회적 위기를 극복하기 위해 기존의 복지가 확대되거나 새로운 복지제도가 실시되어야 한다는 생각이 증가하고 있다.

둘째, 중산층의 복지욕구가 증가하고 있으며 이들의 욕구가 절박해지고 있다는 것이다. 중산층도 현재 자신들의 소득으로 보육과 자녀교육 특히 사교육비와 대학교육비, 의료, 주택비용과 노후보장비용을 모두 해결하기는 역부족이다. 따라서 중산층도 국가가 복지를 확대해 자신들의 재정적 부담을 감소시켜 주기를 원하고 있다. 그동안 많은 중산층이 외환위기, 카드대란, 세계금융위기로 인한 경제위기로 상대적 빈곤층으로 추락하였다. 1997년 외환위기 이후 월소득 160만～480만 원 수준인 중산층이 2000년 71.7%

에서 2010년에 67.5%로 감소하였다. 같은 기간 월소득 160만 원 미만인 빈곤층은 9.2%에서 12.5%로 증가하였다(중앙일보, 2012년 1월 5일). 그러나 한국은 중산층이 상대적 빈곤층으로 떨어지는 것을 방지할 수 있는 사회안전망으로서 복지가 기능을 다하지 못하였기 때문에 이러한 두려움에 떠는 중산층의 복지확대요구가 급격히 증가하고 있으며 정치적으로도 집권을 위해서는 다수인 중산층의 요구를 들어주어야 하는 상황이 되었다. 이것은 복지국가의 역사를 볼 때 국민소득이 증가함에 따라 중산층을 포함한 국민들의 복지욕구가 증가하고 정치적으로 이들의 요구사항을 들어주는 정당의 집권가능성이 컸다는 것을 보아도 알 수 있다. 이런 점에서 현재 1인당 국민소득(GDP)이 2만 달러를 넘게 된 한국에서는 중산층의 복지확대 욕구가 앞으로 더욱 커질 것이며 정치적으로 이들의 요구를 들어주어야 집권이 가능한 상황이 되었다.

셋째, 고용형태의 변화와 가족기능의 변화로 인한 새로운 사회위험(new social risk)이 새로운 복지욕구를 발생시켰다. 그동안 한국은 제조업을 중심으로 한 수출주도형의 경제성장 체제를 유지하여 왔다. 산업연관분석에 의하면 2010년도 수출의 국내 경쟁성장에 대한 기여율은 62.2%로 내수부문을 앞섰고, 2010년도 경제성장률 6.2%에서 3.9%를 차지하였다. 수출은 고용에도 큰 역할을 하여, 2010년도에 수출에 의한 취업유발 인원도 401만 명으로 계산되었고 총 취업자 수 대비구성비도 16.8%를 기록하였다(김종민 외, 2011). 반면에 내수위주 산업의 성장률이 수출위주 산업에 미치지 못하게 됨에 따라 수출산업과 내수산업 종사자 간에 소득격차가 발생하였고, 내수산업에 있어서도 정규직에 비해 생산성이 낮고 경쟁력이 약한 영세 서비스업에 종사하는 임시직, 계약직 등 소위 아무리 일을 해도, 경제가 좋아져도 가난의 덫을 탈출 못하는 워킹 푸어(working poor)들이 발생하였다. 여기에 대학을 졸업하고 좋은 일자리를 찾지 못한 고학력 실업자들이 대량 발생함으로써 한국은 대기업, 수출중심기업의 정규직과 비정규직, 내수중심기업의 정규직과 비정규직, 영세서비스업에 종사하는 워킹 푸어, 그리고 고학력 실업자라는 복잡한 고용형태를 가지게 되었다. 즉 취업자와 미취업자, 정규직과 비정규직, 고용직과 임시직, 파트타임직 등 노동자가 핵심부와 주변부로 분리되어 있고 상이한 복지가 적용되고 있으며 이들 간에 소득과 복지의 차이에 따라 상대적 빈곤감이 증대되고 있다. 이들 중에서 대기업과 중소기업에서 5대 사회보험의 적용을 받고 있는 노동자를 제외하고는 모두 복지의 사각지대에 있기 때문에 이들이 빈곤의 덫에 걸리지 않도록 하기 위해서는 복지의 확대가 불가피하고 이들의 복지확대 요구도 점점 더 거세지고 있다.

또한 여성의 취업률이 증가함으로 인해 가족의 복지기능이 약화되어 보육과 노인에 대한 복지욕구가 증가하게 되었다. 특히 맞벌이를 하지 않으면 빈곤에 떨어질 가능성이 높은 비숙련 여성층이나 편부모 가정의 경우 취업과 가사일을 양립하기 어려워 어린이, 장애인, 건강, 노인부양에 대한 복지지원이 절실히 요구되고 있다. 이처럼 고용과 가족기능의 변화로 새로운 사회위험에 처한 사회 취약 계층의 복지욕구가 다른 계층에 비해 큰데 비해, 이들은 복지확대에 따른 재정 부담이 적거나 거의 없어 복지포퓰리즘적 정치공약에 대한 지지가 재정을 부담해야 되는 다른 계층에 비해 더 강하다고 볼 수 있다.

넷째, 연령별 복지욕구도 이들이 생애주기에서 맞닥뜨리는 생활고 때문에 증대되고 있다. 20대의 경우 세계최고수준의 대학등록금과 졸업 후의 취업문제, 30대의 경우 결혼에 따른 주거, 출산, 보육의 문제, 40대의 경우 자녀들의 사교육비 부담과 대학교육비, 주택에 대한 문제, 50대의 경우 조기퇴직에 대한 불안과 자녀들의 대학졸업 후 취업과 결혼, 노부모 부양과 관련된 병원치료비 등의 재정적 문제, 60대의 불안한 노후에 대한 문제 등 전 연령에 걸쳐 국민의 재정적 부담을 덜어주기를 원하는 복지욕구가 존재하며 욕구의 강도도 점점 강해지고 있다.

다섯째, 현재 자본주의 경제는 신자유주의에 입각한 시장경제가 세계화를 통해 모든 국가를 무한경쟁시장으로 내몰고 시장에서 승자독식, 약육강식의 냉혹한 정글의 법칙이 적용되는 것이 당연한 것으로 인식되고 있다. 이러한 무한경쟁시장은 사회를 승자와 패자로 양분화시키고 패자의 도태를 당연시함에 따라 이들에 대한 구제와 경제적 지원은 기대하기가 어렵게 되었다. 따라서 무한경쟁시장에서 일시적으로 패배한 자들은 복지가 자신들의 문제를 해결할 수 있는 가장 유용한 방법의 하나로 생각하기 때문에 자신들이 기댈 수 있는 사회안전망으로서 복지의 확대를 원하며 무한경쟁을 조장하는 신 자유주의적 자본주의보다는 복지를 중시하는 복지자본주의, 인간적 자본주의, 상생번영 자본주의, 더 평등한 자본주의와 같은 새로운 자본주의를 원하게 되는 것이다.

여섯째, 특별한 지하자원이 없고 수출 의존적 경제성장에 의존하는 한국은 미래를 교육받고 잘 훈련된 노동력에서 찾을 수밖에 없다. 따라서 인간 자본에 대한 투자로 취업, 보육, 교육, 건강에 대한 복지 확대에 대하여는 국민들이 지지할 것으로 볼 수 있다.

일곱째, 국민 중 중산층이나 젊은 세대들은 교육과 정보를 통해 최고수준의 복지를 시행하고 있는 서유럽 복지국가의 실상을 잘 알고 있으며 이들 국가에서 복지가 개인과 가정의 문제를 어떻게 해결하여 삶의 질과 국민의 행복지수를 증가시키고 있는지에 대해 서로 잘 알고 있다. 이들은 한국도 복지국가를 실현하여 자신들이 당면한 문제를 해결하고 경제적 부담을 완화함은 물론 좀 더 평등한 사회를 실현시켜 국민의 행복지수를 높이기를 바라고 있다.

여덟째, 보편적 복지는 시혜가 아니라 시민의 권리로 전 국민에게 똑같이 주어지기 때문에 사회적 낙인을 받지 않고 평등하게 혜택을 받게 된다. 이것이 국민 간의 연대감과 일체감을 높일 수 있다. 한국은 역사적으로 동일한 언어와 문화를 가진 단일 민족으로 동질감과 일체감이 강하기 때문에 복지를 통한 평등한 사회실현을 통해 국민간의 연대의식과 일체감을 높일 필요가 있다.

마지막으로, 현재 국가 재정위기로 디폴트에 직면한 일부 서유럽 복지국가 특히 지중해 연안의 복지국가들의 경우 재정위기의 근본 원인이 금융, 조세, 재정정책의 실패와 정부의 무능력과 부패로 인한 것이지 복지 때문이 아니라고 할 수 있다. 이것은 대부분의 서유럽 복지국가 그 중에서도 최고의 복지수준을 가진 스웨덴, 노르웨이, 덴마크, 핀란드가 그동안의 국제적 경제위기의 발생에도 불구하고 지속적인 경제성장과 건전한 재정 상태를 유지하고 있는 것을 보아도 알 수 있다. 한국에서 1997년 발생한 외환위기도 순전히 정부의 금융재정정책의 실패와 은행의 무분별한 단기외화차입으로 인해 만기가 돌아온 외채를 갚지 못할 상황에 처하여 세계통화기금(IMF)으로부터 구제 금융을 받아 국가부도를 면한 사건이지 복지지출과는 연관이 없다. 도리어 당시 연금기금이 정부의 재정적자를 메움으로 외화차입으로 인한 재정적자 규모를 줄이는데 기여하였다. 이것은 복지가 국가의 재정위기 극복에 어떠한 결정적 역할을 할 수 있는지를 잘 보여주고 있다. 물론 서유럽의 복지국가에서도 경제위기에 대비하기 위해 일부 복지수준의 축소를 실시하고 있으나 기본적인 복지제도의 틀은 그대로 유지하고 있어 복지국가의 근본이념과 제도는 변하지 않고 있다는 것을 보아도 알 수 있다.

복지확대를 위해 필수조건인 국민의 합의

복지확대를 위한 정치적 결정은 국민의 합의를 얻어 결정하는 수밖에 없다. 무엇보다 이 결정은 국가의 목표로 복지국가 실현을 확실히 제시하고 장래에 우리가 이룩할 복지국가가 모든 국민이 함께 행복하게 잘 사는 국가라는 것을 국민들에게 확신시켜야 하며 복지국가를 어떠한 단계를 거쳐 실현시킬 것인지를 명확히 제시하여야 한다. 특히 복지확대에 따라 발생할 국민의 재정부담 증가 문제를 해결할 수 있는 방법은 국민의 합의와 지지를 얻는 방법뿐이기 때문에 복지확대에 따라 국민의 조세부담률과 사회보험료부담액이 어느 수준까지 인상되며 소득계층별로 부담할 조세와 사회보험료 부담률을 명확히 제시하여 국민의 합의를 받아야 한다.

1945년의 총선에서 압승한 영국의 노동당도 복지국가에 대한 국민의 압도적 지지를 받아 복지국가를 실현하였으나 국민들과의 약속과 달리 재정적자가 증가함으로써 1951년 총선에서 패배하였다. 서유럽의 복지국가도 복지확대에 따른 국민의 재정부담에 대해 국민의 합의와 지지를 받아 복지국가를 건설하였다. 특히 스칸디나비아 국가의 경우 노동자와 노동조합의 지지와 협력을 받아 복지확대에 필요한 재정을 고율의 조세와 사회보험료 부담을 통해 확보할 수 있었다. 국민의 재정부담에 대한 지지와 협력 없이 단순히 정치적 목적만을 위해 복지를 확대할 경우 복지의 수혜자와 재정부담자 간에 재정부담을 둘러싼 계층간의 갈등으로 인해 복지국가를 결코 실현할 수 없기 때문이다.

특히 한국에서 복지국가 실현을 위해 필요한 국민의 합의를 어렵게 하는 것은 부담과 혜택의 불공정성이다. 한국은 고소득 자영업자의 탈세율이 높고 납세대상 국민 중 50%정도가 종합소득세와 개인소득세의 면제를 받고 있으며 세금을 전혀 내지 않는 지하경제가 전체 GDP의 약 1/4에 달하는 것으로 추정하고 있다.

이러한 상황에서 복지를 확대하기 위해 조세를 인상하거나 새로운 조세를 부과할 경우 부담은 현재의 납세자에게 주어지고 혜택은 탈세나 세금을 납부하지 않는 고소득 자영업자를 비롯해 지하경제 운영자와 납세 면제자들이 복지에 무임승차하여 받게 되는 심각한 형평성 문제가 발생한다. 이것이 복지의 기능에 대한 국민의 신뢰성을 상실시키고 복지비용 부담자와 혜택자 간에 갈등을 초래하여 복지국가 실현에 대한 국민합의를 어렵게 한다. 특히 현재 조세의 대부분을 납부하고 있는 고소득자와 법인의 반발을 초래하여 장기적으로 이들의 조세회피와 경제활력 상실로 조세수입의 감소를 가져와 복지확대를 어렵게 할 수도 있다. 이런 점에서 복지확대는 모든 가입자가 보험료를 납부하고 평등한 혜택을 받는 사회보험 방식으로 실시하는 것이 한국 실정에 적합한 방법이다. 조세를 재원으로 하는 복지확대를 위해서는 조세 정의가 반드시 선행되어야 하는데 여기에 대하여는 뒤에 좀 더 상세히 설명하겠다.

한국은 스웨덴처럼 국민의 의사를 대변하여 국민의 합의를 받아낼 수 있는 노동조합이 존재하지 않는다. 현재의 노동조합은 노동자의 가입률이 낮을 뿐 아니라, 소속 노동조합원의 노동조건 개선과 복지향상, 임금인상과 정치적 이념투쟁에 편중하고 있어 대중성이 결여되어 있다. 서유럽과 같이 국민이나 노동자의 광범위한 지지를 받는 사회민주주의정당이나 노동당이 집권한 경험도 없다. 이런 점에서 한국의 복지국가 실현에 대한 정치적 합의는 기존 정당에서 대통령이나 국회의원 선거공약을 통해 이루어질 수밖에 없다.

보수우파와 진보좌파의 복지관

한국의 경우 역사적으로 보면 복지에 있어 우월한 정치적 위치에 있는 것은 보수우파이다. 그러나 최근의 복지경쟁에서 우위에서 있는 것은 진보좌파라 할 수 있다. 현재 복지는 진보좌파 진영의 전유물이고 한국의 복지는 진보좌파가 발전시켜온 것이라는 주장과 인식이 광범위하게 퍼지고 있다. 그러나 사실 대부분의 한국 복지는 보수우파 그중에서도 극우보수인 군사정권에 의해 실시되고 발전해왔으며 김대중 정권에서 많은 부분이 개선되었거나 발전되었을 뿐이라는 것은 앞에서 설명하였다. 그동안 보수우파는 경제성장과 복지확대라는 두 가지 목표를 동시에 달성하여 경제와 복지의 선순환을 이루었다. 단지 김영삼 정권에서 고용보험실시를 제외하고는 복지에 있어 이렇다 할 실적이 없고 이명박 정부는 능동적 복지라는 복지 원칙을 제시했지만 근본적으로 경제성장을 통한 복지증진을 정책기조로 삼고 구체적인 복지계획의 수립과 실천을 소홀히 함으로써 복지에 대한 기선을 진보좌파에게 빼앗기게 된 것이다.

또한 현재 복지논쟁에 있어 보수우파의 복지에 대한 기본자세는 일반적으로 경제성장과 복지의 동반성장이론에 의존하는 경향을 보이고 있다. 복지는 경제성장을 통한 고용과 소득증대를 통해 증진시키는 것이 가장 바람직하며 복지는 꼭 필요한 사람에게 선별적으로 적용되어야 한다고 주장한다. 보수우파는 보편적 복지는 놀고먹는 복지를 가져와 한국인의 가장 큰 장점의 하나인 근면성을 훼손시켜 개인과 국가 발전에 모두 부정적인 영향을 가져온다고 보고 있다. 특히 복지국가는 이미 낡고 문제점이 많은 국가이념이라는 것이 서유럽을 비롯한 선진 복지국가에서 나타나고 있으며 일부국가에서는 무분별한 복지가 국가재정위기의 주범으로 인식되고 있는데 한국이 지금 복지국가를 실현할 필요가 있느냐 하는 것이다.

반면에 진보좌파는 복지에 대해 적극적 태도를 보이고 있다. 이들은 경제성장이 중산층 이하 국민의 고통을 해결해주지 못하고 상대적 박탈감만 증가시켰기 때문에 복지를 통해 경제성장으로 인한 소득분배의 불공평성을 해결해야 한다고 주장한다. 또한 보편적 복지를 통한 최고의 복지가 최고의 경제성장을 가져올 수 있다고 주장한다. 왜냐하면 부자들은 돈을 안 쓰지만 가난한 사람들은 돈을 쓸 수밖에 없으며 이들의 소비가 생산을 증가시켜 결국 경제성장으로 이어진다는 것이다. 따라서 진보좌파는 이 시점에서 복지는 선택이 아니라 필연이라는 견해를 가지고 있다. 이처럼 현재 한국의 보수우파와 진보좌파는 복지의 확대에 대해 상반된 입장을 가지고 있다.

현재 국민의 최대 관심사가 복지이고 이미 정치적으로 복지 경쟁이 시작되었기 때문에 한국 복지국가의 장래는 앞으로 총선이나 대통령선거에서 선거공약을 통해 가시화될 것이다. 따라서 한국의 복지국가에 대한 정치적 결정은 필연적인 것이 되었다고 할 수 있다. 정치적 결정에 있어 고려하여야 할 사항 중 가장 중요한 것은 첫째, 한국이 어떠한 형태의 복지국가를 선택할 것인가, 둘째, 새로운 복지제도를 실시하거나 확대하는데 있어 어느 부문에 우선순위를 줄 것인가, 그리고 복지국가 실현을 위해 필요한 소요 재원을 어떻게 마련할 것인가 하는 것이다.

한국형 복지국가 형태의 결정

어떠한 형태의 복지국가를 선택할 것인가와 관련해서는 두 가지 결정을 하여야 한다고 본다. 첫째는 한국이 최고수준의 복지국가를 건설할 것이냐, 중간수준의 복지국가를 목표로 할 것이냐 하는 것이다. 최고수준의 복지국가 건설을 목표로 한다면 새로운 복지 예를 들면 무상보육과 교육, 무상의료, 자녀수당 지급, 임대주택의 대량공급 등을 실시하고 기준 복지도 최고수준으로 확대하여야 하기 때문에 GDP 중 복지비가 차지하는 비율과 정부예산 중 복지비 지출을 대폭 증가시켜야 한다. 중간수준의 복지국가를 목표로 하더라도 무상보육과 교육의 확대, 의료비본인부담률의 인하, 자녀수당의 지급과 임대주택의 확대공급을 위해 획기적인 복지비 지출 증가는 불가피하다. 이론적으로는 국민의 재정부담 능력을 고려하여 중간수준의 복지국가를 거쳐 최고수준의 복지국가로 발전하는 것이 현실적이고 합리적인 방안일 것이다.

두 번째 결정은 복지국가의 형태를 스웨덴의 사회민주주의형, 독일의 조합주의형과 영·미의 자유주의형 중 어느 것을 택할 것이냐 하는 것이다. 여기에 대하여는 조합주의형을 기본으로 하고 사회민주주의형과 자유주의형이 혼합된 형태가 바람직하다고 이미 언급하였다. 조합주의형을 기본으로 할 경우 사회보험방식의 적용이 가능한 복지 분야는 모두 사회보험방식으로 실시하여야 할 것이다. 예를 들면, 출산, 보육 문제를 해결하기 위해서는 새로운 사회보험인 출산, 보육보험을 실시하여 출산을 장려하고 보육문제를 사회보험을 통해 해결할 수 있을 것이다. 또한 무상의료문제도 새로운 제도의 실시보다 현재의 건강보험제도를 개선하여 해결하여야 할 것이다. 여기에 대하여는 한국복지의 5대 과제에서 좀 더 상세히 설명하겠다.

어떠한 복지제도를 새로이 실시하고 확대할 것인가와 복지실시의 우선순위에 대하여는 국민이 원하는 복지욕구와 복지의 비교생산성에 따라 결정하여야 한다. 정치적 계산으로 투표권이 있는 계층의 지지를 받기 위해 고등학교 의무교육보다 대학생 등록금 반값제도를 먼저 실시하거나 생산적 투자인 출산, 보육지원보다 기초노령연금의 확대에 우선권을 두는 것은 복지를 정치적으로 이용하기 위해 복지의 우선순위를 무시하는 것이다. 이런 면에서 보면 자녀수당지급과 고교의무화교육을 선거공약의 일부로 제시한 일본의 민주당은 반값 대학생등록금 이슈를 제기한 한국 정치권보다는 복지의 비교생산성을 고려한 우선순위결정 면에서 좀 더 합리적인 정치적 결정을 하였다고 볼 수 있다. 한국에서 앞으로 어떠한 복지에 우선순위를 둘 것인가에 대하여는 뒷장에서 상세히 논의할 것이다.

새로운 복지의 실시와 기존제도의 확대에 따른 재원마련을 어떻게 할 것인가에 대하여는 기본적으로 지속적인 경제성장을 통한 고용의 증가와 소득의 증대를 통한 사회보험 재정의 증대와 조세부담 능력의 증가가 필수적이다. 기본적으로 1950~1970년대에 서유럽 국가가 복지국가를 실현하는 시기에 성취한 평균 연 4% 이상의 경제성장이 최소한 한국에서도 복지국가 실현을 성취하기 위해 필요하다고 본다. 물론 한국은 2010년 현재 국방비가 GDP에서 차지하는 비율이 2.62%이고 예산에서 차지하는 비율도 14.7%이기 때문에 제2차 세계대전 후 국방비가 대폭 축소된 서유럽 국가와는 사정이 다르다. 그러나 현재 한국의 복지비 지출이 GDP나 국가예산에서 차지하는 비율이 OECD 국가 중 최하위인 점을 감안하면 정치적 결정에 따라 필요한 복지재원의 마련은 가능하다고 본다. 여기에 대하여는 경제와 복지에서 좀 더 상세히 설명하겠다.

단지 정치권이 복지국가의 실현보다는 복지를 정권획득의 수단화하여 복지가 확대되더라도 재정적 부담이 없는 계층의 정치적 지지를 얻기 위해 새로운 복지를 실시 또는 확대하거나 복지를 이용하여 집권을 하고 집권기간 동안 국민이 원하는 대로 복지를 무분별하게 확대하여 국민의 환심과 지지를 받은 후 재정적자 폭탄을 다음 정권에 넘김으로써 자신들의 책임을 회피하고, 과거의 복지포퓰리즘으로 얻은 대중적 인기를 이용해 다시 정권을 잡을 수 있다는 페론식 복지포퓰리즘을 이용한다면 한국의 복지국가 실현을 위한 정치적 결정은 한국에 축복이 아닌 국가의 재앙이 될 수 있을 것이다.

■ 경제적 여건

경제성장과 복지

한국에서 경제와 복지와의 관계를 설명하는데 있어 가장 설득력 있고 잘 알려진 이론이 경제와 복지의 동반성장이론이다. 경제가 성장하면 경제의 에스컬레이터효과에 따라 고용이 증가하고 소득이 증가하여 복지가 자동으로 향상된다는 이론이다. 이 이론은 고도의 경제성장으로, 고용증가가 지속적으로 이루어지고 소득도 증가할 경우 타당성과 설득력이 높다. 이외에도 경제성장은 밀물 효과가 있어 밀물이 들어오면 해변에 정박해 있는 모든 배들이 물위에 뜨듯이 경제성장이 모든 사람의 복지를 향상시킨다는 밀물효과 이론, 경제가 성장하면 마치 분수에서 물이 상단에서 하단으로 넘쳐흐르듯이 경제성장으로 형성된 부가 상류층→ 중류층→ 하류층으로 넘쳐흐른다는 낙수효과(spillover)이론, 모든 사람의 복지를 증대시키기 위해서는 지금 배가 고프더라도 이를 참고 파이를 크게 키운 다음에 나누어 먹어야 모두 배부르게 먹을 수 있다는 파이이론 등이 있다.

이러한 이론들은 한국과 같이 사회보험을 주로 하는 복지국가에서는 적용가능성이 높다. 경제성장으로 인한 고용의 증가가 사회보험가입자 수를 늘리고 소득의 증가가 자동적으로 사회보험의 재정수입을 증대시키기 때문이다. 또한 스칸디나비아 복지국가와 같이 고율의 세금을 통해 복지재정을 충당하는 국가에서도 고용과 소득의 증가가 조세수입을 증가시키게 때문에 적용 가능한 이론들이다.

그러나 경제성장을 통한 고용과 소득의 증가가 최대의 복지정책이라는 가정은 한계가 있는 가정이다. 무엇보다 경제성장률이 완전고용을 달성할 정도로 지속적으로 높을 경우 경제성장이 자동적으로 국민의 복지수준을 증가시킬 수 있지만 이것은 경제가 세계화된 현재에서는 어느 국가에 있어서도 거의 불가능한 목표이다.

한국도 과거의 고도 성장기에는 거의 완전고용을 달성하였으나 민주화 이후 노동조합의 권력이 강화되고 노사합의를 통해 노조원의 고용이 보장된 이후 민간부문이나 공공부문의 신규고용이 감소하고 세계화에 따른 사업장의 해외이전으로 국내의 신규고용이 대폭 감소되었다. 여기에 사회적인 반기업 정서의 확산과 일부 노동조합의 이념적이며 고용주와 기업에 적대적인 과격한 노조활동이 고용을 더욱 축소시킨 요인으로 작용하였다. 권위와 예의를 중시하는 유교적 복지국가에서 고용주는 고용된 후 자기에게 적대적 활동을 할 가능성이 높은 신규노동자의 고용을 증가시키기보다는 노동조합의 권력이 약하거나 합리적인 노조활동이 보장되고 인건비와 생산비가 싼 해외로 공장을 이전시키는 방법을 원할 것이다. 이것은 지금까지 적대적 노조활동이 빈번히 일어난 사업장의 최근의 신규 고용률을 보면 확연히 나타난다.

다음으로 앞에서 말한 바와 같이 경제성장의 이익이 일부 계층에 편중되었다는 것이다. 한국의 경우 2010년도에 수출의 경제성장 기여율이 거의 부가가치 유발기준으로 62.2% 수준이기 때문에 경제성장의 이익이 수출위주의 기업과 이들 기업의 노동자에 치우칠 수 있다. 또 이들 기업에 있어서도 정규직과 비정규직 사이의 임금차이로 경제성장의 이익이 같은 일을 하는 노동자 사이에도 공평하게 배분되지 않는다.

특히 경제성장의 이익이 좋은 일자리를 가진 엘리트, 기득권층과 5대 사회보험의 적용을 받는 정규직과 준정규직에 편중되어 있으며, 경제성장의 이익을 거의 보지 못하는 계층이 더 많다는 것이다. 미취업대졸자, 임시직, 계약직과 워킹 푸어들은 경제성장에도 불구하고 성장의 혜택을 직접 누리지 못하며 복지에 있어서도 사각지대에 위치하고 있어 이중으로 고통을 받고 있다.

마지막으로, 경제성장은 복지를 향상시키는데 가장 강력한 수단의 하나이지만 경제성장이 복지국가를 실현시켜주지는 않는다는 것이다. 이것은 경제성장으로 얻은 국민소득이 자본주의시장 경제체제에서는 개인의 능력에 따라 분배되기 때문에 결코 전 국민에게 평등하게 분배될 수 없기 때문이다. 또한 경제성장을 통한 복지의 자동증대 정책은 복지수준을 경제성장과 연계시키기 때문에 적정부담-적정복지로 대표되는 중간수준의 복지국가를 지향할 가능성이 크다. 이것은 정책의 우선순위를 경제성장에 두고 복지수준을 경제성장에 해를 끼치지 않는 수준에서 결정할 가능성이 크기 때문이다. 이 정책은 한국에서 그동안 일관되게 추진해온 정책인데 앞으로 한국이 복지국가 실현을 국가목표로 정할 경우 경제성장외에도 적극적인 복지정책을 시행하여 복지를 확대하거나 새로운 복지제도를 실시할 필요가 있다는 것을 확인시켜주고 있다.

그러면 한국은 경제적, 재정적으로 복지를 확대하거나 새로운 복지제도를 실시하여 복지국가를 실현할 능력이 있다고 보는가. 이 질문에 대하여는 아래와 같은 경제적, 재정적 상황을 고려해 볼 때 한국은 복지를 확대하여 복지국가를 실현할 수 있는 능력이 충분히 있다고 볼 수 있다. 첫째, 복지역사에서 볼 때 복지국가 실현은 경제난이 있더라도 확고한 정치적 신념과 국민의 합의와 지지가 있으면 가능하다는 것이다. 영국의 경우 제2차 세계대전 후 전쟁부채가 당시 화폐로 33억 6천만 파운드였고 경제난으로 식량배급제를 1953년까지 실시하면서도 세계최초의 복지국가를 실현시켰다는 선례가 있다. 둘째, 한국은 1960년대 이후 굴곡은 있었지만 지속적인 경제성장을 이루어왔고 1990년에서 2010년까지 20년간의 경제성장률도 서유럽 복지국가들이 복지국가를 실현한 1950~1970년까지 20년간의 사상 최대의 경제성장률보다 높다. 1950년대에 당시 서유럽국가와 미국, 일본이 회원국이었던 OECD 국가의 경제성장률은 연평균 4.4%였고, 1962~1972년도의 10년간 서유럽 국가의 경제성장률은 프랑스 5.5%, 오스트리아 5.1%, 서독 4.4%, 스웨덴 3.9%, 영국은 2.9%로서 한국의 성장률 기준으로 볼 때 그리 높은 수준이 아니었다(박광준, 2010 ; 357쪽).

한국은 1990~2010년까지 20년간 평균 약 5.9%의 경제성장률을 달성하였다. 외환위기가 발생한 다음 해인 1998년의 -5.7%의 경제성장률과 카드대란이 일어난 2003년의 2.8% 성장, 글로벌 금융위기가 발생한 2008년의 2.3%, 2009년의 0.3% 성장을 제외하고는 평균 4% 이상의 성장을 기록하였다. 좀 더 상세히 이 기간의 경제성장률을 살펴보면, 2001, 2004, 2005년도는 평균 4% 수준의 성장, 1992, 1997, 2006, 2007년도는 5% 수준, 1993, 2010년도는 6% 수준, 1996, 2002년도는 7% 수준, 1994, 1995, 2000년도는 8% 수준, 1990, 1991년도는 9% 수준, 1999년도는 최고 수준인 10.7%의 경제성장률을 기록하였다(한국은행, 2011). 이 기간에 국내총생산(GDP)도 1990년의 191조 3,830억 원에서 2010년 1,172조 8,030억 원으로 증가하여 6배 이상 증가하였으며 이 기간의 명목GDP의 연평균 성장률 5.9%는 1950~1970년대에 서구 복지국가의 평균성장률을 상회한다. 한국은 총 GDP가 2010년도에 1,172조 8천억 원(약 1조 달러)으로서 세계 12위의 경제대국이며, 1인당 GDP도 현재 인구를 5,000만 명으로 계산하더라도 약 23,000달러 이상으로 경제적으로 복지를 확대할 충분한 능력을 가졌다고 볼 수 있다.

또한, 한국은 2010년도에 국민의 조세부담률이 20.7%로서 OECD 30개 국가 중 22위로 낮은 편이고 복지비 지출이 GDP에서 차지하는 비중도 7.5%로서 29위였으며 복지비가 예산에서 차지하는 비중도 28%로서 아주 낮은 편이다. 재정수지도 2008년에 GDP대비 3.0%, 2009년에 -1.1%였으나 2010년에 재정균형을 달성하였고(OECD Data) 앞으로 계속 재정균형 유지를 목표로 하고 있어 아주 건전한 편이다. 이처럼 한국은 OECD 국가 중 가장 낮은 복지비를 지출하는 국가이지만 경제성장이나 재정건전성 면에서는 OECD 국가 중 최우수 국가에 해당하여 복지확대를 의한 경제적, 재정적 건전성은 확보되어 있다고 볼 수 있다. 이런 점에서 한국은 단기적으로 중간수준의 복지국가, 장기적으로는 최고수준의 복지국가를 달성하기 위해 필요한 재정건전성은 확보되어 있다고 볼 수 있다.

그러면 이러한 경제적, 재정적 가능성이 있음에도 불구하고 왜 일부에서는 재정적인 면에서 복지의 확대에 부정적인 현해를 가지고 있는가.

첫 번째 이유로는 복지국가의 경우 GDP나 예산중에서 복지 부문이 차지하는 비중이 높으며 복지 예산의 절대액이 해마다 증가하고 있기 때문이다. 이것은 새로운 복지 수요에 따른 지출의 증가도 있지만 법적으로 지급이 보장된 의무복지비용의 자연 증가와 대상자수의 증가, 복지지원 단가의 인상이 복지비용을 자동적으로 증가시키기 때문이다. 또한 복지는 생애주기에 따라 서비스가 제공되고 소득과 관련된 복지 지원은 물가인상률과 연계하여 증가하기 때문에 자연인상률이 해마다 증가한다. 따라서 경제성장을 중시할 경우 예산에서 차지하는 비중이 크고 경직성이 크며 계속성이 강한 복지 예산에 대해 부정적일 수밖에 없다.

둘째, 복지 예산을 비생산적인 투자로 보는 견해이다. 복지는 인간의 존엄성 보장, 평등, 이웃사랑과 같은 철학적이고 이념적인 주제이지 경제학과 관련성이 적은 주제의 하나이다. 특히 복지에 대한 투자는 사람에 대한 투자이기 때문에 투입한 비용에 대한 효과와 이익을 화폐단위로 계산하기가 어렵다. 이것이 복지경제학(Welfare Economics)이 보편화 되지 않는 요인의 하나이다. 복지에 대한 투자 특히 65세 이상 노인에 대한 복지 투자는 소비적으로 보는 게 일반적 견해이다. 같은 비경제 활동인구이지만 15세 이하에 대한 복지 투자는 이들이 앞으로 경제활동인구가 되기 때문에 투자와 소비의 성격을 모두 가지고 있다고 본다. 당연히 경제적 관점에서 투자의 우선순위는 경제성장과 관련된 투자와 교육과 같은 인적 자본에 대한 투자에 우선순위가 주어지고 소비적 성격이 강한 복지의 우선순위는 뒤떨어질 수밖에 없다.

마지막으로, 복지 경제에 대한 연구가 활발히 이루어지고 있지 않아 복지경제학에 대한 논의가 경제학자나 재정학자들에 의해 주도되고 있기 때문이다. 이들은 복지가 경제에 미치는 긍정적 효과 예를 들면, 연금 기금이 국가 재정 안정과 금융, 증권, 부동산 시장에 미치는 영향이나 건강보험이 노동생산성 등에 미치는 영향 등은 무시하고 단지 일부 국민에 대한 선별적 사회복지 서비스의 소비적 특성을 경제적 입장에서 강조하고 있으나 경제와 재정에 관한 지식이 부족한 사회복지 전문가들은 이 분야에서 이들의 논리에 대응할 논리와 지식이 부족하기 때문이다.

최고의 복지 수준을 가진 스칸디나비아 국가는 복지비 지출이 GDP나 정부 예산에서 차지하는 비중이 가장 높은 국가이지만 재정적으로 아무런 문제점이 없다. 그동안 발생한 세계적 금융위기에도 국가재정상 문제점은 없으며 복지는 기본골격을 유지하고 있다. 이러한 스칸디나비아 국가에서 보여주고 있는 재정건전성은 복지는 재정위기의 한 요인이 될 수는 있지만 직접적 발생 요인은 아니라는 것을 실례로 말해 주고 있다.

경제의 보편적 평등과 조세 정의의 실현

복지국가 실현을 위한 경제적, 재정적 선결조건은 경제의 보편적 평등과 조세정의가 실현되어야 한다는 것이다. 경제의 보편적 평등은 경제활동에 있어서 어느 누구에게도 특권을 주지 않고 어느 누구도 제외시키지 않는 것이다. 이것은 경제에 있어서 기회의 평등뿐 아니라, 경쟁과 경제활동에 있어서도 평등해야 한다는 것이다. 특히 국가예산을 사용하는데 있어서는 엄격히 법에 정한 경우를 제외하고는 어떠한 특권도 인정하여서는 안 될 것이며, 현행 법에 정한 특권이라도 납세자인 국민들이 상식적으로 인정하는 수준에서만 인정되도록 법을 개정하여야 할 것이다. 예를 들면, 65세 이상 전직 국회의원에게 보험료 납부도 없이 품위유지를 이유로 매달 지급하는 130만 원의 국회의원 연금, 국회의원 1인에게 지급되는 1년간 약 5억 원의 세비와 사무실 운영비용, 국유철도와 선박, 항공기 무료이용 권한, 공항귀빈실 이용, 해외출장 시 1등석 이용 및 제외공관 영접, 연 2회 국고지원 해외시찰, 골프장 이용 시 사실상 회원대우와 같은 특권은 모두 국민들이 납득하는 수준으로 재조정되거나 폐지되어야 할 것이다. 또한 무보수 명예직으로 선출된 지방의회 의원들의 의정활동비와 월정수당 등도 폐지되어야 할 것이다. 현재 전국적으로 시 · 도와 구 · 시 · 군 지방의회 의원은 3,649명이다. 지방자치법시행령에는 시 · 도 의회의원에게는 월 150만 원, 시 · 군 · 구의원에게는 월 110만 원 범위내에서 의정활동비를 지급하도록 하고 있고 별도로 월정수당을 정하도록 하고 있어 사실상 지방의회 의원들도 보수직화하고 있다. 이와 같은 비합리적인 특권은 정부뿐만 아니라 공기업에서도 확인하여 재조정하거나 폐지하여야 할 것이다. 예를 들면, 중앙정부와 지방자치단체장의 판공비, 업무추진비와 같이 개인적 지출의 특성이 강한 예산은 합리적인 수준으로 재조정되어야 할 것이다. 특히 공기업을 정권의 전리품으로 인식하여 공기업 인사에 엽관제(spoil system)를 적용하여 정치적으로 임용하고 이들이 공기업의 효율적 운영보다는 내부적 인기를 얻기 위해 공기업 임직원의 보수와 복지를 상향시키는 폐단을 방지해야 할 것이며 불필요한 공기업은 과감히 민영화해야 할 것이다. 이와 같이 경제적 평등을 실천하여 절약된 예산은 복지예산으로 사용함으로써 복지재원을 마련함은 물론 국민들에게 복지국가의 주요 이념의 하나인 평등한 사회실현이 어떠한 사회인지에 대한 실예를 보여주어야 할 것이다.

조세정의가 실현되어 조세가 소득에 따라 공정하게 보편적으로 모든 국민에게 부과되어야만 복지수혜가 권리가 될 수 있다. 조세 납부 없는 복지는 무임승차가 되는 것이며 권리를 시혜로 변경시키기 때문이다. 이런 면에서 앞으로 한국도 "소득 있는 곳에 세금 있다"는 원칙에 따라 스웨덴과 같이 복지의 형태로 받는 연금이나 수당에 대하여도 명목상의 세금을 부과하여야 할 것이다. 물론 저소득층이나 복지급여에 대한 조세부과율은 최저수준으로 하여야 할 것이다.

아르헨티나의 경우 정치인, 판사 등 사회지도층과 대기업과 부유층에 대한 소득세 부과의 실패가 국가 재정 파탄의 빌미를 제공했으며, 최근 디폴트에 직면하고 있는 그리스도 부유층과 특권층에 대한 조세부과 실패와 거대한 지하경제에 대한 조세부과 실패가 재정적자의 주요 원인이 되고 있다는 것은 앞에서 설명하였다.

한국은 고소득자영업자의 탈세, GDP의 약 1/4에 달하는 지하경제의 존재, 납세대상자의 50%가 종합소득세와 개인소득세를 내지 않는 기이한 납세현실과 고소득자에게 유리한 조세감면제도로 인해 조세정의가 전혀 실현되지 않고 있다. 한국의 자영업자에 대한 소득 파악률은 50～60%로서 80% 수준인 미국과 일본에 비해 매우 낮다. 고소득 자영업 중 사우나, 주점, 숙박업소는 탈세율이 85% 이상이며, 호텔, 예식장, 미용실도 탈세율이 55～67%이고, 종합병원, 세무사, 학원 등도 탈세율이 36～38% 정도인 것으로 파악되고 있다(동아일보, 2012년 1월 6일). 특히 최근의 조사에 의하면 2005~2010년 변호사, 의사 등 고소득 자영업자 소득탈세율이 48%에 이르며, 2009년 종합소득세에서도 자영업자의 소득탈세율이 37.5%인 것으로 추정하고 있다. 또 실질적으로 과세되지 않는 지하경제의 규모가 1998년에 GDP대비 20.7%인 108조 원이었으나 2011년 상반기에는 22.6%로 추정되었으며 금액도 225조 원으로 1998년에 비해 2.5배의 증가세를 보였다(매일경제, 2011년 12월 6일). 이처럼 부유한 자영업자들의 탈세와 지하경제에 대한 조세부과 실패는 정직하게 세금을 내는 국민들만 손해를 보도록 만들 뿐 아니라 자영업자 중 부유계층의 복지 무임승차를 초래하여 복지재정을 악화시킴은 물론 국민들의 복지에 대한 신뢰를 상실시켜 복지국가 실현에 큰 장애물로 작용하고 있다.

최근의 보도에 의하면, 조세정의를 실현하여 고소득자영업자에 대한 탈세방지, 거대한 지하경제 파악과 조세부과, 종합소득세와 개인소득세 면제자의 최소화, 그리고 조세감면 제도를 정비할 경우 최소한 40조 원 이상의 조세수입을 가져올 것으로 파악하고 있다. 여기에 20% 안팎인 조세부담률을 30%로 인상하면 모두 120조 상당액을 복지재원으로 확보할 수 있을 것으로 보고 있다(동아일보, 2012년 1월 6일).

사회보험방식의 복지 확대

한국에서 자영업자의 소득파악이 어려워 조세정의가 실현되기 어려울 경우, 대안으로 생각할 수 있는 것의 하나가 복지에 사회보험방식을 도입하여 국민복지보험을 실시하는 방안이다. 국민복지보험에는 건강보험, 국민연금, 실업보험, 산재보험과 교육, 주택을 제외한 육아휴직, 보육, 노인장기요양, 노령수당, 기초생활보장과 어린이, 편부모, 미혼모, 장애인에 대한 일반적 복지서비스를 포함시킬 수 있다. 물론 현재 실시 중인 노인장기요양보험은 현행대로 실시하고 출산과 보육에 대하여는 노인장기요양보험과 같이 건강보험료를 기준으로 보험료를 계상하여 별도로 실시하고 복지서비스를 하나로 묶어 국민복지보험을 실시할 수도 있다. 국민복지보험 재정은 건강보험보험료를 기준으로 책정하고 관리는 별도의 관리 기구를 설립하여 업무를 수행하게 하면 될 것이다.

국민복지보험을 실시함으로써 얻을 수 있는 장점으로는 첫째, 모든 국민이 보험료 납부를 통해 재정 부담을 공유함으로써 복지가 시혜가 아니고 국민의 권리로서 인정될 수 있다는 것이다. 정부도 복지의 책임자로서 이 부문에 지출하고 있는 예산으로 임금노동자 보험료의 1/3과 지역주민 보험료의 1/2을 부담하면 국민의 보험료 부담을 완화시킬 수 있을 것이다.

둘째, 복지의 시행이나 확대를 둘러싸고 비용부담자와 수혜자 간의 계급 투쟁적 갈등을 예방하고 모든 국민이 소득 수준에 따라 비용을 부담하고 필요시 급여를 받음으로써 사회연대의식을 향상시킬 수 있을 것이다.

셋째, 복지의 확대나 시행에 국민의 합의와 지지를 받을 수 있으며, 정치포퓰리즘적 복지확대가 어렵게 될 것이다. 복지확대는 보험료 부담자의 동의를 얻어야 하기 때문이다. 특히 특정 집단의 정치적 지지를 얻기 위한 정략적 복지확대가 어렵게 될 것이다.

넷째, 복지를 별도의 관리기관에 위임함으로써 복지의 효율적 관리를 기할 수 있고 복지 서비스도 국가의 직접 제공 대신 민간 전문기관과 계약이나 위임을 통해 수행함으로써 경쟁에 따른 이점을 얻을 수 있을 것이다.

마지막으로, 복지지출이 보험료 수입에 연계됨으로 국가의 복지비 증가로 인한 국가재정 위기를 예방할 수 있고 불필요한 공공부문의 고용확대와 재정 팽창을 예방할 수 있을 것이다.

물론 국민복지보험은 지금까지 실시한 국가가 과거의 영국 이외에는 없고 추가의 보험료부담으로 인해 실시하는데 여러 가지 장애물도 있고 반대도 있을 것이다. 그러나 지금처럼 자영업자의 소득 파악률이 낮고 납세자 비율이 극히 낮은 상황에서 조세를 재원으로 하는 복지의 확대는 임금노동자와 기업의 복지비 부담을 증가시키는 반면, 부유한 자영업자와 조세를 납부하지 않는 국민들을 복지 무임승차자(free rider)로 만들어 국민 간의 갈등을 증폭시킬 수 있다. 또한 납세자의 절반만이 납부하는 조세재원으로는 복지국가 실현에 필요한 재정소요를 모두 충당할 수 없어 결국 복지국가의 실현은 불가능하게 될 것이다. 이런 점에서 모든 국민이 보험료 납부를 통해 비용을 부담하게 함으로써 복지국가가 공짜로 실현될 수 없다는 인식을 공유할 필요가 있다. 이것은 공평한 부담 없이는 복지국가는 실현이 불가능하기 때문이다.

■ 한국 복지의 5대 과제

복지국가를 실현하기 위해서는 먼저 구체적으로 어떠한 과제, 즉 어떠한 사회문제가 있으며 이를 해결하기 위해 어떠한 복지제도를 우선 실시해야 하는지를 정해야 한다. 이것은 재정상 복지국가실현을 위해 모든 복지제도를 한꺼번에 실시하는 것이 불가능하므로 해결해야 할 복지 과제를 파악하고 우선순위를 정하여 단계적으로 시행하는 것이 합리적이고 실현가능성이 높기 때문이다.

복지국가를 실현하는데 있어 극복해야 할 사회문제와 이를 극복하기 위한 복지제도를 최초로 제시한 사람은 비버리지이다. 이미 제2장에서 설명한 바와 같이 비버리지는 복지국가실현을 위해서는 5대악(five giant evils)인 빈곤, 질병, 무지, 불결한 환경과 나태를 해결해야 하며 이를 위해 가족수당, 국가보건제도, 대학까지의 무상교육, 국민임대주택건설, 완전고용을 달성하도록 권고하였다. 집권 후 노동당은 비버리지가 제시한 5대악에 대한 극복책을 동시에 추진하여 1951년 보수당에게 정권을 넘겨주기 전에 세계최초의 복지국가를 실현하는 위업을 달성하였다.

기든스(Anthony Giddens)는 "제3의 길(The Third Way)"에서 복지국가를 사회투자국가로 전환하여야 하며 5대악에 대하여는 궁핍은 자활로, 질병은 건강으로, 무지는 지속적 교육으로, 불결은 쾌적한 환경으로, 나태는 선도로 대체하여야 한다고 주장하였다. 블레어(Tony Blair)는 노동당의 복지에 대한 뉴딜(New Deal) 정책을 제시하였다. 즉, 기회의 평등과 개인의 책임을 강조하여 복지에 대한 계약을 통해 자립을 하게 함으로써 국가에 대한 복지의존을 종결시키고 고용과 일을 우선시하여 실업자에 대한 구직과 직업기술에 중점을 두며 복지서비스는 한계 집단인 어린이, 장애인, 편부모, 노인, 정신질환자에 집중해야 한다는 선별주의적 복지정책을 채택하였다. 특히 어린이에 대한 복지를 중시하여 보육, 유급출산 및 양육 휴가와 아이가 질병에 걸릴 경우 취업모의 결근을 인정하도록 권고하였다. 이것은 어린이는 미래의 노동자일 뿐 아니라, 취약한 여건에서 자란 어린이가 인적자본에 대한 투자를 받지 못하면 성인이 되어 실업이나 빈곤의 늪에 빠질 가능성이 높아지기 때문이다.

한국의 경우 복지국가를 실현하기 위해 먼저 해결해야 할 5대 과제는 취업, 보육과 교육, 의료, 주택과 노후생활보장으로 생각한다.

취업

취업문제는 지속적인 경제성장을 통해 완전고용을 달성하여 해결하는 것이 가장 바람직하다. 그러나 수출산업에 의존하는 경제 구조, 세계화에 따른 공장의 해외이전, 강성노조로 인한 고용 구조조정의 곤란, 공공부문의 비효율성으로 인한 공공부문 고용확대의 제한, 그리고 과다한 대학졸업 고학력 노동인력의 공급으로 인해 앞으로 완전고용 달성은 거의 불가능하다.

특히 청년 실업은 고학력 실업자들의 자아실현이 불가능하게 됨에 따른 좌절감과 미래에 대한 불안감, 취업 경쟁에서 탈락한데 대한 자신감의 상실과 사회체제에 대한 불만, 경제적 곤궁과 기댈 수 있는 복지제도의 부재 등으로 현재 가장 시급히 해결하여야 할 국가적 과제로 대두하고 있다. 더군다나 청년층은 국가의 주도층으로 사회적 네트워크 시스템(social network system, SNS)을 통해 여론의 공유와 전파능력이 뛰어나고 이들의 지지 여부가 선거의 승패를 결정하기 때문에 청년실업문제는 정치권의 가장 큰 관심사가 되어 있다.

한국 청년 실업의 근본 원인은 한국의 교육 시스템에 있다. 한국은 대학 진학률이 세계 최고로서 매년 노동시장에 진출하는 인력의 80% 이상이 대졸 고학력 취업지원자들이다. 이들을 모두 수용할 고급 일자리를 사회가 만들어내지 못하기 때문에 이들 중 상당수의 미취업은 예상되어 있는 것이다. 반면에 중소기업 제조업 분야는 기술인력 부족으로 외국인 근로자를 고용하는 취업의 양극화 현상이 심화되고 있다. 따라서 한국이 교육제도를 근본적으로 개혁하여 대학 진학률을 줄이고 기술 교육을 강화하여 독일의 마이스터와 같은 고급 기술자를 양성하고 기술자에 대한 사회적 존경과 경제적 보상체계가 수립되지 않는 한 근본적으로 고학력 실업문제의 해결은 어려울 것이다.

한국은 통계상 실업률과 청년실업률이 OECD가입 국가에서도 양호한 편에 속한다. 한국은 2003년~2010년 동안 평균 3%대의 실업률을 유지하여 OECD국가 중 최저 실업률을 기록하였고 2010년도는 실업률이 3.8%로서 3.7%인 노르웨이에 이어 2위의 최저 실업률을 기록하고 있다. 이 기록은 OECD 평균 실업률 8.5%의 절반보다 낮은 수준이며 최고인 스페인 실업률 20.2%의 1/4보다 낮은 수준이다. 또한 실업률이 7~8%대인 스웨덴, 핀란드, 덴마크의 약 절반 수준이다. 한국은 공식 실업률도 낮지만 고용률도 낮은 편이다. 고용률은 15~64세 인구 가운데 몇 명이 고용되어 일하고 있는지를 보여주는 지표이다. 2010년에 한국의 고용률은 63.3%로서 34개국 OECD회원국 가운데 21위이며 OECD 평균 고용률인 64.6%보다 낮다. 이처럼 실업률과 고용률에 차이가 나는 것은 구직 대신 자기가 취업하고자 하는 공무원이나 공공기관과 대기업 공채시험을 준비하는 대졸자와 구직할 의사가 없는 가정주부 등이 고용통계에서 제외되기 때문이다. 청년실업률(15~24세)은 2003년~2010년 기간에 8~10%대로서 OECD 평균인 12~16%대 보다는 낮았다. 2010년도의 경우 한국의 청년실업률은 9.8%를 기록하여 스위스(7.2%), 네덜란드(8.7%), 오스트리아(8.8%), 일본(9.2%), 노르웨이(9.3%), 멕시코(9.5%), 독일(9.7%)에 이어 8위를 기록하였다(OECD Employment and Labour Market Statistics, 2011).

2010년도에 청년실업률이 상대적으로 높은 국가에는 재정 위기를 겪고 있는 국가인 스페인(41.6%), 그리스(32.9%), 아일랜드(28.7%)와 포르투갈(22.3%)이 포함되었으며 스칸디나비아 국가 중 스웨덴(25.2%), 핀란드(20.3%)와 덴마크(13.8%)도 한국보다는 청년실업률이 높았다(OECD Employment and Labour Market Statistics, 2011).

한국의 실업률 특히 청년실업률을 해결하기 위해서는 공공과 민간 부문에서 좋은 일자리를 많이 만들어야 한다. 그러나 민간 부문에 있어서 대기업은 세계화로 인해 해외 채용을 늘릴 수밖에 없으며 국제적 경쟁력 확보를 위한 생산자동화로 고용이 생산능력 증가에 비례하여 증가하지 않으며 오히려 고용이 감소될 수도 있는 것이 현실이다. 더군다나 노사협약에 따라 고용의 유연성이나 근로조건이 경직화되어 있고 고용의 확대가 노조원 수의 증가와 노조의 협상능력 강화로 연결될 경우 대기업의 일자리 창출은 더욱 위축될 수밖에 없다. 대한상공회의소의 조사에 따르면, 한국의 30개 대기업의 평균 자산 총액은 2007년도에 13조 9,935억 원에서 2010년도에 20조 9,500억 원으로 약 50% 증가했지만 평균 종업원 수는 같은 기간에 1만 5,315명에서 1만 6,344명으로 약 1천 명 정도 늘어 7% 증가하는데 그쳤다는 것이 대기업 고용 능력의 한계성을 보여주고 있다(동아일보, 2011년 12월 12일).

이런 점에서 보면 민간 부문의 고용 확대는 좋은 일자리를 창출하는 중소기업과 보건, 의료, 복지, 관광과 같은 서비스 산업분야에서 새로운 제도의 실시와 규제의 완화를 통해 일자리를 늘리는 것이 더 효과적일 수 있다. 고학력 청년들이 중소기업 취업을 꺼리는 것은 당연하다. 중소기업은 장래가 불투명하여 영구 직장으로서 확신이 없으며 사회적 위상과 연봉, 복리 후생 수준이 대기업에 비해 매우 낮기 때문이다. 연봉의 경우 2009년에 중소기업의 1인당 연봉이 평균 2,350만 원으로 대기업 연봉 4,685만 원의 50% 수준에 불과하고, 고학력 청년들이 원하는 최소 연봉 2,500만 원에도 미치지 못하기 때문이다(동아일보, 2011년 12월 12일). 이런 점에서 고학력 청년의 중소기업 취업을 유도하기 위해서는 정부가 중소기업 지원을 확대하고 중소기업 일자리 창출을 위해 중소기업의 신규 채용을 할 경우 현재의 고용촉진장려금 제도를 확대하여 인건비 지원을 늘리고 세제 지원을 확대할 필요가 있다. 또한 대기업과의 동반성장 정책을 강화하여 대기업의 중소기업에 대한 불공정 거래와 중소기업의 예속화를 방지할 필요가 있다. 특히 벤처를 창업할 유능한 고학력 청년들에 대한 적극적인 지원책을 통해 고급 일자리가 생겨날 수 있는 기회를 많이 만들어야 할 것이다.

서비스 산업은 기본적으로 사람에 대한 서비스를 제공하기 때문에 노동집약적인 산업이다. 또한 대부분 중소기업형이고 고용 효과가 큰 내수산업이다. 서비스 산업 중 보건의료 부문은 국민의 생명과 건강에 직접적 영향을 미치는 산업이고 참여자들 간에 이해관계가 첨예하게 대립하고 있는 산업의 특성상 정부의 규제가 강하고 이해관계의 조정이 매우 어려운 분야이다. 그러나 이 분야는 또한 새로운 사업의 실시로 좋은 일자리를 많이 창출할 수 있는 분야의 하나다. 예를 들면, 보건교육사제도를 확대하여 국민의 건강을 증진하고 전문적 일자리도 창출할 수 있으며 영리병원의 허가를 통해서도 약 1만 명 이상의 새로운 일자리를 만들 수 있을 것으로 예측하고 있다. 또한 의료관광을 국가전략산업으로 발전시켜 이 분야에서 의료통역사와 같은 새로운 전문가의 양성과 고용을 증진시킬 수 있을 것이다.

평생 일하기를 원하는 대기업과 공공브문의 일자리 부족으로 고학력 청년실업을 비롯한 전체 연령에 걸친 실업이 현재 가장 큰 문제가 되고 있어 청년실업 문제를 해결하기 위한 방안으로 제시할 수 있는 것의 하나는 마이스터고를 육성해 산업 분야에서 요구하는 전문인력을 양성하여 고졸출신의 취업률을 증가시키는 방법이다.

현재 한국에는 학비를 정부에서 전액 지원하는 28개의 마이스터고가 있다. 마이스터고는 전문 엔지니어인 기술명장을 키워내기 위해 설립된 고등기술학교인데 기술 분야는 반도체, 전자, 통신, 기계, 조선, 항공, 자동차, 바이오, 의료기기, 에너지 등 다양하다. 한국도 앞으로 제조업 강국을 이어가려면 전문엔지니어 양성이 필수적이며 마이스터고를 나온 엔지니어를 기술명장으로 키우기 위한 별도의 전문교육 과정을 만들어야 한다. 그리고 대기업과 공공기관도 자신들에게 필요한 전문 엔지니어를 양성하기 위해 마이스터고를 설립하거나 특별한 기술 훈련 과정을 운영할 수 있도록 하여야 할 것이다. 예를 들면, 2012년도에 고등학교 출신들을 선발하여 7년간 보수도 지급하고 사내교육을 실시함으로써 대학졸업생과 동일한 대우를 할 계획인 대우중공업사관학교와 같은 기술교육과정이 많이 만들어져야 할 것이다. 이처럼 마이스터고를 비롯하여 기술고등학교의 설립을 권장하여 고등학교 졸업생들의 취업을 확대하는 것은 지나치게 높은 대학진학률 때문에 발생하는 대학졸업생의 취업 문제를 완화시킴과 동시에 저출산으로 인한 장래의 노동력 부족을 노동시장에 진입하는 노동자의 나이를 앞당김으로써 완화하는 두 가지 목적을 동시에 달성할 수 있는 장점이 있다.

한국은 공공부문의 관료화로 인한 비효율성을 경계하여 작은 정부를 추진함에 따라 공공부문의 고용률이 다른 OECD 가입국가에 비해 낮은 편이다. 2008년도에 한국의 공공부문 고용률은 5.7%로서 OECD 가입국가 중 최하위이며 OECD 32개국 평균 고용률 15%의 1/3을 조금 넘는 수준이다. 노르웨이가 29.3%로서 가장 높으며 덴마크가 28.7%, 스웨덴이 26.2%, 핀란드가 22.9%로서 이들 스칸디나비아 국가들의 공공부문 고용률은 한국의 4배가 넘는다. 일본도 공공부문 고용률이 한국 다음으로 낮은 국가로서 6.7%에 불과하다(OECD Government at a Glance, 2011). 이러한 경향은 일부 국가에서 취업률을 높이기 위해 공공부문의 고용을 무분별하게 늘림으로써 공공부문에 대한 재정 지출이 국가 재정 위기의 주요 요인으로 작용한 경험으로 볼 때 바람직한 현상으로 보인다.

그러나 한국은 앞으로 복지를 확대하여 복지 분야의 고용 인원을 늘릴 필요가 있다. 이것은 스웨덴을 비롯한 서유럽 복지국가의 경우 고용 특히 여성의 고용 확대가 주로 보육, 교육, 장애인 지원, 노인 복지 분야에서 이루어졌고 현재도 서유럽 복지국가의 경우 복지 분야 고용이 최대의 고용 분야의 하나인 것을 보아도 알 수 있다. 예를 들면, 영국의 국가건강서비스제도(NHS)는 유럽에서 가장 큰 고용주이며 세계 4번째의 고용주로서 2008년도에 150만 명을 고용하여 세계에서 영국의 NHS보다 더 많은 인원을 고용하고 있는 고용주는 중국 군대, 월마트 체인과 인도 철도뿐이었다(유승흠 · 박은철, 2009).

복지의 확대와 더불어 보육, 장애지원, 노인에 대한 장기요양보험에서 공공과 민간부문의 고용확대가 예상된다. 특히 출산 · 보육 사회보험을 실시하여 출산과 보육지원을 확대하고 이에 따라 공공 보육시설, 직장보육시설과 민간보육시설이 증가할 경우 이 분야에서 보육사, 전문산후조리관리사, 베이비시터 등 여러 분야의 일자리 창출이 예상된다. 공공기관으로서 드물게 경쟁력을 가진 공공 보육기관을 대폭 늘려 한국의 보육기준을 높이고 공공부문에서의 고용을 증대시키는 방안으로 활용할 필요가 있다. 이외에도 노인 요양보호사, 실버케어와 수화통역사 등 노인과 장애인을 위한 일자리 증가가 복지분야에서 생길 수 있을 것이다.

한국은 복지를 확대하더라도 공공 부문의 고용 확대와 관료화로 인한 비효율성을 방지하기 위하여 독일과 같이 사회보험에 기초를 둔 조합주의적 관리 방식을 채택하는 것이 바람직할 것이다. 즉, 조합적 성격을 갖는 관리공단이 국가의 업무를 위임받아 업무를 수행하되 복지 서비스를 직접 제공하지 않고 민간공급자와 계약을 통해 업무를 수행하고 비용을 지불하는 형식이다. 현재 국민건강보험관리공단에서 노인장기요양보험 업무를 수행하고 있는 것이 하나의 예이다. 이렇게 함으로써 국가는 직접 국민 개개인의 복지욕구에 일일이 반응하고 서비스를 제공해야 하는 부담에서 벗어날 수 있고 관리공단은 자율적으로 복지대상자와 재정을 관리하고 계약에 따라 민간 부문에서 서비스를 제공하게 함에 따라 결과적으로 공공분야 고용의 팽창을 억제하고 민간 부문의 고용의 증대를 가져올 수 있기 때문이다.

보육

보육은 여성의 경제활동과 출산율에 결정적 영향을 미치기 때문에 중요하다. 한국의 15세 이상 여성의 2010년 취업률은 49.4%인데(통계청, 2010), 대부분의 여성이 취업을 원하기 때문에 앞으로 여성의 경제활동 참가율은 계속 증가할 것으로 예상된다. 한국은 남 · 녀의 대학진학률이 세계 최고이며 대학을 졸업한 고학력 여성들은 자신들의 자아실현과 맞벌이를 해야만 늘어나는 가계비용, 자녀 교육, 주택과 노후 생활 보장 비용을 충당하고 중류 생활을 유지할 수 있기 때문에 안정적인 공공 분야나 대기업의 정규직 취업을 선호한다. 그러나 여성들의 경제활동에 가장 큰 장애요인으로 작용하는 것이 출산과 보육이다. 현재 출산과 관련하여 법적인 복지 지원을 받을 수 있는 여성 취업자는 극히 제한적이다. 고용보험에 1년 이상 가입한 여성노동자에 대하여 산전 · 후에 90일간의 유급 출산휴가가 주어지며 자녀의 양육을 위해 최대 1년간의 육아휴직을 가질 수 있다. 육아휴직기간에 고용보험에서 월 50만원의 육아 휴직 급여비를 지급한다. 그러나 1년간 육아휴직을 가진다는 것은 한국의 업무체계나 직장 문화상 거의 불가능하여 기간교사제도로 휴직교사의 수업을 대신할 수 있는 교사나 일부 공공기간 근무자들을 제외하고는 사실상 출산과 육아를 위해 퇴직해야 하는 것이 현실이다.

따라서 대부분의 여성취업자는 직장생활을 위해 출산을 기피하게 되며 출산할 경우 직장을 그만두고 육아에 전념하거나 부모가 육아를 도와주지 않을 경우 0세부터 보육시설에 아이를 맡길 수밖에 없게 된다. 아이를 보육시설에 맡기는 경우 두 가지 어려움이 있다. 집 가까운 곳에 믿을만한 보육시설 특히 공공보육시설이 적다는 것과, 보육비용의 대부분을 본인이 부담해야 한다는 것이다. 한국의 보육시설인 어린이집은 전국에 38,000여개가 있는데(2010년 12월 기준) 이 중에서 국·공립 어린이집은 2,034개소로서 전체의 5.3%에 불과하며 직장어린이집은 401개소로서 1.1%, 법인은 1,468개소로 3.9%에 머물러 있다. 나머지는 민간이나 가정 어린이집으로서 가정어린이집이 19,367개소로 50.9%를 차지하며 민간이 14,677개소로 38.6%를 차지하여 사실상 보육시설의 90%가 민간보육시설이다(보건복지부, 2011).

2010년도에 5세 이하 어린이 중 어린이집을 이용한 어린이는 약 126만 명으로 대상 어린이의 46%였으며 유치원 어린이 약 54만 명을 합치면 전체 5세 이하 어린이 중 66.7%인 93만 8천명의 어린이가 어린이집이나 유치원을 이용하였다. 한 가지 흥미 있는 것은 어린이의 나이가 증가할수록 어린이집과 유치원 이용자 수가 증가하며 이용자 수의 증가와 더불어 산모의 취업률도 증가한다는 것이다. 예를 들면, 2010년에 있어 0세 아이의 어린이집 이용률은 28%이었으며 산모의 취업률은 24.4%였다. 5세 아이의 경우 어린이집과 유치원 이용률이 90%로 증가함에 따라 산모의 취업률도

40.7%로 증가하고 있다(보건복지부, 2011 ; 413쪽). 이것은 여성의 취업이 어린이의 보육시설 이용률과 밀접한 관계가 있다는 것을 보여주고 있다.

정부의 보육지원은 2011년에는 가구 소득이 소득하위의 70% 이하인 가구의 자녀에 대해 나이에 따라 차등 지원하였다. 0세 아이의 경우 394천원, 1세 아이는 347천원, 2세 아이는 286천원, 3세 아이는 197천원, 4세 이상은 177천원을 지원하였다. 2012년부터는 0세에서 2세까지 어린이 전부에 대해서 2011년도와 같은 액수의 보육비를 지원할 계획이며 5세 어린이 전부에 대해서도 1인당 월 20만 원씩의 보육비와 유치원비를 지원할 계획이다. 그러나 보육료 지원은 실제 보육료의 일부에 불과하기 때문에 나머지는 모두 부모가 부담해야 한다. 결과적으로 보육시설 이용의 불편과 추가의 보육비 부담은 육아와 직장 일의 병행에 따른 정신적 스트레스와 육체적 고통, 출산 후 재취업과 경력 취업의 곤란, 장래에 발생할 교육비 부담과 더불어 여성이 출산율을 감소시키는 요인으로 작용하고 있다.

저출산율은 경제성장과 복지에 직접적인 영향을 미친다. 저출산은 장래의 노동인구수를 감소시켜 경제성장 능력을 감소시킬 뿐 아니라 학생 수 감소, 군 입대 청년층의 감소로 인한 국방의 문제 등을 발생시킨다. 저출산으로 인한 총인구의 감소는 국가 전체의 저축, 소비와 투자의 감소를 가져와 국내시장을 위축시키고 경제의 활력을 저하시킨다. 추계에 의하면 한국의 출산율이 1.08%를 유지할 경우 경제성장률은 2010년대에 4.5% 수준을 유지하나 2020년대에는 3% 수준, 2030년대는 2.2% 수준, 그리고 2040년대에는 1.5% 수준으로 하락할 것으로 예측하고 있다(보건복지부, 2011년).

노동인구의 감소는 노동임금의 대폭적인 상승이 없는 한 조세와 사회보험료 수입액을 감소시켜 복지비의 절대규모를 감소시킨다. 복지에 있어 저출산율이 가장 심각한 문제가 되는 것을 평균 수명 증가에 따른 노인 인구수의 증가이다. 즉 저출산 고령화 사회로 진행됨에 따라 복지 대상자인 노인 수가 증가하는데 비해, 이들을 부양해야 하는 노동인구가 감소하여 연금, 건강보험, 노인장기요양보험에 대한 재정 부담이 증가한다. 예를 들면, 2010년에 전체 인구의 11%인 65세 이상 노인 인구는 2050년경 전체 인구의 38.2%로 증가할 것으로 예상하고 있다. 이렇게 될 경우 적립금이 없는 한, 실질적으로 취업자 한 사람이 노인 한 사람을 위해 의료, 연금, 노인장기요양보험료를 모두 부담하고 다른 보험료나 조세도 모두 부담해야 하는 구조가 된다.

한국은 1970년부터 출산율이 감소하여 1983년에 출산율이 인구 유지 수준인 2.1명 이하로 하락한 이래 계속 출산율이 감소하여 2009년도에 세계 최저 수준인 1.15명을 기록한 후 2010년도에 1.23명으로 근소하게 증가했으나 OECD 평균인 1.74명(2009년)에도 훨씬 미치지 못하고 있다. 결과적으로 70년대로 연간 약 100만 명이던 출생아 수가 2010년도에는 47만 명으로 반 이하로 급감하였다. 현재의 저출산율이 지속될 경우 한국의 총인구는 2018년의 4,934만 명을 정점으로 감소하여 2050년에는 4,234만 명이 될 것으로 예측하고 있다(통계청, 2010). 앞으로 대규모로 해외이주민을 받아들이거나 통일이 되기 전에는 저출산 고령화 사회로 나아갈 것이 확실시된다.

고령화 사회의 문제를 해결하기 위해서는 노인인구의 증가는 어쩔 수 없는 현상이기 때문에 출산율을 높이는 수밖에 없다. 출산율을 높이기 위해서는 먼저 육아와 보육 문제를 해결하여야 한다. 현재 정부의 불임부부에 대한 인공 수정비 지원, 산전 진료비 지원, 보육비 지원으로는 저출산율을 해결하기는 역부족인 것으로 보인다.

저출산 문제를 근본적으로 해결하기 위해서는 국가의 보육료 지원 방식 대신 사회보험으로 출산 · 보육 보험을 실시하여야 할 것이다. 출산 · 보육보험을 통해 출산 전 휴가, 육아 휴직, 보육을 제도적으로 보장하여 출산과 육아에 따른 경제적 부담을 완화시킴으로써 출산율을 높일 수 있을 것이다. 특히 공적인 사회보험을 통해 출산과 보육을 공적으로 보장함으로써 여성 취업자가 출산 전 휴가와 1년간의 육아휴직을 법이 정한 권리로 행사할 수 있도록 해야 한다. 소요 재원은 노인장기요양보험처럼 건강보험료에 보험료율을 적용하여 확보할 수 있다. 2010년의 출산율을 기준으로 하면 매년 출생아수는 약 46만 명이다. 현재 출산 전 · 후 휴가와 육아휴직의 적용을 받는 여성은 휴직기간 중의 수당을 자신의 급여에 비례해 받지만 이들의 수는 극히 적을 것이다. 이들을 제외하고 단순 계산을 해보면 1년간의 소요비용은 아래와 같을 것이다.

약 46만 명의 출산모에 대하여 3개월간의 출산 전 휴가 비용과 1년간의 육아 휴직 수당을 현재의 고용보험 지급 수준인 50만 원으로 계산하면 :

46만 명 × 50만 원 × 15개월 = 3조 4,500억 원

0세부터 2세까지 보육비는 현재 기준대로 지원하고 3세~4세는 22만 원, 5세는 월 20만 원씩 지원할 경우 보육비는 : 9조 2,018억 원이 된다.

0세 : 46만 명 × 394,000원 × 12개월 = 2조 1,749억 원
1세 : 46만 명 × 347,000원 × 12개월 = 1조 9,154억 원
2세 : 46만 명 × 286,000원 × 12개월 = 1조 5,787억 원
3-4세 : 92만 명 × 220,000원 × 12개월 = 2조 4,288억 원
5세 : 46만 명 × 200,000원 × 12개월 = 1조 1,040억 원

단순 계산으로 출산 · 보육 비용으로 매년 약 12조 6,518억 원이 소요된다.

2011년 현재 노인장기요양보험료는 약 2조원으로 건강보험료의 6.55%이다. 출산 · 보육 보험료를 12조 7천억 원으로 할 경우 6.55%의 6.35배인 약 41.6%를 부과하여야 한다. 현재 건강보험료는 직장가입자의 경우 5.64%이므로 이의 41.6%인 2.35%가 되며 실제 보험료 액수는 85,917원의 41.6%인 35,741원이 된다. 지역가입자의 경우는 가구당 평균 월 보험료 75,187원의 41.6%인 약 31,278원

이 된다.

보육료는 정부가 전액 지원하고 있기 때문에 직장 가입자는 정부, 기업주, 보험가입자가 각각 보험료의 1/3을 부담하고, 지역가입자의 경우 정부와 지역가입자가 각각 1/2씩을 부담하면 실제 직장가입자나 지역가입자가 부담하는 보험료 부담액은 줄어들 것이다. 물론 출산 · 보육보험을 실시하기 위해서는 국민의 동의를 받아야 하며, 관리는 공단을 별도로 설립하거나 현재 건강보험과 노인장기요양보험을 관리하고 있는 국민건강보험관리공단에 위임할 수 있을 것이다. 어린이집과 유치원과는 노인장기요양보험과 같이 계약을 통해 업무를 수행할 수 있을 것이다.

교육

국토가 좁고 지하자원이 부족한 한국의 미래는 교육을 잘 받은 노동력에서 찾을 수밖에 없다. 이것은 인적 자본에 대한 투자인 교육에 최우선권을 두어야 한다는 것을 의미한다. 한국 교육의 가장 큰 특징은 국민들의 교육에 대한 관심이 높아 사교육비 지출률과 대학진학률이 세계 최고라는 것과 교육이 취업과 사회적 지위를 결정하는 가장 중요한 요인이라는 것이다.

대학에 진학하지 못하면 개인의 지적 능력이나 가정환경에 문제가 있는 것으로 보는 경향이 있고 대학을 졸업하지 못하면 좋은 일자리 취업도 어렵기 때문에 초등학교부터 고등학교까지의 모든 과정이 대학 입학과 연결되어 있으며 대부분의 고등학교 졸업자들이 대학 진학을 원하고 있다. 이런 이유로 대학 진학률이 계속 증가하여 1990년도에 33.3%로서 고등학교 졸업생의 1/3 수준에 머물던 대학진학률이 2000년도에 68%로 2/3 수준을 넘었고 2008년도에 83.8%로 세계 최고를 기록했다. 2010년도에 79%, 2011년도에는 72.5%로 다소 감소했으나 여전히 세계 최고수준이며 재수생을 포함시키면 대학 진학을 원하는 학생 수는 훨씬 많을 것이다(동아일보, 2011년 12월 24일).

한국의 대학 진학 위주의 교육 제도는 세 가지 문제를 발생시켰다. 첫째는 고학력 대학졸업자들이 양산되었으나 이들은 산업 현장에서 원하는 전문기술이 부족하고 취업을 원하는 좋은 정규직 일자리도 부족하여 고학력 실업자를 양산하는 반면, 산업 현장에서 원하는 전문기술자는 부족하다는 것이다. 2011년도 대학 졸업생의 취업률은 51%에 불과하여 연간 100조원에 가까운 교육비를 사용하고도 산업계에서 필요로 하는 인력을 양성하지 못하고 고학력 실업자의 불만만 증가시키고 있다. 독일의 경우 대학 교육이 무상으로 실시되고 있으나 대학 진학률은 36%에 불과하여 우리나라는 물론 미국(64%), 영국(61%), 일본(48%)보다 낮아 OECD국가중 최하수준이다(동아일보, 2011년 12월 24일).

그러나 독일은 중학교부터 적성에 따라 대학에 진학할 것인지 직업교육을 받을 것인지를 선택한다. 직업교육을 선택하면 직업학교와 마이스터(Meister) 시스템을 통해 전문기술자로 길러지며 현재 이들이 세계 최강의 독일 제조업을 운영하거나 핵심 기술자로서 일하고 있다. 현재 독일에는 마이스터들이 운영하는 제조업소가 약 90만개로서 이들이 독일 중소기업의 핵심을 이루고 있으며 이들 밑에서 기술을 배운 후 마이스터 과정을 거쳐 시험에 합격해서 마이스터가 되려는 숙련공이 500만 명이 넘는다(조선일보, 2011년 11월 7일). 독일 기업의 99% 이상이 중소기업이고 중소기업이 기업 전체 매출의 43%와 전체 고용의 70%를 차지하고 있기 때문에 독일의 제조업은 사실상 이들 마이스터에 의해 유지되고 발전하고 있다고 봐야 할 것이다. 독일 엔지니어 중 대학 졸업자는 30% 정도이며 굳이 대학을 나오지 않아도 마이스터가 되면 직업과 장래가 보장되고 사회적 존경을 받는다는 점에서 한국과는 기술자에 대한 사회적 시각과 지위가 다르다.

스웨덴을 비롯한 스칸디나비아 국가도 중학교부터 적성과 흥미에 따라 일반학교와 직업학교로 나눠 일찍부터 기술 교육을 실시하기 때문에 청소년의 고용 안정과 제조업의 세계적 경쟁력이 강화되어 교육과 경제성장의 선순환 구조가 형성되어 있다. 이것이 독일이나 스칸디나비아 국가가 최근에 발생한 유럽과 세계적 경제 위기에도 불구하고 괄목할만한 경제성장률을 통해 복지국가를 유지하고 있는 주요 요인이 되고 있다.

한국도 대학 졸업 고학력 실업률을 줄이기 위해서는 독일이나 스칸디나비아 국가처럼 기술 중심의 전문 인력을 양성하는 교육제도를 도입하여야 할 것이다. 한국은 현재 초등학교는 기초 지식의 학습, 고등학교는 대학 진학 준비라는 명확한 목표가 있으나 중학교는 교육 목표가 명확하지 않은 문제점이 있다. 한국도 독일이나 스칸디나비아 국가처럼 중학교에서 학생들의 적성과 소질을 잘 파악하여 일반고등학교와 직업고등학교를 갈 학생들을 구분하는 기능과 목표를 가질 필요가 있다. 그러나 학생들이 적성이 맞지 않을 경우 중학교나 고등학교에서 대학교육이나 기술교육으로 진로를 자유로이 바꿀 수 있도록 교육에 유연성을 가져야 한다.

현재 한국에는 학비를 정부에서 전액 지원하는 28개의 마이스터고가 있다. 마이스터고는 전문 엔지니어인 기술명장을 키워내기 위해 설립된 고등기술학교인데, 기술 분야는 반도체, 전자, 통신, 기계, 조선, 항공, 자동차, 바이오, 의료기기, 에너지 등 다양하다. 한국도 앞으로 제조업 강국을 이어가려면 전문엔지니어 양성이 필수적이며 마이스터고를 나온 엔지니어를 기술명장으로 키우기 위한 별도의 전문교육 과정을 만들어야 한다. 그리고 대기업, 은행, 공공기관도 필요한 전문 엔지니어를 양성하기 위해 마이스터고를 설립하고 운영할 수 있도록 해야 할 것이다. 이처럼 마이스터고를 비롯하여 고등학교를 전문화하여 고등학교 졸업생들의 취업을 확대하는 것은 대학진학률이 과다하게 높아 발생하는 대학졸업생의 취업 문제를 완화시키고, 산업현장에서 요구하는 전문인력을 조기에 양성하는 장점이 있다.

둘째, 한국은 GDP 중 교육비 지출률과 사교육비 지출률이 세계 최고 수준이나 교육의 신분 상승을 위한 사다리 역할이 약화되고 있다는 것이다. 한국은 초등학교부터 대학교까지 사교육비 지출이 세계 최고로서 2006년에 GDP대비 2.9%를 사교육비로 지출하여 OECD 평균인 0.8%의 3.6배를 기록하였다. 한국 다음으로는 미국(2.4%), 일본과 캐나다(1.7%)가 사교육비를 가장 많이 사용한 국가로 나타났다. GDP 중 교육비 지출도 최고로서 미국과 같이 7.4%를 기록하여 OECD 평균인 5.7%보다 높았는데 대부분의 OECD 국가는 공교육비 부담률이 높은 반면, 한국은 사교육비 부담이 월등히 높은 것이 특징이다(OECD Factbook, 2010).

이처럼 한국은 세계 최고의 교육비를 지출하고 있으나 유명 대학과 의약 계열 진학을 위한 경쟁과 중·고등학교 평준화로 인한 사교육 의존적 교육이 신분 상승을 위한 교육의 사다리 역할을 약화시키고 있다. 교육 시장의 원리에 따라 교육 효과가 지불하는 사교육비에 비례하기 때문에 고소득층 자녀들이 대학이나 의약계열 진학에 있어 절대적으로 유리한 입장에 있다. 또한 사교육기관이 대도시 특히 서울의 특정지역에 밀집되어 있기 때문에 지방 학생은 더욱 불리하다. 결과적으로 사교육이 서울의 고소득층 자녀들의 유명대학과 의약 계열 대학교 진학을 위해 더 유리하게 작용하고 저소득층과 지방 학생들이 진학 경쟁에 불리하게 작용하기 때문에 교육이 신분 상승을 위한 사다리 역할을 하기보다는 신분 고착화에 기여하는 역할이 더 크다고 볼 수 있다.

더욱이 의학전문대학원, 법학전문대학원, 6년제 약학대학제도가 고소득층 자녀에게 유리하게 되어 있어 교육의 신분 상승 역할을 더욱 축소시키고 있다. 이들 대학원에 진학하기 위해서는 6~8년간의 등록금과 생활비가 필요하기 때문에 부모의 재정적 지원이 필수적이다. 전문대학원의 등록금은 현재 대부분의 대학원이 학기당 1천만 원 수준인데다 의사, 약사, 변호사 자격시험을 준비하기 위해 학업에 전념해야 하기 때문에 학생 자신이 학비조달과 학업을 병행하는 것은 극히 어려운 일이다. 결과적으로 이들 전문대학원은 부유한 가정의 학생들이 가장 유리한 입장에서 경쟁을 하게 함으로써, 저소득층의 자녀가 전문직이 될 수 있는 기회를 박탈하는 결과가 되고 있다. 특히 미국처럼 이들 전문대학원 재학생의 학비 일체를 대부해주고 취업 후 상환하는 제도가 확립되어 있지 않아 저소득층의 자녀가 이들 대학원에 진학하는 것을 더욱 어렵게 하고 있어 한국 사회에서 신분의 세습과 고착화에 기여하는 교육제도가 되고 있다.

또한 이들 전문대학원은 한국에서 가장 취업률이 높고 소득이 높은 전문직을 양성하는 대학원이지만 심각한 부정적 영향을 교육 분야에 끼치고 있다. 무엇보다 이들 대학원은 이공계, 인문사회계 대학을 이들 대학원 진학을 위한 예비과정 대학으로 만들고 있다. 이공계 대학 2학년을 수료한 후 약학대학에 응시하고 실패하면 4년 졸업 후 의학전문대학을 지망할 수 있기 때문에 4년 동안 자신이 선택한 전공보다는 약학대학과 의학전문대학원 진학을 위해 필요한 과목을 중점적으로 이수하고 대학에서도 이들의 요구에 따라 원하는 과목의 개설이나 수강을 허가할 수밖에 없다. 특히 이공계의 우수한 학생들이 약학대학과 의학전문대학에 진학함으로써 이공계 기초학문의 연구 능력이 떨어지고 장기적으로 한국의 대표산업인 제조업의 발전에 필요한 우수한 전문 인력의 확보를 방해하는 기능을 하고 있다. 이와 같은 현상은 이공계 인재 양성을 목적으로 설립된 과학고 출신 학생들의 의과대학 진학률이 높으며 과학고 출신들이 이공계 대학을 졸업한 후 의학전문대학원에 진학하는 사례가 늘고 있는 것을 보아도 알 수 있다. 이같은 현상이 계속될 경우 이공계 공동화현상을 가속화시킬 수 있다. 법학전문대학원이 인문사회계 대학에 미치는 영향도 의학전문대학원과 비슷할 것이다.

또한 이들 대학원은 다양한 배경을 가진 학생을 선발하여 전문적 교육을 시키는 것이 목적이나 사실상 입학이 의학교육 입문시험, 약학대학 입문시험, 법학적성시험 성적에 의해 결정되기 때문에 또 다른 형태의 성적위주의 입시에 불과하다. 이런 문제들을 고려할 때 이들 대학원은 6년제로 하여 신입생을 선발하는 방식으로 전환하는 것이 바람직하다고 본다. 이것은 최근 의학전문대학원 제도를 폐지하고 과거의 6년제 의학교육제로 환원하는 대학이 다수인 것을 보아도 이 제도가 교육상 문제가 있다는 것을 알 수 있다.

셋째, 교육이 사회적 낙오자에 대한 패자부활의 기능을 수행하고 있지 못하다는 것이다. 교육은 모든 국민을 교육을 통해 국가사회의 중요한 인적 자원으로 길러내어 개인이 자기의 소질을 살릴 수 있는 공평한 기회를 제공하고 경쟁에서 낙오한 사람들에 대하여는 교육을 통해 재기할 수 있는 기회를 주어야 한다.

이렇게 하기 위해서는 복지를 통해 저소득층의 자녀들도 대학까지 진학하여 개인의 소질을 살릴 수 있도록 하고 실직을 한 사람에 대하여는 실업 수당과 함께 기술 교육을 받아 재기할 수 있도록 해야 한다. 스웨덴의 경우 실직자에게는 2년간 무료로 재취업을 위한 기술교육을 시키고 이 기간 동안 평균 소득의 65~70%(과거에는 80%였으나 2006년 이후 집권하고 있는 중도 우파 정권에서 하향 조정)에 해당하는 실업 급여를 지불하여 재취업을 하도록 도와주고 있다.

교육 문제를 근본적으로 해결하기 위해서는 대학까지 무상교육을 실시하여 해결하는 것이 근본적인 해결방법이다. 그러나 무상교육은 장기적으로 우선권을 정하여 해결해야 하기 때문에 무상보육과 고등학교 교육의무화를 실시한 후 대학은 국공립 대학의 등록금을 단계적으로 인하하여 실질적으로 가계에 부담이 안 되는 수준으로 인하하여야 할 것이다. 사립대학은 사립대학의 설립취지와 대학운영의 자율성을 보장하기 위해 무상교육 대상에서 제외되어야 할 것이며 대학이 자율적으로 등록금을 결정할 수 있도록 하고 궁극적으로 대학운영 전반에 대한 자율권을 보장하여야 할 것이다. 이것은 대학에 대한 학생들의 선택권을 보장하고 국공립대학 진학을 통해 등록금 부담을 감소시키며 등록금을 통해 국공립대학과 사립대학 간의 경쟁을 통해 대학의 발전을 이끌어내기 위해 필요하다. 또한 특수 분야의 국공립대학을 설립할 경우 경쟁력 없는 사립대학의 자연도태의 효과도 거둘 수 있을 것이다.

교육과 관련하여 한국이 앞으로 제도적 변경을 고려하여야 할 것이 학기제의 변경이다. 지금의 3월 시작 학기제는 9월 학기제로 바꿀 필요가 있다. 세계에서 유일하게 봄 학기제를 가진 국가가 한국과 일본이다. 3월 학기제는 일본이 식민지시대에 한국에 실시한 제도이다. 원래 한국과 일본은 4월 학기제였는데 한국은 3월 학기제로 변경하였다. 일본이 유럽의 학교제도를 도입하면서 유일하게 학기제를 유럽이나 미국과 다르게 4월 학기제로 한 것은 아마 만물이 소생하는 봄에 학기를 시작하는 것이 더 생동감 있고 역동적인 것으로 생각한 유교적 영향이 아닌가 생각된다.

3월 학기제는 몇 가지 문제가 있다. 첫째, 세계화시기에 9월 학기제를 가진 다른 선진국과 상이한 3월 학기제를 가진 한국학생들은 해외유학을 할 경우 졸업 후 적어도 6개월 정도를 허송세월해야 하는 문제가 발생한다. 물론 외국학생이 한국에 유학을 할 경우 6개월을 기다려야 하는 똑같은 문제가 발생하여 외국학생 유치가 어렵게 된다. 이것은 한국과 일본학생들에게만 해당하는 문제이고 중국도 9월 학기제를 실시하고 있어 이제는 한국도 9월 학기제를 실시하는 것이 세계화의 추세에도 맞는 것이다. 둘째, 대학입시가 춥고 낮 시간도 짧은 11월부터 시작함으로써 학생은 물론 전가족의 고통이 가중된다. 더욱이 대학입시에 실패할 경우 새로운 해가 시작되는 연초부터 희망보다 절망을 맛보게 되며 즐겁게 시작해야 할 한 해를 고통으로 시작하게 된다. 셋째, 모든 국제적 학술대회 일정이 9월 학기제에 맞춰져 있어 학술교류에도 장애요인이 되고 있다. 최근에는 일본도 대학의 국제화와 글로벌 인재육성을 위해 9월 학기제 도입을 추진하고 있다. 이렇게 될 경우 봄 학기제를 가진 국가는 한국 밖에 없게 된다.

9월 학기로 변경하면 학생들은 졸업과 동시 해외유학을 가게 될 수 있으며 대학입시도 낮이 가장 길고 따뜻한 6월경에 시작하면 계절로 인한 고통도 줄어들 수 있다. 새 학기가 시작 전인 여름기간을 재충전이나 실패의 아픔을 극복할 수 있는 기회로 활용할 수 있어 학생이나 가족의 정신적, 육체적 고통을 완화하여 궁극적으로 복지가 향상되는 효과를 가져올 것이다. 단지 학기를 변경하기 위해서는 초 · 중 · 고교의 학제를 동시에 모두 변경해야하는 문제가 발생할 수 있으나 이것은 3년 정도의 준비기간을 두고 학과목 이수과정을 조정하여 시행하면 아무런 문제가 없을 것이다.

건강

생애의 모든 과정에 모두 적용되는 필수 복지가 의료서비스이다. 질병은 무작위적으로 모든 국민에게 나이와 성별에 상관없이 발생하고 질병의 치료 특히 입원에는 일시에 과다한 진료비가 필요한데 이것을 개인이 지불하게 할 경우 빈곤층은 경제적 능력의 부족으로 진료를 받지 못하거나 진료를 받더라도 빚을 지게 된다.

중류층도 고가의 수술을 받기 위해 입원하게 될 경우 건강보험에 가입하지 않으면 빚을 지게 되어 빈곤에 떨어질 가능성이 높아진다. 이런 점에서 의료서비스는 보편적인 복지로서 전 국민에게 무상으로 공급되는 것이 가장 이상적이다.

한국의 건강보험에서 중장기적으로 추진해야 할 과제는 본인 부담 진료비 비중을 줄여 건강보험의 진료비 보장성을 높이는 것이다. 한국건강보험의 법정 본인부담률은 입원이 20%, 외래가 30%이기 때문에 법정 본인부담률로 보면 건강보험의 진료비 보장성은 높다. 그러나 실제로는 건강보험급여에서 제외되어 있는 비급여 진료비 지출이 많기 때문에 진료비 본인 부담액은 법정 본인부담률보다 매우 높다. 한국은 2009년도에 국민 의료비 중 민간 부문이 41.8%를 차지하여 건강보험의 진료비 보장률이 58.2% 수준에 머물고 있다. 한국은 OECD가입 국가 중 칠레(52.6%), 미국(52.3%), 멕시코(51.7%) 다음으로 진료비 중 본인부담률이 높았는데 이 수치는 가장 낮은 국가에 속하는 영국(15.9%), 노르웨이(15.9%), 스웨덴(18.5%), 일본(19.2%)에 비하면 2.2~2.6배 정도로 높은 부담률이다(OECD Health Data).

한국의 본인부담률이 높아 진료비 보장성이 낮게 된 다른 원인의 하나는 많은 국민이 비급여 부문에 대해 본인부담 보충형 민간보험 상품을 구입하였기 때문이다, 생명보험 회사의 상해보험, 질병보험과 장기간병보험 상품을 구입하거나 손해보험회사의 의료보험과 상해보험 상품을 구입하여 진단, 수술, 입원과 장기 입원시 상병수당과 간병비를 보장받고 있기 때문이다.

건강보험의 진료비 보장성을 높이기 위해서는 현재 비급여로 분류되어 있는 질병에 대해 급여 범위를 확대하거나 본인부담률을 인하하여야 한다. 현재 비급여로 분류된 질병은 업무 또는 일상생활에 지장이 없는 질병, 미용 목적의 성형수술, 치료를 목적으로 하지 않는 예방 진료, 기타 상급 병실 이용료, 보청기, 안경, 콘택트렌즈, 치과의 보철 그리고 급여 대상으로 정해지지 않은 신의료기술과 신약 등이다. 이들에 대한 보험급여의 확대는 각각의 서비스에 대한 비용 : 효과 분석과 보험재정 상태를 고려하여 우선순위에 따라 정해야 할 것이며 정치적 계산에 따른 무분별한 선심성 확대는 철저히 배제되어야 할 것이다. 건강보험의 진료비 보장성을 가장 쉽게 높일 수 있는 방법은 본인부담률을 인하하는 것이다. 예를 들면, 입원의 경우 현재 20%인 보험 부담률을 10%로 외래의 경우 30%를 20%로 하향 조정하는 것이다. 그러나 본인부담률을 인하하는 것은 보험료 인상이나 국고 보조의 증가 없이는 불가능하기 때문에 상세한 재정 계산과 국민의 동의가 있어야 한다는 것은 앞에서 이미 설명하였다.

주택

한국에서 주택은 분노의 원천이다. 대학생들은 치솟는 원룸과 월세값에, 결혼 후 자녀를 가진 가정은 저축보다 더 빨리 상승하는 전세값에, 주택담보대출을 받아 주택을 산 사람은 떨어지는 집값에, 무주택자는 오르는 주택값에 분노한다. 결과적으로 주택의 소유자나 무주택자나, 주택 가격이 오르거나 내리거나 누군가는 분노하며 그 분노는 모두 정부의 몫으로 돌아가고 이들의 분노는 투표를 통해 표출된다. 한국의 주택 시장은 도시의 경우 90% 이상이 민간 소유이며 수요와 공급에 따라 주택 가격이 결정되는 시장경제가 적용되고 있다. 그러나 사실상 정부가 주택의 공급과 가격에 직접 개입하고 규제를 통하여 공급과 가격을 조정하기 때문에 주택과 관련된 모든 문제의 책임을 정부로 향하는 것이다.

주택문제를 해결하는 최선의 방법은 공공임대주택 공급을 확대하여 월세나 전세값을 안정시키는 방법이다. 정부가 주택을 직접 건설하여 수요자에게 시장가격보다 낮은 가격으로 분양하는 것은 주택가격 인하와 전세가격 상승을 초래하여 주택 소유자나 주택 임차인 모두의 불만을 초래할 수 있다.

현재 한국은 주택 중 공공임대주택 비율이 매우 낮다. 한국의 공공임대주택 비율은 4.8%에 불과하여 OECD 가입국가 평균인 11.5%의 절반에도 못 미치는 수준이다(매일경제, 2011년 11월 7일). 한국의 도시지역 주택 문제를 근본적으로 해결하기 위해서는 적어도 OECD 가입국가 평균 수준까지 공공임대 주택비용을 확대할 필요가 있다. 또한 은행이나 민간기업의 민간임대주택 시장 진출을 장려하여 민간임대주택 공급을 확대하고 기업화할 필요가 있다. 공공 및 민간임대주택 공급을 확대함으로써 스웨덴처럼 모든 국민들이 자신들의 경제적 능력과 필요에 따라 공공임대주택, 민간임대주택, 개인 소유 주택을 선택하여 거주하는 체계로 가야 할 것이다. 단계적으로 현재 실시 중인 생애최초 주택구입자금 대출, 전세자금 대출의 대상자격을 확대하고 대출한도액을 상향 조정하며 대출 금리도 대폭 인하하여 무주택자의 주택 구입을 지원하고 전세금 부담을 완화해 줄 필요가 있다.

노후생활 보장

한국은 2010년에 전체 인구 중 65세 이상 노인 인구 비율이 11%인데, 2018년에는 14.3%로서 고령화사회, 2028년도에는 20.8%에 도달하여 초고령사회가 될 전망이다. 노인 인구가 증가하는데 비해 저출산으로 인한 생산인구 수의 감소로 인해 15세~64세의 생산인구에 대한 65세 이상 인구비율인 노인부양비는 계속 증가할 것이 예상된다. 2010년도에 노인부양비는 15%로서 생산가능 인구 6.6명이 1인의 노인을 부양하였으나 2020년에는 노인부양비가 21.7%로서 4.6명이 2050년에는 노인부양비가 72%에 도달함에 따라 1.4명이 노인 1명을 부양해야 할 것으로 예측되고 있다.

한국의 현 노인세대는 그동안 경제성장을 통해 세계 최빈국의 하나였던 한국을 2010년 세계 11위의 경제대국으로 만든 주력 세대의 하나였으나 자녀교육과 주택마련에 대부분의 수입을 투자하여 노후생활에 대한 대비를 거의 하지 못한 세대이다. 현 노인세대는 자식과 가족이 자신들의 노후생활을 보장해줄 것으로 예측하였으나 도시화, 핵가족화, 여성들의 사회 진출로 가정의 복지 기능이 약화됨에 따라 자신들의 노후를 자신이 해결하여야 하게 되었다. 이들은 국민연금에 가입하지 않았거나 가입했더라도 가입 기간이 짧아 연금으로 노후생활을 유지하기는 어렵다. 2011년도에 전체 노인 554만 명 중 국민연금을 받는 노인은 152만 명으로 27.4%에 불과하다. 노인 중 소득이 전혀 없는 노인이 234만 명이고 재산이 전혀 없는 노인도 42만 명이다. 소득과 재산이 모두 없는 노인도 25만 명으로 현재의 노인 세대는 소득이 없거나 재산이 많지 않아 노후생활 대비가 부족하다(보건복지부, 2011). 이와 같이 가정의 복지 기능이 급격히 약화되고 공적 연금에 가입한 노인수가 적을 뿐 아니라 노인들의 재산도 적기 때문에 한국의 노인 빈곤률은 45.1%로 OECD가입국 평균인 13.3%의 3배를 넘는다(이상이, 2009). 한국의 노인은 경제적 빈곤, 질병, 역할 상실로 인한 소외감 등으로 노인자살률이 세계최고이다. 세계보건기구(WHO)의 조사에 의하면 2009년도에 한국의 65~74세의 자살률은 인구 10만 명당 63명, 75세 이상은 109명이었다. 이와 같은 노인의 높은 자살률이 한국의 자살률을 높여 한국의 자살률이 OECD 국가 중 최고 수준으로 끌어올렸다. 2006년도에 한국의 인구 10만 명당 자살률은 21.5명으로서 세계 1위였으며 일본이 19.1명으로 2위를 기록하고 있다. 스웨덴과 노르웨이가 각각 11.3명과 10.8명을 기록하였고 최하위는 그리스로서 2.9명에 불과하였고 이태리도 4.8명으로 최하위 그룹에 속하였다(OECD Factbook, 2010).

서유럽 복지국가의 경우 무상보육, 무상교육, 자녀수당, 무상의료제도 등의 복지제도가 자녀들의 양육과 교육을 지원하기 때문에 부모들은 은퇴하더라도 자녀의 교육에 대해 크게 걱정할 필요가 없다. 자신은 은퇴하더라도 생활을 유지할 정도의 연금이 지급되고, 의료, 노인장기요양에 대한 복지서비스가 제공되기 때문에 은퇴 후 빈곤의 늪에 떨어질 걱정은 없다. 자녀들도 대학생이 되면 독립하고 부모들도 연금으로 생활하기 때문에 부모와 자식이 서로를 돌볼 의무와 부담도 거의 없다.

반면에, 우리나라는 무상보육, 무상교육, 무상의료가 실시되지 않고 자녀수당도 지급되지 않고 있어 대부분의 가족은 은퇴 후에도 자녀들을 재정적으로 지원해야 하는 부담이 있다. 특히 국민연금의 연금급여액을 40년 가입 시 가입소득의 60%에서 40%로 인하하여 노후소득보장제도로서의 연금의 기능을 크게 약화시켰기 때문에 앞으로 은퇴 후 안락한 노후를 유지하기 위해 필요한 소득으로 제시되고 있는 은퇴 전 수입의 70% 확보가 국민연금으로는 불가능하게 되었다. 직장인의 경우 퇴직보험을 통해 추가의 노후소득을 확보할 수 있으나 대부분의 퇴직자는 자신의 노후를 자신이 해결하여야 한다.

한국은 노인복지를 위해 2008년부터 기초노령연금과 노인장기요양보험을 실시하고 있다. 기초노령연금은 연금을 받지 못하는 65세 이상의 저소득층 노인에게 지급되고 있으나 이것은 엄밀히 말하면 연금이라고 보기보다는 노령수당으로 보는 것이 타당하다.

보험료를 납부하지 않고 국가로부터 받기 때문에 연금보다는 수당의 성격을 가진다. 기초노령연금의 급여수준은 국민연금 가입자 평균 소득의 5%를 최대치로 하여 경제적 능력에 따라 차등적으로 지급한다. 기초노령연금액이 연금급여보다 많을 경우 국민이 연금 가입을 기피하게 만들기 때문에 어떠한 경우에도 기초노령연금의 상한선이 연금 가입자의 최저연금액보다 높아서는 안될 것이다. 현재 기초노령연금은 65세 이상 하위소득 노인 70%에 대하여 소득수준에 따라 단독 가구는 월 평균 9만 1,200원, 부부가구인 경우 145,900원의 기초노령연금이 지급되고 있다.

노인장기요양보험제도는 65세 이상 노인 또는 65세 미만이지만 치매, 파킨슨병 등으로 혼자 일상생활을 유지하기 어려운 노인에 대해, 요양시설에 입소시키거나 요양보호사가 가정을 방문하여 가사활동, 목욕, 간호 서비스를 제공하는 제도이다. 이 제도는 거동이 불편한 노인이나 치매환자에 대한 복지 서비스를 제공하여 노인부양 가정의 경제적, 정신적, 육체적 부담을 완화시키고 특히 여성의 경제 활동을 가능하게 하기 위한 제도이다.

노인 인구수의 증가에 따라 노인복지비는 계속 증가할 것이다. 국민 중 노인 인구수의 증가함에 따라 정치적으로 노인을 위한 복지 경쟁이 노인 복지비 증가를 가속화시킬 것으로 예상된다. 이것은 복지선진국가인 서유럽국가의 노인복지 역사를 보면 명확해진다. 특히 재정 위기에 직면한 그리스나 재정위기가 예견되는 이태리의 경우 관대한 연금 급여가 재정 위기의 한 원인이 되어 있고 노인들이 높은 연금으로 안락한 노후생활을 즐기는 반면 청년층은 높은 실업률로 부모들에 의탁하여 생활을 유지하거나 직장을 찾아 해외로 떠나는 현상이 이태리를 비롯한 일부 서유럽 복지국가의 장래를 어둡게 하고 있다. 한국도 앞으로 정치적 목적의 기초노령 연금액 인상은 계속될 것이 예상된다.

가장 큰 문제는 급증하는 노인의료비이다. 2010년도에 건강보험에 가입한 65세 이상 노인 인구는 498만 명으로 전체 가입자의 10.2%였으나 이들에게 지불한 의료비 총액은 약 14조 600억 원으로 전체 진료비의 32.2%를 차지하였다(보건복지부, 2011). 쉽게 말하면 65세 이상 노인 1인이 다른 보험가입자보다 3배 이상 진료비를 사용한다는 것이다. 이것은 노인들의 경우 만성퇴행성 질환인 암, 고혈압, 심혈관 질환, 당뇨환자가 늘어나는데다 중환자실 연명치료 비용 등 생애 마지막 시기의 의료비가 급증하기 때문이다.

앞으로 평균 수명이 계속 증가함에 따라 노인 인구수는 계속 증가하는데 비해, 저출산율과 조기 퇴직으로 인한 경제활동인구의 감소와 복지대상 인구의 증가가 복지국가 유지의 장애 요인으로 작용할 것이다. 비록 국민연금의 급여율이 40년 가입 시 40%로 하향 조정되었지만 국민연금을 노후 보장의 기초로 하여 기업보험과 민영보험의 가입을 통해 노후의 기초 생활을 보장받도록 하여야 한다. 현재 건강보험, 노인장기요양보험과 기초노령연금을 통해 노인복지의 기본틀은 일단 갖추었다고 할 수 있다. 앞으로 보육, 교육, 의료와 주택에 대한 복지를 확대하여 경제활동 중이나 퇴직

후의 재정 지출을 감소시킴으로써 노인 자신을 위한 저축 능력을 강화시켜야 할 것이다.

생애주기별 복지

복지사회를 실현하기 위해 필요한 복지제도를 파악하는데 유용한 방법은 태어나서 죽을 때까지 정확히는 임신에서 사망까지 생애주기에 따라 발생하는 사회적 위기와 이를 해결하기 위한 복지제도를 파악하고 실시하는 것이다. 생애주기는 첫 단계가 출산 전후와 유아기, 두 번째 단계는 초등학교부터 대학까지의 취학기, 세 번째 단계는 취업기, 마지막 단계가 은퇴 및 노령기로 분류할 수 있다.

생애주기별 복지의 장점은 첫째, 임신에서 사망까지 일생에 있어 발생할 수 있는 개인적 위기와 이를 해결하기 위한 복지제도를 일목요연하게 파악할 수 있다는 것이다. 다음으로, 어느 생애의 복지에 중점을 두느냐에 따라 복지의 우선권을 정하기가 쉽다는 것이다. 예를 들면 유아기에 복지우선권을 둔다면 출산과 보육에 복지의 우선권을 줄 수 있다. 마지막으로 생애주기별로 우선권을 정하여 복지제도를 실시하면 결국 생애단계별로 다르게 발생하는 복지 욕구를 충족시키기 위해 기존 복지를 확대하거나 새로운 제도를 실시할 수 있다는 것이다. 여기서는 제3장에서 설명한 내용과 중복되지만 한국과 세계 최고의 복지국가인 스웨덴의 복지를 생애주기별로 비교해 보겠다.

먼저 출산 전후와 유아기의 복지이다. 한국은 현재 90일 간의 유급 산전·후 휴가를 실시하고 있으며 만 6세 이하의 취학 전 자녀의 양육을 위해 1년간 해당 사업장에서 고용이 된 노동자에게 최대 1년간의 육아휴직을 허용하고 육아휴직기간에 고용보험에서 월 50만 원의 육아휴직 급여를 지급하고 있다. 그러나 사실상 육아휴직제도가 잘 지켜지지 않고 있으며 남성들의 육아휴직률은 극히 적다. 보육은 유료이며 정부에서 2012년부터 0세~2세 어린이에게 보육료를 5세 어린이에 대해 보육료와 유치원비를 지원한다. 가장 필요한 공공보육시설, 직장보육시설, 동네 보육시설, 야간 보육시설이 부족한 것이 가장 큰 문제이며 직장 여성의 가장 큰 애로사항이 보육이다. 스웨덴은 출산 전 60일간 출산 휴가가 주어지며 휴가기간 동안 보수의 80%인 출산휴가수당이 지급된다. 육아휴직은 480일이며 부모 중 한 사람이 의무적으로 60일간 육아휴직을 하도록 되어 있다. 육아휴직기간에 360일간 육아휴직급여가 보수의 80%선에서 지급되며 나머지 90일은 정액의 육아수당이 지급된다. 보육은 무료이며 주로 동네에 있는 보육시설을 이용한다.

취학기에 있어 한국은 초·중등 교육은 의무교육으로 무료이며 고등학교는 마이스터고와 같은 특수고등학교와 일부 지역을 제외하고는 자비부담이다. 대학교와 대학원은 모두 자비부담이며 생활비도 모두 개인이 부담해야 한다. 사교육비가 공교육비보다 크며 사교육비 지출이 가계지출의 가장 큰 부분의 하나이다. 스웨덴은 초등부터 대학원까지 무료이며 대학생의 경우 생활비의 일부를 정부에서 지원받을 수 있다. 물론 사교육비 지출률은 극히 적다고 볼 수 있다.

취업기에 실업을 할 경우, 한국은 근무기간에 따라 90~240일간 퇴직 전 평균임금의 50%의 실업급여를 지급한다. 실업자에 대하여 기술교육, 취업알선, 직업 상담을 실시하고 있다. 스웨덴은 실업자에 대해 최대 2년간 실업 전 평균임금의 65~70%를 실업급여로 지급한다. 2년 후에도 직장을 못 구하면 평균소득의 50%인 기초생계비를 지급한다. 실업자에 대해 2년간 무료로 기술교육을 시키며 취업알선과 직업 상담을 적극적으로 실시한다.

은퇴 및 노령기에 한국은 만 60세부터 국민연금을 지급하며 임금노동자는 기업연금을 별도로 받게 된다. 연금에 가입하지 않은 저소득층 노인에게 일정액의 기초노령연금이 지급된다. 노인성 질환자 및 거동 불편자에 대하여는 노인장기요양서비스가 제공된다. 스웨덴의 경우 평균 보수의 50~60%에 해당하는 국민연금이 부부 각자에게 주어진다. 국민연금을 받지 못하는 노인에 대하여는 기초연금이 부부 각자에게 지급된다. 노인장기요양서비스는 국가건강서비스와 연금에서 제공한다.

모든 생애에 걸쳐 필수적 복지서비스인 의료서비스는 한국의 경우 일반국민은 건강보험, 저소득층은 의료급여 제도가 시행되고 있다. 진료비 본인부담제도가 있고 건강보험에 포함되지 않는 서비스는 본인이 모두 부담해야 하기 때문에 상대적으로 전체진료비에 대한 본인 부담률이 높다. 스웨덴의 경우 국가건강서비스제도로 인해 국민들은 극히 적은 본인부담금을 내고 무료의료서비스를 받을 수 있다. 단지 수술이나 일부 외래진료의 경우 대기시간이 긴 것이 문제이다.

한국은 개인소유 주택이 대부분을 차지하며 임대주택은 4.8% 수준이다. 주택가격이 시장에서 결정되며 평균보수에 비해 매우 높아 대도시에서 개인주택 구입이 매우 어렵고 주택시장 상황에 따라 주택 및 전세가격의 변동 폭이 심하여 주택에 대한 투자가 소득의 가장 큰 부분을 차지하고 있다. 반면에 스웨덴은 임대주택과 개인주택이 거의 반반이며 1가구 1주택 제도가 확립되어 있다. 개인은 자신의 경제 상태에 따라 임대주택이나 자기소유 주택을 선택하여 거주하며 주택으로 인한 경제적 부담은 큰 편이 아니다.

절대빈곤에 대하여 한국은 별도의 기초생활보장제도를 실시하고 있으나 스웨덴은 모든 국민이 중류층의 생활을 유지할 수 있도록 기초생계비와 기초연금과 같은 다양한 복지제도를 통해 소득을 보전하고 있는 것이 양국가간의 차이점이다.

한국은 복지제도가 사회안전망으로서 기능을 다하고 있지 못하여 국민들은 생애주기에서 문제가 발생하면 본인이나 가족이 이에 소요되는 비용의 대부분을 지불해야 되기 때문에 쉽게 빈곤의 늪에 빠지게 되며 복지수혜가 사회적 낙인(stigima)을 동반할 수 있다. 반면에 스웨덴은 생애주기별로 발생하는 사회문제에 대해 복지제도가 이를 대부분 해결해 준다. 복지가 권리이기 때문에 사회적 낙인이 동반하지 않고 복지로 인해 모든 국민이 빈곤에 대한 걱정 없이 여유를 가지고 생활한다. 이 비교는 복지가 두 나라 국민사이의 생애주기별 삶의 질에 어떠한 중요한 차이를 가져왔는지를 잘 보여주고 있다.

■ 복지의 우선순위

새로운 복지제도의 실시와 기존 복지의 확대는 원칙적으로 국민의 복지욕구의 크기와 긴급성, 대상자 수, 경제성과 경제성장에의 기여도, 재정적 가능성에 따라 우선순위가 정해져야 한다. 국민이 현재 어떠한 이유로 어떠한 복지욕구를 가지고 있는지에 대해서는 이미 앞에서 상세히 설명하였으며 이러한 국민들의 복지욕구를 충족시킬 수 있는 복지제도에 어떠한 것이 있는가에 대하여도 선진복지국가의 제도를 통해 알아보았다. 개인과 사회문제를 가장 잘 해결할 수 있는 복지제도가 복지선진국에서 실시되고 있고, 제도 실시를 위한 재정조달 방법도 잘 알려져 있기 때문에 새로운 복지제도를 발견하기 위해 시간을 낭비할 필요는 없다. 단지 누구의 복지욕구를 먼저 충족시켜야 하느냐 하는 복지의 우선순위를 정하는 것과 재원 조달을 어떻게 할 것이냐 하는 것이 복지정책 결정에 있어 중요하다.

일반적으로 모든 국가에 있어 새로운 복지제도의 실시와 기존 복지제도의 확대 우선순위는 정부가 결정한다. 이것은 복지가 정부의 가장 주요한 임무 중 하나이며 정부가 복지의 주된 재원 조달자이기 때문이다. 한국의 경우 정부 내에서 복지를 담당하고 있는 보건복지부에서 새로운 복지를 실시하거나 기존 제도를 확대하기 위해 주도권을 행사하는 것은 매우 어렵다. 왜냐하면 예산 편성권을 가진 기획재정부와 협의를 하여야 하는데 경제성장과 재정 안정을 중요시하는 기획재정부에서 소비적이며 재정적 경직성을 가진 복지에 적극적 일 수 없기 때문이다. 이처럼 복지는 행정적으로 결정되는데 한계가 있기 때문에 새로운 복지제도의 실시와 기존제도의 확대 우선순위는 정치적으로 결정되거나 정부의 최고 정책결정권자인 대통령에 의해 결정될 수밖에 없다. 이것은 한국의 가장 중요한 복지제도인 건강보험, 국민연금, 고용보험, 장기 노인요양보험과 기초생활보장제도가 어떻게 실시되었는지를 보아도 알 수 있다.

지금까지 한국에서는 복지가 정부의 최고 정책결정권자인 대통령의 결정에 따라 주로 정해져 왔고 앞으로도 이러한 경향은 변화가 없을 것이다. 따라서 앞으로 한국이 어느 수준의 복지국가를 실현하느냐 하는 것은 대통령의 복지에 대한 신념과 의지에 달려 있다고 할 수 있다. 더욱이 대통령이 정부의 예산 결정권을 가지고 있기 때문에 대통령이 복지국가 실현에 대한 확고한 신념을 가지고 예산 배정을 결정하면 복지 재원의 확보가 가능하다. 이러한 대통령의 복지 의지를 견제할 수 있는 기관은 정당과 국회이나 사실상 국민의 정치적 지지를 받아야 하는 정당과 국회는 새로운 복지의 실시나 확대에 대해 반대하기가 어렵다. 결과적으로 복지는 대통령의 결정이 절대적이며 대통령의 복지에 대한 생각에 결정적 영향력을 미치는 것이 대통령 선거를 비롯한 선거를 통한 국민의사의 표시이다. 따라서 복지국가의 실현은 대통령의 의지와 선거를 통한 국민의 지지와 합의가 있으면 가능성이 높아진다.

복지국가 실현을 위한 새로운 복지제도의 실시와 기존복지제도의 확대의 우선순위를 정하는데 있어 가장 큰 문제점은 앞에 말한 우선순위결정의 원칙이 정치적 결정에서 무시된다는 것이다. 예를 들면, 복지욕구의 크기와 긴급성, 대상자수와 경제성 면에 있어 공립고등학교 무상교육이 우선순위를 가져야 함에도 불구하고 대학생등록금 보조를 위한 예산이 고등학교 무상교육보다 우선순위를 가지고 예산에 반영되었다는 것이다.

이처럼 복지의 우선순위를 원칙보다 오로지 정치적 목적으로 일부 국민을 지지층으로 끌어들이기 위해 우선순위를 결정한다면 전 국민의 합의와 지지가 결여되어 복지가 계층 간의 갈등과 저항을 불러들이고 복지에 대한 신뢰성을 상실시켜 궁극적으로 복지국가 실현을 불가능하게 할 수도 있다. 이런 점에서 복지의 우선순위는 정치적 이해득실보다 국민의 복지욕구의 크기, 긴급성과 경제성에 따라 결정되어야 할 것이며 앞에서 설명한 한국복지의 5대 과제에 대한 각 사업의 우선순위도 이 원칙에 따라 결정되어야 할 것이다.

맺음말

정치와 경제의 최종 목적이 국민복지의 향상이며 정부의 궁극적 목표는 모든 국민이 함께 행복하게 잘 사는 복지국가의 실현이다. 이것은 현재 최고의 선진국가이며 복지국가인 서유럽의 국가들을 보더라도 그들이 궁극적으로 지향하는 것은 복지국가라는 것을 보아도 알 수 있다. 역사적으로 복지국가는 여러 가지 형태로 발전하여 왔는데 우리나라는 독일, 일본과 같이 사회보험 방식의 복지제도를 채택하였기 때문에 앞으로도 사회보험 방식에 기초를 둔 복지국가 형태로 발전해 나가야 할 것이다. 따라서 새로운 복지제도는 가능한 한 사회보험 방식으로 실시하여야 하며 기존 복지제도도 사회보험 방식으로 실시가 가능한 것은 사회보험 방식으로 전환시켜야 할 것이다.

한국에서 복지는 최대의 정치적 의제가 되었다. 향상된 지식과 생활수준을 가진 새로운 세대는 자신들에게 직접적으로 혜택이 주어지는 복지를 확대하여 자신들의 사회적 · 경제적 문제를 해결해 주기를 바란다. 이들은 자신들의 소득만으로는 보육비, 사교육비,

대학등록금, 의료비, 주택비와 노후보장비용을 마련하기 어렵기 때문이다. 그동안 한국은 경제성장과 복지의 동반성장이론이 잘 적용되어와 경제성장이 고용과 소득을 증가시킴으로써 복지도 동반 성장할 수 있었다. 그러나 최근에는 자동화된 대량생산방식, 세계화, 대기업 수출 중심의 경제성장이 청년실업률 해결에 크게 기여하지 못하고 정규직, 비정규직, 임시직 간에 소득과 복지의 양극화를 초래하여 성장과 분배 간에 문제를 발생시켰기 때문에 새로운 세대는 분배 문제에 우선권을 주기를 바란다. 또한 투표권을 가진 모든 세대가 자신들의 복지 욕구를 충족시켜 주기를 바라고 있다. 20대의 경우 대학등록금과 취업 문제, 30대의 경우 주택, 출산과 보육의 문제, 40대의 경우 사교육비와 대학교육비, 50대의 경우 조기퇴직에 대한 불안, 60대의 경우 불안한 노후 보장의 문제로 전 세대에 걸쳐 생애주기별 복지 욕구가 존재하기 때문이다.

이들은 서유럽의 선진복지국가의 복지제도를 한국에 실행하기를 원하며 한국의 경제적, 재정적 능력으로 볼 때 정부의 의지가 있으면 실현 가능할 것으로 본다. 이처럼 국민의 최대 관심사의 하나는 복지이고, 이미 정치적으로 복지 경쟁이 시작되었기 때문에 복지국가 실현을 위한 복지 확대는 필연이 되었다. 1945년의 영국의 노동당의 총선공약으로 제시하여 승리한 "정의로운 복지사회 건설"이나 1951년 보수당이 제시하여 국민의 지지를 받은 "경제적 번영과 복지국가의 유지"와 같은 복지 공약이 한국에서도 국민들의 지지를 받을 것으로 생각한다.

출산, 보육은 현재 실시 중인 노인장기요양보험과 같이 사회보험으로 실시하는 방안을 생각해 보아야 할 것이며 개인과 가족에 대한 복지서비스도 새로운 국민 복지보험 형태로 실시하는 방안을 연구할 필요가 있다. 이것은 사회보험 방식이 다른 방식에 비해, 보편적 적용의 가능성, 가입자의 소득에 비례한 보험료 부담과 평등한 급여, 출산·육아 휴직과 같은 급여의 권리화, 경제와 복지의 동반성장, 정부의 재정지원 최소화로 인한 국가 재정의 안정성 유지, 보험제도의 자치적 운영관리와 같은 결정적인 장점이 있기 때문이다. 정부는 건강, 연금, 실업, 산업재해, 노인장기요양보험에 출산, 보육과 복지서비스를 사회보험방식으로 실시하여 국가의 재정 부담을 최소화함으로써 사회보험의 적용이 어려운 교육, 주택부문에 재정투자를 확대할 수 있을 것이다.

복지국가의 실현을 위해서는 몇 가지 기본 요건을 반드시 갖추어야 한다. 무엇보다 먼저 근면, 검소한 생활과 지속적인 경제성장이다. 국민들이 근면, 검소하지 않는 복지국가는 놀고먹는 복지국가가 되어 국민들을 스스로의 노력이 아니라 다른 사람의 능력이나 국가에 의존하게 만듦으로써 복지국가에 대한 신뢰감을 상실하게 할 가능성이 크다. 따라서 복지가 국민들의 근면, 검소한 정신에 해를 끼친다면 차라리 국가의 장래를 위해 복지를 포기하는 게 더 낫다. 근면, 검소한 정신만이 지속적인 경제성장을 가능하게 하며 지속적인 경제성장 없이 복지는 유지될 수 없다. 경제성장이 고용과 소득을 증가시켜 사회보험 가입자 수와 보험료 부담 능력을 증대시키고 복지수혜대상자 수를 감소시키는 반면, 정부의 재정지출 능력을 증가시켜 복지에 대한 추가의 투자를 가능하게 하기 때문이다.

둘째, 조세정의가 반드시 실천되어 있어야 한다. 지금처럼 부유한 자영업자의 소득 파악률이 낮아 탈세가 일반화되어 있고 지하경제규모가 전체 GDP의 약 1/4을 차지하고 있으며 종합소득세나 개인소득세를 내는 국민이 납세대상자 전체의 50% 수준인 상태에서 정부예산에 의한 복지를 확대하는 것은 국민의 절반을 무임승차자로 만들어 복지재정 부담자와 수혜자 간에 심각한 정치적, 사회적 갈등을 초래할 수 있다. “기여 없는 곳에 혜택 없다”는 복지의 원칙을 살리고 국민들의 복지 무임승차를 방지하기 위해서는 조세 대신 건강보험료에 기초하여 모든 국민이 보험료 부담을 통해 복지에 대한 재정적 기여를 하도록 하고 보험료 부담능력이 없는 기초생활대상자에 대한 보험료만 국가가 부담하도록 하여야 할 것이다. 특히 한국의 지하경제가 GDP의 약 23%에 육박하는 현실에서 지하경제에 대한 과세 없이 복지를 확대하는 것은 국가의 조세수입 부족으로 그리스, 이태리와 같이 재정적자로 인한 국가적 재정위기를 초래할 수 있다.

셋째, 복지확대는 정부예산의 범위 내에서 실시하여야 하며, 어떠한 경우에도 국채발행을 통한 재원으로 복지확대를 하여서는 안 될 것이다. 국채발행을 통한 복지확대는, 복지는 현세대가 즐기고 부담은 후손들에게 전가시키는 것이며 누적된 국채의 증가가 국가 채무 불이행이라는 국가의 재앙을 불러와 아르헨티나, 그리스의 전철을 밟을 수 있기 때문이다.

또한, 복지의 근본이념의 하나인 보편적 평등을 공공부문에 적용하여 모든 공공부문에서 경제적 특권을 없애고 특권적 예산을 복지예산으로 전용하여 복지확대를 위한 재정확보대책의 시범을 보일 필요가 있다. 국민의 세금으로 운영되는 공공부문에서 납세자의 상식에 어긋나는 특권을 위해 예산을 사용하는 것은 있을 수 없는 일이기 때문이다.

넷째, 이웃사랑을 실천함으로써 국민연대를 강화시켜야 할 것이다. 무엇보다 한국인은 수천 년간 같은 언어와 문화를 공유한 단일민족이기 때문에 국민연대의식이 강하다. 단지 서유럽은 역사적으로 이웃사랑은 신의 사랑을 실천한다는 프로테스탄트의 윤리의식이 강하기 때문에 자선, 기부, 조세부담을 통한 이웃사랑 실천에 적극적인 편이다. 반면에 한국은 역사적으로 국가나 사회지도층이 국민들에게 선행을 베풀기보다는 특권의식을 가지고 국민을 수탈의 대상으로 생각해 왔다. 특히 일본의 식민지 시대 억압과 수탈을 당함으로써 정부에 대한 반감과 혐오감이 남아 있어 정부 정책을 통한 연대의식 강화에 소극적인 편이다. 더욱이 현재는 좌파와 우파의 이념 투쟁이 격화되어 이웃사랑의 실천보다는 상대방을 굴복시키기 위한 극단적인 투쟁중심의 사회가 되어가고 있다. 이런 점에서 정부가 복지국가를 실현하여 국가의 원래의 기능을 보여줌으로써 국가에 대한 국민의 신뢰와 국민연대를 강화시킬 필요가 있다.

다섯째, 복지국가는 반드시 국민들의 합의와 지지를 받아 실현시켜야 한다. 특히 복지국가 실현방법과 재정 부담에 대한 국민들의 합의는 필수적이다. 국민들의 합의 없는 정치 포퓰리즘적 복지 확대는 추가 재원을 부담해야 하는 국민들의 저항으로 성공할 수도 없고 국민들의 계층 간 갈등만 증폭시켜 복지국가 실현을 불가능하게 만들 것이다.

여섯째, 남북통일과 세계화로 인해 경제위기가 예측할 수 없이 반복되는 상황을 염두에 두고 복지를 확대하여야 할 것이다. 남북통일이 되면 사실상 2,700만 북한주민은 대부분 기초생활보상대상자가 되기 때문에 이들에 대한 재원을 확보하여야 한다. 2011년도에 약 150만 명의 기초생활보상자를 위한 예산이 3조 2천억 원이었으므로 단순히 계산해도 2,700만 명 북한주민에 대한 기초생활보상비용으로만 매년 약 57조 6천억 원이 소요된다. 또한 복지예산은 경직적이고 매년 증가하는 것이 일반적이기 때문에 경제적 위기가 반복되더라도 정부의 재정지출을 최소화 하기 위해 사회보험방식 위주의 복지를 실시하여야 할 것이다.

마지막으로, 복지를 정치적 목적으로 사용하지 말아야 할 것이다. 앞으로 정치의 최대 이슈의 하나가 복지이기 때문에 정치적 복지경쟁은 피할 수 없게 되었다. 역사적으로 영국을 비롯해 많은 국가에서 복지국가 실현을 선거공약으로 제시한 정당들이 정권을 잡았고 서유럽 복지국가 특히 스웨덴을 비롯한 스칸디나비아 국가에서는 복지국가를 실현한 사회민주주의정당이나 노동당이 장기 집권하였기 때문에 한국에서도 앞으로 보수우파와 진보좌파 간에 정권 획득이나 유지를 위한 정치적 복지경쟁은 더욱 가열될 것이다. 가장 바람직하지 않은 정치적 복지경쟁은 단순히 정권의 쟁취나 유지를 위해 실현 불가능한 복지공약으로 국민의 복지국가에 대한 신뢰감을 떨어뜨리거나 인기위주의 무분별한 복지공약의 실천으로 국가의 재정위기를 초래하여 복지로 인한 국가부도라는 국가적 재앙을 초래하는 것이다. 바람직한 정치적 복지경쟁은 복지국가에 대한 확고한 이념을 가지고 국민의 합의로 철저한 재원조달 방안을 세워 적극적으로 복지를 확대하는 것이다. 가장 중요한 것은 경제적 번영과 복지가 동반성장하는 경제와 복지의 선순환 과정을 통해 복지국가를 실현하는 것이며 어떠한 경우에도 복지가 금융, 재정, 정책실패와 더불어 국가에 재정위기를 초래하는 요인이 되지 않도록 하여야 할 것이다.

한국은 제2차 세계대전 후 유일하게 최빈국에서 선진국으로 발전한 국가이며 경제규모에서 2010년에 세계 12위 국가로 OECD뿐 아니라 G20의 멤버가 되었다. 2011년에는 세계 9번째로 무역 1조 달러의 위업을 달성하였으며 세계 5번째로 올림픽, 월드컵, 세계 육상선수권대회와 동계올림픽을 개최하게 되어 스포츠의 그랜드 슬럼을 달성한 국가가 되었다. 지금까지 한국은 경제성장을 통해 국가의 발전을 추진해왔다. 그러나 앞으로는 경제적 번영을 통하여 모든 국민이 함께 행복하게 잘 사는 복지국가의 실현을 새로운 국가 목표로 정하고 이 목표를 최단시간 내에 달성하여 복지에서도 세계적인 선진복지국가로 발전하여야 할 것이다.

참고문헌

감정기 외(2010), 사회복지의 역사, 나남

고세훈(2009), 복지한국 미래는 있는가, 후마니타스

고프 지음 / 김연명, 이승욱 옮김(2010), 복지국가의 정치경제학, 한울

국민건강보험관리공단(2010), 건강보험통계연보, 국민건강보험관리공단, 건강보험심사평가원

국민연금관리공단(1988), 국민연금 10년사, 국민연금관리공단

국민연금제도개선기획단(1997), 전국민연금 확대 적용에 대비한 국민연금제도 개선, 국민연금제도개선기획단

기획재정부(2011), 그리스 · 포르투갈 · 아일랜드의 재정위기 원인 및 주요경과, 기획재정부

김기덕(2008), 사회복지 윤리학, 나눔의 집

김달관(2007), 아르헨티나의 포퓰리즘 : 페론과 메넴의 비교 사례연구, 국제지역 연구 제 II권 제3호, pp97~124

김명화 외(2007), 한국사회복지의 정치경제학, 양서원

김상균 외(2010), 사회복지 윤리와 철학, 나남출판
김승훈 지음(2010), 사회복지 발달사, 나눔의 집
김영순(2007), 복지국가의 위기와 재편 : 영국과 스웨덴의 경험, 서울대학교 출판부
김영화, 이옥희 옮김(2007), 복지와 이데올로기, 한울 아카데미
김용하(2008), 사회보험론, 문영사
김일곤, 황재봉 공저(2011), 경제적 복지와 복지국가, 올댓콘텐츠
김종민, 강석기(2011), 2010년 수출의 국민경제에 대한 기여, 한국무역협회, 국제무역연구원
김태성, 성경룡 공저(2010), 복지국가론, 나남
김현욱 옮김(2010), 프로테스탄티즘 윤리와 자본주의 정신, 동서문화사
남준우(1999), 사회복지정책의 결정과정에 대한 연구 : 국민기초생활보장법 제정과정을 중심으로, 연세대 행정대학원 석사학위 논문
남찬섭 옮김(2011), 복지국가의 사상과 이론, 한울
남찬섭 옮김(2001), 영국사회복지발달사, 인간과 복지
노무지 외(2009), 사회복지 발달사, 청목출판사
대통령자문정책기획위원회(2006), 선진복지 한국의 비전과 권략, 동도원
류상열(2008), 사회복지역사, 학지사
문창진(2011), 건강사회론, 신광출판사
문창진(2008), 보건복지정책론, 나남
문창진, 엄영진 역(1991), 보건과 의료의 사회학, 열음사

박광준(2010), 사회복지의 사상과 역사, 양서원
박근갑(2009), 복지국가 만들기, 문학과 지성사
박승희 외(2008), 스웨덴 사회복지의 실제, 양서원
박시종 옮김(2006), 복지국가는 해체되는가, 성균관대학교 출판부
변광수(2009), 복지국가 스웨덴 사람들, 문예림
보건복지부(2011. 9), 주요업무 참고자료, 보건복지부
보건복지부(2010), 보건의료 분야 주요업무 참고자료, 보건복지부
복지국가소사이어티 편저(2010), 대한민국, 복지국가를 부탁해, 도서출판 밈
서상목, 양옥경 편(2011), 그들이 아닌 우리를 위한 복지, 학지사
손준규(1981), 한국의 복지정책 결정과정에 대한 연구, 서울대학교 정치학 박사학위 논문
송호근, 홍경준(2008), 복지국가의 태동, 나남출판
안상훈(2010), 현대 한국 복지국가의 제도적 전환, 서울대학교 출판문화원
양옥경 외(2009), 사회복지 윤리와 철학, 나눔의 집
양재진 외(2008), 한국의 복지정책 결정과정-역사와 자료, 나남
엄영진, 이영찬 역(2003), 영국사회정책 현대사, 인간과 복지
엄영진(2010), 건강과 의료의 경제학, 계축문화사
우명동, 우기동 옮김(2008), 복지국가의 미래, 도서출판 해남
원석조(2009), 사회복지역사의 이해, 양서원
유승흠, 박은철 엮음(2009), 의료보장론, 신광출판사
유태균 외 역(2006), 21세기 새로운 복지국가, 나남출판

윤강재, 김계연(2010), OECD국가의 행복지수 산정 및 비교, 보건복지포럼(2010. 1)

의료급여 30년사 편찬위원회(2008), 한국의료급여 30년사(1997-2007), 보건복지부

이강희 외(2008), 사회복지 발달사, 양서원

이두호 외(1991), 빈곤론, 나남

이두호 외(1992), 국민의료보장론, 나남

이상이 편저(2010), 역동적 복지국가의 논리와 전략, 도서출판 밈

이영찬(2000), 영국의 복지정책, 나남

이창곤(2010), 어떤 복지국가에서 살고 싶은가, 도서출판 밈

이효선(2010), 사회복지윤리와 철학의 이해, 학지사

인경석(2008), 복지국가로 가는 길, 북 코리아

임양택(2011), 한국형 복지사회를 위한 청사진, 한양대학교 출판부

자활정보센터 역(2008), 세계화 시대의 새로운 복지-사회적 경제와 제3섹터, 나눔의 집

정재훈(2007), 독일 복지국가와 사회복지서비스, 집문당

주은선, 김영미 옮김(2010), 노르딕 모델-북유럽 복지국가의 꿈과 현실, 삼천리

주종환(2010), 덴마크형 복지국가를 위하여, 일빛

지은주(2008), 사회복지경제학, 청록출판사

차성환, 김덕환(2007), 독일복지국가에서 민간단체의 역할과 의미, 집문당

참여연대 사회복지위원회(2008), 전환기의 한국복지 패러다임 -

새로운 방향과 대안의 모색, 인간과 복지
최성은(2011), 보건복지 재정의 현황과 과제, 보건복지포럼(2011. 8)
최종균 역(2005), 유럽복지국가의 미래, 인간과 복지
통계청(2010), 경제활동인구조사, 통계청
한국개발연구원(KDI)(2011), 우리나라의 국가경쟁력 분석체계 개발, KDI
한국복지연구원 엮음(2011), 한국의 사회복지 2010-2011, 한울아카데미
한국사회복지학연구회 역(2005), 변화하는 복지국가, 인간과 복지
한국은행(2011), 국민소득, 한국은행
한달선(2009), 건강, 의료, 사회, 한국문화사
현외성, 강욱모 역(2006), 전환기의 복지국가, 학현사

동아일보

2012년 1월 6일 : A6
1월 2일 : A1, 4, 5, 19
2011년 12월 24일 : "대한민국 달라지고 있나"
12월 13일 : A4
12월 12일 : A1, 4, 34
12월 2일 : A5
12월 1일 : A4, 5
10월 28일 : A4, 5
9월 30일 : B2
9월 27일 : C2
8월 29일 : A6
6월 8일 : A3
3월 3일 : A5
3월 2일 : A4, 5
2월 24일 : A5
2월 19일 : A3
2월 17일 : A5

2월 15일 : A5　　2월 10일 : A5
2월 9일 : A5　　2월 7일 : A5
1월 31일 : A8　　1월 29일 : A5
1월 14일 : A4, 5

매일경제

2012년 1월 9일 : A9
2011년 12월 26일 : A12　　12월 14일 : A2
12월 13일 : A10　　11월 27일 : A5
11월 15일 : A5　　11월 3일 : A1, 4
11월 2일 : A5　　11월 1일 : A5
10월 21일 : A4　　9월 26일 : A3
9월 22일 : A5　　8월 30일 : 민주 "연 33조 복지비용 조달할 것"
8월 15일 : A4
8월 13일 : A4　　8월 12일 : A5
6월 20일 : A5　　4월 5일 : A5

문화일보

2012년 1월 27일 : People & Life
2011년 1월 28일 : People & Life　　1월 13일 : A1

조선일보

2012년 1월 28일 : A26　　1월 2일 : B1, 7
2011년 12월 7일 : A5　　12월 5일 : A1, 4, 5

12월 3일 : A34 11월 21일 : B7
11월 17일 : B2 11월 14일 : A4
11월 12일 : A4 11월 10일 : A4
11월 9일 : A5, A10, B3 11월 8일 : A4
11월 7일 : A4 11월 5일 : A5
11월 3일 : A2, 6 9월 15일 : B3
8월 27일 : C6 8월 23일 : A14
8월 20일 : C2 8월 10일 : A8, 18
8월 2일 : A4, 5 3월 8일 : A13
3월 5일 : A8, 9 3월 4일 : A4, 5

주간동아 No. 770.(2011. 1. 18) 복지전쟁

중앙일보

2012년 2월 6일 : 4종합 1월 5일 : E4
1월 2일 : A1, 2, 3, E12
2011년 12월 24일 : 8종합 12월 17일 : 38오피니언
11월 28일 : 4종합 11월 21일 : 3종합
10월 26일 : 5종합 7월 23일 : 6종합
1월 25일 : 39오피니언

Abel-Smith. B(edit)(1985) Eurocare : European Health Care Analysis, Vol 1, Health Service Consultants, Basle, Switzerland

Abel-Smith. B(1984) Cost Containment in Health Care : The

Experience of Twelve European Countries(1977–1983) Document, Commission of the European Communities

Abel-Smith. B(1983) Economic Efficient in Health Care Delivery, International Social Security Review 2/83 pp165–179, ISSA, Geneva

Abel-Smith. B(1976) Value for Money in Health Services, Heinemann, London

Barr. N(1985) The Economics of the Welfare State, Weidenfeld and Nicolson, London

Barry. N(1990) Welfare, Open University Press

Beveridge. W(1942) Social Insurance and Allied Services, HMSO, London

Brown. M & Madge(1982) Despite the Welfare State, Heineman Education Books

Bryson. L(1992) Welfare & The State, Macmillan

Daekin. N(1994) The Politics of Welfare : Constitutes and change, Harvester Wheatshaef

Davis K. and Russel L.B(1972) The Substitution of Hospital Outpatient Care for Inpatient Care. The Review and Economics and Statistics. Vol. L IV. No. 2(May) Harvard University.

Doyal. L(1979) The Political Economy of Health, Pluto Press

Feldstein. P.J.(1983) Health Care Economics, John Wiley & Sons.

Fonder. A. et al(1985) Theories of Welfare, Routledge & Kegan Paul

Fraser. D(1984) The Evolution of the British Welfare State, MACMILLAN

George. V and Wilding. P(1987) Ideology and Social Welfare, Routledge & Kegan Paul

Giddens. A(1998). The Third Way. Polity Press.

Gilder. G(1981) Wealth and Poverty, Basic Books

Glennesster. H(1985) Paying for Welfare, Basil Blackwell

Glennesster. H(edit)(1985) The Future of the Welfare State, Gower

Gregg. P(1968) The Welfare State, George G. Harrap

Hecksher. G(1985) The Welfare State and Beyond : Success and Problems in Scandinavia, University of Minnesota Press

Johnson. N(1987) The Welfare State in Transition–The Theory and Practice of Welfare Pluralism, Harvester Wheatsheaf

Jones. K(1996) The Making of Social Policy in Britain 1830–1990, The Athlone Pre. Rd.

Land. A et al(1992) The Development of the Welfare State 1939–1951, HMSO

Loney. M. et al(edit)(1985) Social Policy & Social Welfare, Open University Press

Marshall. T. H(1977) Social Policy in the Twentieth Century, Hutchinson of London

Midgley. J(1997) Social Welfare in Global Context, Sage Publication

OECD (2011) Economics Outlook, Volume 2011/1

OECD (2011) Employment and Labour Market : Key Tables from OECD

OECD (2011) Government at a Glance 2011.

OECD (2011) taxation : Key tables from OECD

OECD (2010) Factbook 2010 : Economic, Environmental and Social Statistics

OECD (2010) Society at a Glance

OECD Better Life Index(http://oecdbetterlifeindex.org/)

OECD Data(http://www.oecd.org/)

OECD Health Data(http://www.oecd.org/)

Pfaller. A. et al(edit)(1991) Can the Welfare State Compete : A Comparative Study of Five Advanced Capitalist Countries, MACMILLAN

Pierson(2001) The New Politics of the Welfare State, Oxford University

Rosett. R.N and Huang(1972). The Effect of Health Insurance on the Demand for Medical Care. Journal of Political Economy, 81(2. part 1)

Spicker. P(1988) Principles of Social Welfare, An introduction to thinking about the Welfare State, Routledge, London

Tanzi. V(2007) Argentina : An Economic Chronicle, Jorge Pinto

Books. Inc

Timmins. N(1995) The Five Giants–A biography of the welfare state, Fontana Press

Titmuss. R. M(1987) The Philosophy of Welfare, George Allen & Unwin LTD

Titmuss. R. M(1977) Social Policy, George Allen & Unwin LTD

Titmuss. R. M(1976) Essays on The Welfare State. George Allen & Unwin LTD

Titmuss. R. M(1976) Commitment to Welfare, George Allen & Unwin LTD

Vlachantoni. A(2005) Great pension reform and the change from within, Paper preapared for the 2nd LSE Ph. D. Symposium

www.sweden.se/Homel/Society/Health Care/Swedish health care and social security.

정치 · 경제 그리고 복지 값 15,000원

2012년 2월 25일 제1판1쇄 발행
2012년 4월 30일 제1판2쇄 발행

저　　자 : 엄　영　진
발 행 인 : 주　영　일
발 행 처 : **계　축　문　화　사**

서울특별시 종로구 행촌동 209-41
우편번호 110-091
TEL : 735-2257 · 738-9746
FAX : 723-9025
E-mail : gyechuk@hanmail.net
1973. 10. 31 등록번호 제300-1973-8호
ISBN 978-89-5629-259-5 03330